QINGXI XINGTAN
QYUSISI

情系杏坛 语丝丝

主编◎孙维涛

副主编◎李彦秋

黑龙江人民出版社

图书在版编目(CIP)数据

情系杏坛语丝丝 / 孙维涛主编. —哈尔滨:黑龙
江人民出版社,2018.9(2021.3重印)
ISBN 978 - 7 - 207 - 11528 - 7

Ⅰ.①情… Ⅱ.①孙… Ⅲ.①中学教育—教育工作—
文集 Ⅳ.①G63 - 53

中国版本图书馆 CIP 数据核字(2018)第 223907 号

责任编辑：刘恺汐
封面设计：张　涛

情系杏坛语丝丝

主　编　孙维涛
副主编　李彦秋

出版发行　黑龙江人民出版社
地　　址　哈尔滨市南岗区宣庆小区 1 号楼
邮　　编　150008
网　　址　www. longpress. com
电子邮箱　hljrmcbs@ yeah. net
印　　刷　三河市华东印刷有限公司
开　　本　787 × 1092　1/16
印　　张　21. 25
字　　数　350 千字
版　　次　2018 年 9 月第 1 版　2021 年 3 月第 2 次印刷
书　　号　ISBN 978 - 7 - 207 - 11528 - 7
定　　价　50. 00 元

编　委　会

《情系杏坛语丝丝》内容简介

　　这本书是学校为一线教师提升教育教学思想搭建的平台,全书包括教学、教育、管理等数十篇文章,是一线教师教育教学智慧的结晶。在这本书中,不仅有老师们在教学实践中的经验与提升,也有他们在教学之余的反思和见解;不仅有老师们在班级管理中的一些做法和想法,也有他们对某些教育现象的顿悟与思考。特别值得一提的是,在这本书中,还收录了音体美大部分专业教师在艺体教育过程中形成的诸多教学经验和教育心得,这是艺体特色学校特有的教育资源。另外,这本书中,也收录了数篇教育教学管理方面的思考和总结。可以说,这本书汇聚了广大老师在教育教学生涯中的思想和认识,也诠释了他们对教育事业的忠贞与热爱。

　　也许有人会感到肤浅和琐碎,但它却是一线普通教师真实的经历和感悟。我们希望,这本书能够在一线教师之间相互分享,相互交流,让众多的教育智慧和艺术在教育实践的沃土里生根发芽;我们也希望,这本书能够给刚步入工作岗位的年轻教师们带来些许的感悟和帮助,让他们在教育教学实践中能够从容自信。我们更希望,这本书能够得到教育同仁们的认可和肯定,让四中教师的教育思想能够经久传播!

序

　　这本书收集了近百篇一线教师的文章,当我看到来自课堂,来自案头,来自教学一线亲切感人的文字时,仿佛又把我带到书声琅琅的课堂,带到了天真烂漫的孩子中间,这些文字再次唤起我内心深处对教师这个职业的自豪。

　　教育理论、教育思想,这些年来已成为"老生常谈",甚至变成干干巴巴的口头禅。但是在这本书里却被一百多一线教师以不同的角色,从不同的视角,演绎成一场精彩的大戏。感谢学校为他们搭建这个平台,一本书让诸多教师展示他们的做法、思考、体会、反思和心得。这些汇集在一起是"理论的实践",也是"实践的理论"。

　　这本书有两大特点,其一是既有理论的高度又有实践的深度。

　　譬如靳大钊的文章"让传统文化成为德育的精神支柱",文章对传统文化与德育的关系做了深入的剖析,文章不但比较全面、有一定的深度,而且还有一些独到的见解和做法。譬如对传统文化的德育内容作者做了系统的梳理:在思想教育方面要树立自立自强的拼搏精神,乐观豁达的人生态度;在政治教育方面要培养爱国主义精神;在道德教育方面要树立正确的义利观,高尚的荣辱观和自觉的诚信观。在"我的德育观中",作者提出宁慢勿急的新论,呼吁"十年树木,百年树人"。作者还提出适当惩戒,"让人懂得做人要有的敬畏,懂得每个人都要为自己的言论和行为负责并承担由此引起的一切后果"等。侯喜林的"浅谈培养学生自我管理能力的几类做法"让学生进行"自我管理",这是个好做法。但对于未成年人来说,习惯于学校管理,老师管理,对自我管理往往一时摸不着头绪,而这里设定的"时间管理""学习内容管理""纪律管理",并且要有一定目标的达成卡,使管理变得具体,可操作。便于学生掌握落实。孙广丽的"巧治吃零食",老师采取的方法一不是简单地"禁",二不是光讲大道理,而是让学生自己去调查、亲身体验,自己去说理,充分发挥学生在教育中的主体地位,让学生心服口服地身体力行"戒住"小食品。顾伟的"老师你骗人",为解决学生学习动力不足的问题,老师不是通过说教或是简单地督促,而是抓住未成年人的心理特点巧"设局",激发学生的学习积极性。关黎辉的"调皮学生的闪光点"。称呼老师本来是很简单的事,可调皮的学生给老师起个雅号"关语老师好",利用关语(羽)谐音的双关性调皮一下,逗个乐,老师不但没有生气反而顺势接招。当听说调皮的男生叫孙权时说:"孙权,三国名人啊! 怪不得这么有才!"老师的机智回答既化解了课堂的尴尬局面,又拉近了师生的距离。正因老师有个平心静气的心态,才能对学生有个客观、全面的看法。才能注意发现学生的优点、长处,给予引导发展。老师发现孙权的朗诵比较好,通过不断地表扬鼓励逐渐使学生这一优点成为自己的长处。在这些老师的手上,教育不只是说教、纪律、管理,而是人与人之间交流的艺术。

在教学篇中,石春华所写的"浅谈当下美术专业高考的变化与报考策略"。大量占有艺术高考的有关信息,并进行系统的梳理和客观的分析,是一篇指导艺考实用而有分量的文章。何旭所写的"数学教学中创造思维能力培养",作者通过问题的不同形式,图形的不同变换,思维的不同角度不同方向,启迪学生的思维创造能力。吴艳的"色彩静物阶段式教学法初探",水粉静物画是个比较难以掌握的技法,因为水粉画的每一笔都是多因素的复杂的技能。但通过老师的设计,把一个复杂的技能分解成单彩训练、局部临摹、小稿训练、最后完成,这样把一个复杂得多因素技能训练的问题分解成一系列单因素的技能训练,从而降低了难度。再好的教育理念,再先进的教育理论,只有落实到课堂上,落实在班级上,才能真正体现理论的意义,而教师的每项有效的教育教学设计正是落实这些理念的"分镜头剧本"。孙维涛校长的文章"美育,向全面育人再出发"对学校的历史做了客观的总结,对学校的现实做了冷静的思考,对学校的发展做出了合乎实际的判断。勾画了学校的发展之路:实现了新形势下的学校转型。"从单一的艺体培养向全面育人转变"使艺术教育从应试教育向全面提高学生素养转变,把艺体教育的重点从技能层面转向对内在修养,审美取向,人文修养的提高。实现从艺体教育到"美育"的升华。文中提出四个方面的具体办法:以积极开展学生的社团活动发挥学生的创造力;将美育融于学校的德育工作,使学校的德育具有美育特色;实施人文管理,打造幸福和谐校园;改善办学条件,增强环境育人功能。文章应用素质教育理论解决四中的具体问题,为学校的转型发展开出了切合实际的良方。

再一个特点就是责任和情感的结合。

譬如秦龙海的文章"教学的幸福来自新型的师生关系",全面阐述了新型的师生关系:平等、尊重和信任。而实行新型师生关系教师起主导作用,这就要求教师要面向全体、实行民主、不断提升教师的自身素质。庞莉的"用心播撒希望的种子","希望的种子"在哪里,在学生能看到的前方,在周围的榜样中,在家长的期望中,在学生的每个闪光点里,在学生的心中。老师用心去播撒使得每个学生都有前进的希望,就会变成自觉奋斗的动力。米娜的"恩威并施,润物无声",积极评价发现每个学生的闪光点,严格要求,适度地约束都是对学生的爱。

孙永平"心灵指路人",讲述了班级同学丢失涂改带的故事。老师没有采取追查、揭发或翻书包的办法,而是客观地分析拿涂改带的同学的处境,教育丢涂改带的同学要有更宽阔的胸怀包容每一个同学,最后达到"完璧归赵",又为犯错的同学保护了自身名誉两全其美的结果。这体现了一位老师对每一个学生的高度责任感和爱心,也体现了她的高超的教育艺术。李彦秋的"谁来关注教师的职业生涯"从学校的角度,提出教师应为自己的教师生涯做出应有的规划。同时,学校也应对教师进行合理而恰当的安排,为教师的成长搭建合适的平台。孔凡欣的"是什么让他扬起了手中的教鞭",从学校管理者的角度出发,对体罚的现象做出反思,反省自己的教育思想和教育理念,从根本上解决体罚学生问题。

　　教师是教育工作的实践者,再有经验的教师如果没有先进的教育理念,正确的教育理论去指引,他的教育必然是盲目的,因而也是低效的。同样,再高的教育理念,再好的教育理论,如果没有教师把它变成具体的教育实践,也只能是空洞的教条被束之高阁。四中经过多年的教育教学改革,不断地把素质教育理论与本校实际相结合并做出很好的典范。这本书中的许多成功案例,是四中多年教育教学改革实践的完美总结。

马鹏飞

2018 年 6 月 1 日

目　录

教育篇之教育个案与反思

教学篇之教学实践与研究

教学篇之教学个案与反思

教学篇之教学经验与心得

管理篇
之教育管理

美育,向全面育人再出发

孙维涛

经过 20 多年艺体教育探索与实践,鸡西市第四中学在上世纪 90 年代走出了办学困境,21 世纪初达到了办学规模的巅峰,形成了学校鲜明的办学特色。但近几年,随着学龄人口减少,城市化进程加快,生源数量减少、质量下降,四中的艺体特长教育遇到前所未有的困境。生源结构的变化,要求学校必须调整办学思路,办适合学生的教育,从单一的艺体培养向全面育人转变。这既是学校转型发展的需要,也是立德树人的培养目标的根本要求。

《提升美育认知水平 培养美的心灵》(《 人民日报 》(2018 年 05 月 03 日)指出,美育的意义不仅体现在可见的技能上,更体现于内在的修养中,美育中所包含的审美与人文素养中的深层次内容,是影响一个人情感、趣味与气质的关键因素,也能在潜移默化之中形成一个人的为人准则与行事风格。内化于心、外化于行的对美的自然流露,就是我们对美育的期待。把美育的个人价值、国家民族价值、中华文化坚守与自信的价值传递给学生、滋养孩子们的心性、温润他们的心灵、启迪他们的心智就是我们的任务。

一、艺体教育从应试向全面提升学生素养转变

近年来,学校除坚持对学生进行艺术、体育高考学科专业教学外,还大力开展学生社团活动。以音乐类的军乐团、民乐团、钢琴社团、合唱社团,美术类的版画、书法印社,体育类的健美操、足球、武术等社团为代表,成立了一大批学生社团。社团活动不仅局限于特长生,而且覆盖了初一到高三年级的所有学生。学校为每个社团安排了活动时间,安排专门的指导教师,为每个学生社团开发了专门的课程,保证学生在社团中学到本领、掌握技能,更能在学习过程中陶冶性情、提高素养。为提高学生参加社团活动的积极性,提高社团活动的专业水平,学校积极组织学生参加国家级、省级主办的各级各类表演、比赛活动,在表演、比赛中锻炼、提升。通过社团活动的开展,使每名学生至少掌握一项艺术、体育技能,为学生升学、就业提供了途径,更主要的是学生的素养得到全面提升,形成了健康向上的健全人格。

二、美育与德育相结合,开展丰富多彩的育人活动

对于学生来说,在校学习期间是否快乐,是否接受到正能量的教育,是培养目标达成的关键。学校通过构建"沉浸体验,润泽心灵"的德育课程体系,将德育课程化,将美育与德育相结合。如新生入学的《相逢是首歌》《相见欢》的主题班、团队会课,按年级开设的"八自"系列德育课程、生涯规划课程等,增强了德育的实效性。通过开展丰富多彩的活动,让学生参与其中,体验成功,感受快乐。每年一次的艺术节、体育节让学生能够拥有展示自己的舞台,激发了学生学习艺术的兴趣,增强了信心,得到了锻炼。每届毕业生的毕业典礼,不仅为毕业生的校园生活留下非常难忘的回忆,让他们更加热爱自己的母校,同时教育所有在校学生珍惜在校的时光,努力学习;通过举行"最美学生"和"我心目中的好老师"颁奖礼,让学生体验在参与社团活动中获得的成就感,也让学生懂得老师的辛苦付出,更加理解老师、感恩老师,加强了教师与学生的情感交流,教育了学生的同时,也增强了教师的职业幸福感;"远足活动"让学生们亲近自然,同时也锻炼他们的毅力,有利于他们在学习生活中养成吃苦耐劳的精神;"成人礼"活动,不仅能使学生们的心灵受到洗礼和震撼,也让与会家长获得了巨大的欣慰和感动。这些活动丰富了学生的校园生活,陶冶了学生的情操,使学生产生相应的情感体验和自觉的参与意识,使学生的道德知识转化为自己的观念和品性,培养学生的人文精神,提升学生的人文素养。

三、实施人文管理,打造幸福和谐校园

组建有普通一线教师参与的校务委员会,在事关学校发展、涉及教职工切身利益的重大问题上,真正倾听、采纳广大教职工的意见,保证了学校各项规章制度的制定的准确性,加强了校领导与广大教职工的沟通交流,充分调动广大教师的工作积极性,激发教职工对学习和工作的良好心理期待,从

而实现学校管理效益的最优化。苏霍姆林斯基说："如果你想让教师的劳动能够给教师带来乐趣，使天天上课不至于变成一种单调乏味的义务，那你就应当引导每一位教师走上从事研究这条幸福的道路。"作为一名校长，首先应该具备让老师感觉到幸福的能力。让老师感觉到工作带给他们的幸福，我们就要从教师的角度出发，为他们解决遇到的困难。每年安排全校教师体检，让他们及时了解自己的健康状况，更感受到学校对他们的关爱。认真解决教师午餐问题，为教师提供中午休息的条件。制定教师慰问标准，在教师生病住院或家里婚、丧、嫁、娶时，得到学校的看望和慰问。满足教师学习深造的要求，安排教师外出培训，引导教师成为学习型教师，建设一支不断进行知识积累、更新的团队，实现教师的自我超越、自我发展、自我完善。

四、改善办学条件，增强环境育人功能

操场上、多功能厅中的 LED 电子显示屏为大型活动、文艺演出增强了视觉冲击力，提高了演出效果。机动车通道将车辆与学生行走路线隔离开来，确保了学生的安全。水净化设备为师生提供了高质量的饮用水。装饰一新的学生宿舍为学生提供了良好的居住条件。开放校园图书馆，触手皆是书卷，处处弥漫书香，使师生的人文品位得到潜移默化的提升。校舍修建、教室布置充分考虑有利于师生生活、学习和健康成长，让师生们生活在一个温馨、和谐、催人奋进的人文环境里。校园广播站在午休及放学期间播送歌曲、宣传好人好事等，既深化了校园文化，又烘托了人文气氛。让校园成为学生喜爱、依恋和维护的家园。

学校教育的最终目的是为国家培养合格的建设者和接班人，培养积极向上，具有一定技能，身心健康的学生，为学生的终身发展奠基。新时代、新高考、新形势，要求学校有新思考、新定位、新作为，让我们在艺体特色的基础上，实施美育教育，向全面育人再出发，创造新的辉煌！

是什么让他扬起了手中的教鞭

——教育反思

孔凡欣

前两天看了一则新闻,感触颇深。原标题:代课老师用竹鞭打学生被辞退。潇湘晨报消息,12月14日,郴州市北湖区月湖中心学校发生一起教师体罚学生事件。根据学生小俊及其家属的说法,12月12日、13日、14日,小俊因为未完成作业,被数学老师黄某文用半米多长的竹鞭抽打他的臀部。最后一次挨打后,小俊因疼痛难忍,晚上10点多还未回家,之后发现伤痕才告知家人。

黄某文是郴州市北湖区月峰中心学校的一名代课老师,1997年出生,今年刚刚大专毕业。学生称,黄某文经常体罚学生。事件发生后,北湖区教育局高度重视,立即开展调查并及时做出处理决定。目前,黄某文已被解除临聘合同,郴州市北湖区教育、公安部门已经介入调查。12月17日,北湖区教育局对该事件进行了通报。北湖区教育局党委召开党委会,研究处理月峰中心学校临聘教师黄某文体罚学生事件,并做出处理决定:一是对月峰中心学校校长做出诫勉谈话处理;二是对月峰中心学校分管德育副校长陈国、政教处主任侯勇军做出在全区教育系统通报批评的处理;三是责令月峰中心学校立即解除与黄某文的教师临聘合同。同时,还要求全区各学校及广大教师引以为戒、深刻吸取教训,严格规范教师职业道德行为,进一步推进教师师德师风建设。

事情到这里似乎已经结束了。虽然小俊的心理伤痛还未愈合,小黄老师也结束了他的短暂的教师生涯,但这件事带给我们的思考却是长久的。是什么原因让他扬起了手中的教鞭?他的校长给出的答案是:涉事教师性格冲动缺乏经验。不能说校长的说法是错误的,但我认为这不是根本所在。究其根由,还是成绩惹的祸,还是单一的教育评价方式惹的祸。新闻中有这么一段话:"郴州市北湖区月峰中心学校校长周晋介绍,该校一共有700多名学生,大多都是当地生源,学校的教学质量一直在当地排名靠后。以前的校长因为这里学生成绩太差,被要求在全区校长会上发言,要说怎么来提高学生成绩。"周晋是今年8月调入月峰学校的,他的压力也很大,他想改变这里的状况,多次开会向老师强调,要狠抓教学质量,老师们也很"发狠"。从这里不难看出,因为成绩问题,校长都感到压力很大,那作为基层的教师压力就可想而知了。逼迫老师"发狠",结果情况百出。说到这里,想起刚经历的一件事:我到初四学年去听课,在办公室看到一位老师买了很多糖果,问其原因,竟然是为了表彰背诵作业完成好的同学,刺激一下那些未完成背诵任务的同学。听了之后,我不禁愕然。这时代真是进步了,当下的学生都是给谁学的,为什么而学的? 因为成绩,我们的老师何尝又不是在"发狠"? 想到这些,课也没有听,我就离开了。回到自己的办公室,自我反思,作为一名基层学校的教育管理者,自己的工作是不是错了,以成绩为中心思想给老师和学生带来多大的伤害? 但不这样做又能怎么办? 我也深知:立德树人是教育之根本,尊重生命的教育才是完美的教育,学校教育不应该以成绩为中心。但面对单一的教育评价方式我们真的感到很是束手无策,我想这也是许多基层学校管理者的无奈。上级教育部门对学校的评价重心是成绩,家长社会对学校的评价更是以成绩为重。没有成绩,就没有生源。没有了学生,何谈学校发展,何谈教育? 而且今天的教育体系的设置是按照升学的体制来的,初中是为了升高中而存在,高中是为了升大学而存在的。决定一个老师,决定一个校长,决定一所学校的(地位)是看你为更高一级的学校输送了多少高分的学生。这是唯一的一个指标,其他的都是不要紧的。反思我们的小学教育为什么可以搞得风生水起? 因为他们没有升学的压力,没有把升学成绩作为衡量学校的唯一指标。所以,我认为只有改变单一的教育评价方式,建立科学完善的学校教育评价体系方是解决问题的根本。带着对这个问题的思考,我查阅了一些相关的书籍。傅国涌先生一篇文章中有这么一段话,我觉得很有道理。他是这样说的:"学校只担负一个责任,就是让一个普通人成为在精神上健全的人,成为文明社会的正常人。从这个意

义上说,学校教育就是应该以人为本的,而且应该以普通人为本的,尤其是基础教育。中小学教育,根本不需要设定一个目标,需要教出多少出类拔萃的人。学校教育,其实提供的是一条中间线的教育,它不是按照智商最高的人的标准设立的,而是按照普通人的智商设立的,所以,学校教育中,快乐是一个重要的元素,它应该成为学生——同时更加重要的是——成为老师快乐的过程。"今天,恰恰相反,老师不快乐,学生更不快乐。只有评价学校的标准改变了,才能还原教育本身。让老师和学生在接受教育或获得教育的过程中,获得最美好的东西,获得精神上最大的快乐,而不是累死在升学的这条"跑道"上。我们的教育还在路上,但愿我们的老师不用再"发狠",但愿那些像小黄一样的老师不再扬起他手中的教鞭。

让传统文化成为德育的精神支柱

靳大钊

源远流长的中华文化是中华民族的智慧源泉。五千年的悠久历史铸就了泱泱华夏文明。让智慧传承、让华夏文明绵延不息是历史赋予我们这代教育人的艰巨使命。在我国，"文化"一词古已有之，它的原意为"人文化成"，来自《周易》"关乎人文，以化成天下"。她具有价值导向、行为约束和民族凝聚的功能。在市场经济的今天，竞争激烈、诱惑繁多，现代德育更需要传统文化的引领，让传统文化成为德育的精神支柱。只有这样才能让现代德育永葆青春！

一、在文化中挖掘德育理念

（一）德育为先

现在的很多学校，口号喊着"德育为先"，但是在各种教育教学中却还是唯学生的成绩马首是瞻。各种活动的开展也是削弱了德育的发展，让德育只停留在形式上。这样势必会导致很多学生人生观和价值观的偏离。在古代，孔子要求学生做到"入则孝，出则悌，谨而信，泛爱众，而亲仁，行有余力，则以学文"（《论语·学而》），主张先行德育，后行智育。司马光强调，"才者，得之资也；德者，才之帅也""是故才德全尽谓之'圣人'，才德兼亡谓之'愚人'，德胜才谓之'君子'，才胜德谓之'小人'"（《资治通鉴》），十八大提出的"立德树人"的教育理念也正是体现了这一点。树人先立德，才高者，没有德行，他的才华就只能用来做坏事，成绩越好对社会就越有危害；反之，有品德的人，即便是才能平平，也能做成大事，受到他人的欢迎。

（二）以人为本

《尚书》中说"人是万物之灵"。管仲也说过："夫霸王之所始也，以人为本,本理则国固,本乱则国危"(《管子·霸言》)。这些都是我国"以人为本"观念的最早体现。治国要以人为本,关注民生;治学就要以学生为本,关注他们的身心和发展;这就要求现代德育要尊重和发挥学生的主体性,根据学生的个人特点,提高教育效果。

二、从文化中汲取德育养料

(一)思想教育方面

第一,自立自强的拼搏精神。积极的进取精神深蕴于几千年来的中华文化之中,她也是我们民族傲然屹立于世界民族之林的力量源泉。比如:天行健,君子以自强不息;地势坤,君子以厚德载物(《周易》);胜人者有力,自胜者强(《老子》);"天将降大任于斯人也,必先苦其心志,劳其筋骨,饿其体肤,空乏其身,行拂乱其所为,所以动心忍性,曾益其所不能"(《孟子》)。

第二,乐观豁达的人生态度。在人的一生中,难免会遇到许多的挫折和不顺,有顺境就会有逆境。但不管是什么样的处境,人都要保持一种乐观豁达的人生态度。从李白的"天生我材必有用,千金散尽还复来""长风破浪会有时,直挂云帆济沧海"到刘禹锡的"沉舟侧畔千帆过,病树前头万木春"抑或是陆游的"山重水尽疑无路,柳暗花明又一村",都体现了古人积极乐观的心态和面对困境的从容不迫的情怀。也只有乐观豁达,才能真正成为生活中的强者!

(二)政治教育方面

最主要的是"天下兴亡,匹夫有责"的爱国主义精神。从司马迁的"常思奋不顾身,而殉国家之急"到范仲淹的"先天下之忧而忧,后天下之乐而乐",陆游的"位卑未敢忘忧国",再到周恩来的"为中华崛起而读书",都是爱国主义精神的集中体现。任何目标、努力都应该是以爱国为前提的。

(三)道德教育方面

一是"君子喻于义,小人喻于利"(《论语》)的义利观。二是孟子所说的荣辱观。孟子认为,"无羞恶之心,非人也""人不可以无耻,无耻之耻,无耻矣"。三是文化中最根本的道德要求——诚信观。孔子说:"人而无信,不知其可也""自古皆有死,民无信不立""言必行,行必果"。他认为诚信是治国的根本,也是一个人立于世上之根本。第四,传统美德之孝德观。孝,意味着子女对父母或长辈尽自己赡养和照料的义务。"首孝悌,次见闻"说的是一个人首先要学的是孝敬父母和友爱兄弟的道理,接下来是学习看到和听到的知识。孝德观和爱国心本是同义,《礼记·祭统》中说:"忠臣以事其君,孝子以事其亲,其本一也。"

三、从文化中撷取优秀德育方法

(一)教育灌输、课堂讲授法

教育需要国家、学校编写典章和书籍对民众进行教化。对于现代学校而言,则主要是课堂教育。《礼记·学记》中"君子如欲化民成俗,其必由学乎!玉不琢,不成器;人不学,不知道。是故古之王者,建国君民,教学为先"说的就是这个道理。

(二)榜样示范,以身作则法

子曰:"其身正,不令而行;其身不正,虽令不从。"君主和官员要给百姓做好榜样,国家才能昌盛。同理,教师更要为学生做好榜样。这样,才能让学生信服,取得良好效果。

(三)因材施教法

因材施教,典故出自《论语·先进篇》,语出清·郑观应《盛世危言》:"别类分门;因材施教。"在教学中根据不同学生的认知水平、学习能力以及自身素质,教师选择适合每个学生特点的学习方法来有针对性的教学,发挥学生的长处,弥补学生的不足,激发学生学习的兴趣,树立学生学习的信心,从而促进学生全面发展。因材施教具有丰富的现代内涵,它的实施需要贯彻四个方面的原则。因材施教对于教师、家长、学校以及教育公平的实现都具有重要意义。

(四)环境熏陶法

墨子以染丝为例来比喻道德受环境的同化影响。他在《墨子·所染》中说道:"染于苍则苍,染于黄则黄,所入者变,其色则变。"说的就是这个道理。荀子在《劝学》一文中也表达了相似的观点,"故木受绳则直,金就砺则利,君子博学而日参省乎己,则知明而行无过矣"。强调了后天的努力对于人的影响。更为著名的还有"孟母三迁"的典故,大家已熟知,这里不再多做阐述。

四、我的德育观

基于对以上文化理念、内容和方法的学习,我谈一下对于德育的几点粗浅认识:

(一)育人要"慢",育为智先

"十年树木,百年树人",教育是一项长期的工程,万万急不得,特别是要去功利化。在学校的每个活动,每节课,都要一步一个脚印,踏踏实实,不要为了中高考而教育,而应确确实实在为学生综合素质发展方面做好工作!现在学期末的评价往往就是一张成绩单,这在客观上就让学生产生了一个错误的认识——只要学生的成绩考得高就好,学校高兴,老师高兴,家长高兴,孩子高兴,大团圆结局。成绩真实的还好,为了好成绩弄虚作假、打小抄,这样的现象在有些学生身上就自然而然地出现了,与其说是个别现象,不如说是一味追求成绩的体制造成了学生的这种现象。让学生主动、乐观、拼搏进取,养成一种好的习惯。把教育的脚步放慢,感受学生的点滴进步带来的喜悦,才是教育真正的大事、乐事!

(二)赏罚分明,适当惩戒

现在,学校实施的大多是赏识教育和关爱教育。"赏识和关爱"是没有错误的,但是按照"以生为本,因人而异"这个原则,对孩子的某些行为就要有适当的惩戒。"惩戒教育"最重要的社会作用就是让人懂得做人要有所敬畏,懂得每个人都要为自己的言论和行为负责,并承担由此引起的一切后果,让人们少走弯路。现在的很多学生从小生活在"蜜罐"里,家长惯着,老师宠着,即便是犯了错误老师也不批评,这就让很多学生有恃无恐,错误行为接连不断,这对于学生的身心是极其有害的。古语云:"勿以善小而不为,勿以恶小而为之""刑赏之本,在乎助善而惩罚"。适当的惩罚对学生的发展是有好处的。当然,惩戒不能损害学生的人格和身体,可以效仿古人,用戒尺在手心拍打几下,让学生产生羞恶之心,就足够了。有了适当的惩戒,对于教师的尊严和教学也都有积极的促进作用。

(三)不空谈,切实提升"经典"地位

经典是指国学经典,文化精髓。当然现在在中学教育中,首当其冲的应该是语文学科。它不仅传播知识,更承载文化、教化人心。但是现在的语文学科却处于一个很尴尬的地位,提到语文,很多人都会说,她是母语,要重视;但是真正到了学习她的时候,又有几个人对她重视了呢? 相反,数理化等题山书海却占据了学生的绝大部分时间。再者,当下语文教学的育人作用在淡化,过分讲求字句、文体的解析,使语文沦为和数理化一样的工具学科。做人的修养没到位,当孩子们怀揣着丰富的知识和高高的学历证书走向工作岗位的时候,做人做事易碰壁,职业道德难坚守,也就难以走得远、走得扎实。

(四)以生为本,因材施教

现代社会,人与人之间存在的差异性得到了大家的普遍认同。这就要求学校设置不同的课程去满足不同的学生。海明威在《老人与海》中说道:"一个人并不是生来就要给打败的。"同理,没有一个孩子生下来就注定失败。他们需要的是一个自己的空间和平台,学校开设诸如音乐、绘画、传媒、舞蹈、摄影等课程就正好为他们提供了这样的一个机会,让他们在展示自己才华的同时获得满足感和认同感,取得自己人生的成功。

(五)创设环境,以"境"动人

一是建设以"传统文化"为主题,以"学校特色"为主体的校园文化,从班级到校园,从地面到墙壁,让学生俯仰皆是,将学生置身在一个"书香墨气"浓郁的校园氛围之中,培养学生的文化认同感,让学生在潜移默化中感受文化的熏陶,树立民族意识,培养爱国情怀! 二是充分利用图书馆、阅览室和网络的作用,为学生创设良好的读书环境,让学生每天在课堂之外也能徜徉在书海之中,感受知识的魅力!

管理篇
之教学管理

高中学校教学管理思考

牛作平

教学管理是学校管理的核心工作,是学校的生命,是学校存在和发展的最有力保障。因此,在学校所有的管理工作中,教学管理就是其中最重要的一个部分,管理者的工作方式,对学校教学起到导向和引领的作用,在很多细节上,还很容易形成推波助澜的效果,尤其是高中,以将学生送上高等院校为使命,分管副校长的责任就更为重大。因此,切实抓好教学工作,努力提高高中教学质量是学校首要职责,头等大事,所以,在工作中要能够本着了解、沟通、理解、尊重、公正的态度,才能顺利地开展好各项工作。

一、要充分调动广大教师工作的积极性

教师作为学校教育工作的主导和学校管理的主体,脱离了教师,或者教师作用发挥不够,学校的一切不堪设想。

(一)要尊重教师

理解教师,广泛听取他们的意见和建议,作为管理者,要真正树立为广大教师服务的思想,摆正自己和教师的关系,决不能在教师面前高人一等,唯我独尊,只有和广大教师保持零距离接近,教师们才能内心无愧的工作,全身心投入到高中教学工作。

(二)要关心教师

关心教师,就必须自觉为教师服务,搞好高中教学管理,要时时处处心里装着老师,关心他们的学习、工作和生活中的实际困难。因此,要经常深入教师之间谈工作、议时事、了解情况、征求意见,同时注意减轻老师的负担,给教师更多自由支配的时间,在高中教学上无关紧要的工作不搞,表面应付的事不做,立足高效求实,时时刻刻,时时处处,想到教师,只有这样,教

师的积极性,才可在不言之中调动起来。这样的管理才能够给教师加油鼓劲,使教师树立起自尊和自信,受到激励和鞭策,看到自己未来发展的光明前景,从而心无旁骛、敬业进取,在个人的发展、进步和学校事业的开展、创新方面获得双丰收。

(三)给教师以精神推动力来调动教师积极性

调动教师的积极性,激发他们的主人翁精神,是管理的艺术,因为,教师的劳动表现为劳动过程的个性化和劳动成果的集体所有,要全面完成高中教学任务,必须依靠全体教职工的通力合作,要依靠教职工通力合作,就必须在管理上做文章,从制度管理来调动广大教师的积极性,高中教学采取多维度、多元性的评价机制,让所有教师都有站在同一起跑线上,都有机会参与到评价当中,这样一来既保证了教学管理的民主性,又调动了教师参与积极性,真正做到"言必信,信必行,行必果",向民主管理要质量。

二、帮助教师转变高中教学观念

思想是先导,有了思想才能指导行动,有了先进的高中教学思想,才能保证取得高质量的高中教学效果,我们虽然经过了几年的新课改实验,但是,高中教学思想落后,高中教学观念陈旧,不重视学生活动、能力培养和课堂封闭等现象时有存在。我们必须把教师高中教学思想认识的提高和观念的转变,作为加强高中教学管理,全面实施素质教育,推进课堂高中教学改革的切入点。具体可采用以下措施:

(一)创设学习机会,促进教师的专业发展

采取走出去,请进来的办法,组织广大教师经常到知名学校参观学习,或者邀请名师到学校讲学,教师写出自己的感想和体会,让广大教师感受到新课程的理念,感受到课堂高中教学的动态变化。

阅读增加智慧,阅读增加精彩,阅读使人摆脱平庸。尤其现在知识更新换代的信息时代,要培养出创造性的人才,教师原有的知识水平根本不能满足现代的高中教学发展,因此,要鼓励教师多读教育杂志,高中教学名著,学习现代课堂高中教学的特点,基本观点和操作模式,让广大教师穿过时空的隧道,进入信息时代,使广大教师掌握教育思想的动态变化。

同时,要注意高考方式的改变,这是高中教师在未来几年甚至更长时间里关注的重点。树立"一年高考三年抓"的理念,掀起一场研究新高考,备战新高考的热潮。

(二)搭建展示舞台,促进教师快速成长

"月月有主题,天天有提高"是我校的教学管理目标。学校以丰富的主题活动为载体,调动广大教师的教学热情,让更多的教师能够适应新时期教学改革发展需要,快速成长。这也是实施教学管理的一贯宗旨。

学校除了要为教师提供尽可能的学习机会、进修机会、培训机会、参评机会等,还要建立一套科学、客观、公正、有利于教师专业发展的激励机制。校长的主要任务不是管教师,而是给教师搭舞台。"让教师感觉不到在领导的领导者,才是最高明的领导者。"这种类型的领导平时主要是抓统筹全局和保证方向的大事,他们虽然关注教师的具体工作,但又不过分干预,并能够以恰当的方式为教师的具体工作创造便利条件。管理的最终目的之一是为了达到"不管",也就是说使教师能够自己管理自己。学校要树立名师,用名师扬名校,发挥名师的引领作用。提倡"学术休假",即组织一部分教师到外面进修,这样可以激活"一潭死水"。加强教师队伍建设,打造一支专业素质高、业务能力强的教师团队。培养教师对学校的感情,使他们"以我是这所学校的教师为荣"。

(三)精心设计,认真教研

充分发挥广大教师的群体力量,组建学科优秀群体。大力开展集体备课,一课多教,同课异构,案例分析的形式。为了提高广大教师的高中教学研究水平,教学管理当中还要完善教学研究制度,改变教研模式,充分利用每周大教研及小教研时间,积极开展有实效性地教研活动。强调同伴互助,推动共同提高,为教师搭建学习、研讨、提高的平台。

教科研管理是学校所有管理中与教师专业成长关系最直接、联系最密切的一项工作。可以说,加强教育科研是促使教师专业成长的一条重要途径。做好教科研工作应从以下三方面入手:

1.科研型校长引领管理

正职校长是研究型的校长或指定一名研究型的副校长专职负责,没有正职或副职校长的亲自参与、亲自引领,教科研工作就会变成一句空话。建立教科研档案,发挥教导处、科研室的指导、服务职能。制定教科研的各种

制度,明确各级各类人员的教科研职责,建立健全奖励制度。改变教科研支撑点,变权力管理为制度管理。

2. 重视科研的关键点

关键点是教师,教师决定成败。对不同年龄的教师提出不同的要求,科研要有阶段性。树立这样的观点:"新教师把课上好就是科研。"引导教师总结教学中的点滴体会,文章必须源于教学实践。坚持"从实践中来,到实践中去"的科研原则。做到以课题为载体,以课堂为舞台,以活动为平台。营造教师人人搞教研的浓厚氛围。

3. 涵养科研的生长点

指导教师把问题变成课题。科研要解决学校的问题,特别是教学中的问题,把科研做在课堂上。从小处着眼,从小问题入手。要坚持"问题即课题,教学即研究,成长即成果"的指导思想。要处理好传统与继承的关系,要学习并发扬中国传统教育的优点与长处,有选择地借鉴西方现代教育先进理论成果。

(四)潜心书写,增强内化效果

鼓励高中教师写教学后记,教育随笔,高中教学论文,用笔记录课程改革的点点滴滴,记载自己课改的探索之路,让新课程理念占领教师的精神圣地。

三、在教学管理中注重加强人文关怀

随着社会主义市场经济的深入发展,社会分化程度加大、利益格局深入调整,人们的工作和生活节奏明显加快,由此导致人们生活和工作压力增大。近年来,教师群体承担着较重的压力。特别是中小学教师,很多教师抱怨他们每天都承受着巨大的压力,他们已经快要"崩溃"了。他们感到焦虑和不被理解,特别是对一些问题学生、期望值过高的社会及学生家长、不断进行的课程改革和没完没了的考试等。所以,学校在对教师进行管理时要特别注重人文的关怀。其实,每一个教师都有长处,学校管理者要善于用发现的眼睛去探寻教师的闪光点,帮助教师找到自信,给予教师工作的动力,以促进教师内驱力的提高。

(一)用制度为人文关怀提供保障

制度管理与人文关怀这两种看似矛盾的管理方式完全可以"共融、共生、共建"，也唯有将两者有机地融合，才能赋予管理实践以理性。学校要为教师创设宽松、和谐、民主的学习氛围，教研氛围。不要让纪律规则等去约束教师，让教师去自觉遵守纪律规则等。不能让教师时时、事事、处处围绕考核转，把学习、研究、高中教学当成任务去完成。要激发教师由要我学，要我做，变为我要学，我要做，我该学，我该做，让每一位教师时时刻刻都能保持忘我的工作热情，全身心地投入到高中教学工作中。要注重人文关怀、消除教师压力、提高工作效率。

（二）人文关怀要见"人"

如何才能让广大教职工感受到人文关怀无时不在，我以为作为学校的领导应该心中装着教师，眼中有"人"。知己知彼——了解"人"作为学校管理者的领导只有全面地了解每一位教师，熟悉教师的个性特长、兴趣爱好和家庭情况，才能充分挖掘每个教师的潜能，用好每个教师，做到人尽其才，才尽其用。以心换心——理解"人""管理要管人，管人要管心"。要理解教师工作中的偶尔失误，理解教师生活中的难处，校领导如能充分理解教师，教师便能"不待扬鞭自奋蹄"。无微不至——关心"人"为他人着想，就是为自己着想，正所谓"滴水之恩，当涌泉相报"，对教师的关心必将换来教师对工作的满腔热情。

总之，只要我们"心中有人""目中有人"，看到人的能力，看到人的潜力，将心比心，以心换心，工作中注重人文关怀，就能使教师更具活力，工作效率得到提高，学校更趋和谐，各项工作上新台阶。

高中教学管理上没有"轰轰烈烈"的大事，它需要的是科学、客观、理性、扎实、公正、实效、细心、恒心、耐心、精心，一步一个脚印。在动态中寻找管理办法，我们的学校才能真正走向成熟，才有可能在竞争中获胜。

迎风破浪　改革走向深水区
千锤万凿　高考新政露真容

——新高考改革初探

牛作平

按照《黑龙江省普通高中学业水平考试实施办法》的要求,我省2018年秋季升入高一的新生,将不再分文理科,2021年将搭上高考改革的"首班车"。这一次高考改革,是我省考试招生制度的一次彻底的、革命性的变革,必将对高中课堂教学产生深远的影响。要适应高考改革带来的变化,就必须按照深化课堂教学改革、落实立德树人根本任务的要求,用分层、走班、选课等方式,深入推进课堂教学改革。这也是强国强教的第一枪,振奋人心。必将对社会的各个方面产生影响,我们该怎样应对呢?

一、高考改革对学校的要求

(一)深刻理解,认真体会改革精神

立足校情,如何将深化高中教育综合改革与促进学生全面发展相结合?如何将聚焦学生核心素养与学校办学特色相结合? 是时代赋予教育工作者的使命。因此,无论是使命使然,还是形势所需,聚焦破难题、重内涵、追求高品质的教研,发挥以研导行,以质促优的引导驱动,成了我校当下最为核心的发展要务,也是支撑学校投身综合改革实践,攻坚克难的关键支点。全面推进学校教研能力和实施举措,统领高中综合改革实践探索与学生核心素养的提升,搭建起学校教研层面的顶层设计架构并付诸实施,以确保2018高中综合改革的顺利实施,教育教学任务的深化落实,改革内涵的有力彰显。

（二）学校的教学组织、协调与管理

从三个维度立足实际，传承发展，与校本教研深度结合，使之助力校本教研品质提升。

1. 与办学特色相结合

本着对学校多年办学特色的执着坚守，以其所取得的丰富科研成果和实践经验为支撑，结合当前教育综合改革，聚焦学生核心素养的使命要求，紧扣办学特色实践要义，探索校本教研独具特色的着力点。

2. 与学校精神文化内涵相结合

传承学校发展历程所积淀的精神文化内涵，使校本教研紧扣学校文化精髓，使其更为自然地内化于心、外化于形，探索校本教研的文化内涵支点。

3. 与学校校情相结合

从现有学校师资队伍、学情分布、机制体制等办学条件和建设规划的实际情况出发，因地制宜，探索校本教研的实践点。

通过上述三个方面的结合，使校本教研在传承学校文化，助力学校特色发展的基础上，植根于校情土壤并不断生根发芽。

（三）教育资源的优化分配

新的高考改革对于校内的教育资源需要有一次大的整合，使其达到使用效率的最大化。因此，在高考改革的大趋势下，我们明晰了教育资源配置应该遵从充足、自由、公平、效率四个原则，作为主管高中教育教学的校长，要在思考、讨论、交流、展示的过程中，合理配置校内资源。

1. 人要尽其才

学校必须建立科学有效的人才培养和激励机制，充分发挥每一名教职员工的聪明才智，为学校优质发展提供优质的人力资源。

2. 物要尽其用

学校的物力资源主要包括图书资料、教育设施、教学仪器及实验设备等，学校必须要建立规范合理的物力资源分配和使用制度，合理配备和使用物力资源，尽量减少浪费，努力杜绝浪费，发挥物力资源应有的价值，为学校的优质发展提供充足的物力资源。

3. 财要尽其效

把每一分钱都花在刀刃上，花每一分钱都要论证其效益，都要思考并预算投入与产出比,为学校优质发展提供合理的财力资源。

4.盘活资源,为我所用

学校要积极争取社会资源,主动将学校教育资源与社区教育资源共享,发挥社区资源强大的育人功能。学校要通过发展规划有效地实现教育资源配置的科学化、整体化、有序化和制度化,还要建设具有活力的管理机制,追求管理效率的最大化、最优化。

5.学校务必确立这样一种观念

学校的优质发展,不仅要致力于提高教育质量,而且要致力于学校内部教育资源的合理配置和有效利用。

总之,学校的优质发展既离不开充足的教育资源,高考的改革也离不开教育资源的合理配置及有效利用。因此,合理配置学校教育资源,杜绝教育资源浪费,使有限的投入得到最有效的使用,对于促进学校优质发展,具有十分重要的意义。

(四)生涯规划对于学生的指导意义

从新高考的政策中我们可以了解到,新高考模式为:高中学业水平考试(学考)+必考科目+选考科目。其中最大的变化就是必考科目变为"3+3"模式,如何选择成为广大考生头疼的问题。如何让学生"会选择""能选择"和"愿选择",由"被动选择"变成"主动选择",成为人们关注的焦点,是迫切需要解决的问题。

生涯规划教育就是以培养学生选择能力为核心,开展"生涯规划"指导旨在引导中学生认识自己和了解职业,对自我进行全面的分析,以确定自己都具备哪些能力,即清楚我是谁、我想干什么、我能干什么、我该怎么干、什么样的职业适合自己,通过收集到的信息和自己的感悟、体验设计自己的未来人生,从而激发他们的学习热情和学习动力,影响着他们为人生追求拼搏的信心与激情,提高他们各方面的综合素质。在当今价值多元化的社会背景下,生涯规划的意义在于体现个体价值最大化,确定人生发展方向,为准确定位提供奋斗目标与策略,增强生涯竞争力。

二、高考改革对教师的要求

在新高考、新课程背景下,学生选课走班的新教学秩序必然会代替现有的教学形态,必将会对教学关系、教师角色、学习方式等带来新的挑战和机遇。

(一)教学关系需要重塑

核心素养体系要求,教师不仅要关注学生的文化基础,更要重视学生的自主发展和社会参与。学生发展核心素养是学科素养更上位的要求。在落实学科素养的过程中,要特别重视培养学生学会学习、健康生活、责任担当、实践创新的意识和能力。

首先在教学活动过程中,需要强调"先学后教、学多教少、以学定教、教学相长"的关系,更需强化学生活动的过程。其次在"学生、教师、资源"三个学习要素中,要突出学生的主体地位,要以学生的发展为中心,教师仅仅是学生学习的引导者和协助者;教师要指导学生走进丰富的学习资源,创造条件引导学生利用网络学习和实践性学习。第三,在组织课堂教学时,教师要切准核心目标、把握学科思想与本质,结合核心素养来处理,抓住课堂改革要素,注重学生参与的深度和广度。

新课程对教师在知识储备、专业素养方面提出较高要求。教师必须在注重学科专业知识不断更新、不断积累的基础上,进一步扩展相关领域的知识和能力。需要具备相应的核心素养,还要重视教育观念的更新、角色的转变,教学行为也要发生相应的巨大变化。教师要基于核心素养培育学生的整体性发展。

(二)教师角色需要重构

过去教师是学科本位,教什么,教哪个年级、班级,学校都会统一安排。在新课程、新高考中,学科分层、学生选考、教学走班将成为必然,将会出现学生选教师的局面。

每个教师都要承担育人任务,从重学科知识到重学科素养,从重教学到重管理,教师的管理职责会大幅度加重。其次,教师的教学角色将趋向多元化,每个教师教一门课程的时代将彻底过去,除学科的必修课和选修课外,教师还要充分整合资源,设计好生涯规划课程等。

(三)学习方式需要重建

新课程改革的基本框架是一体两翼,一体:以培养学生的核心素养为核心。两翼:一是课程建设,二是课堂模式。如何培养学生的核心素养,一方

面要依靠课程开发与建设,另一方面要依靠教学模式的改变,两翼不可分割,不可偏废,缺一不可,相互依存,相互作用。只有两翼同时发挥作用,才能完成课堂的育人功能。

(四)教研活动需要创新

为了实施好新课程,必须做好新的发展理念下的教研工作转型,加强新课改常态下的教研模式研究,进一步改变教研的内容,创新教研的方式,分专项解决课改中的困惑,加大学校与高校等专业研究机构的深度合作,分专题研究课改中的问题,定期不定期选择到其他高中学校学习,及时总结推广先进的课改经验,发挥典型引领和成果辐射作用。

(五)实施信息化教学

"互联网+"给教师的教育教学方式也带来了深刻的影响,在"互联网+"的冲击下,"一块黑板+粉笔的教育"方式必然发生变化,甚至走向终结,教育必然走进"互联网+"的崭新时代。"互联网+"时代既给教师带来了机遇,也带来方方面面的挑战。有对教育教学观念的挑战,有对教学方法、教学技能、教学思维的挑战,也有对教师个人信息技术应用能力提升方面等等的挑战。深化信息技术与教育教学的融合发展,从服务教育教学拓展为服务育人全过程。深入推进管理信息化,从服务教育管理拓展为全面提升教育治理能力。明确了"一师一优课、一课一名师"信息化教学推广活动的要求。

总之,在新课程新高考背景下,教育观念、教师角色、学习方式、学习资源、教研内容、管理模式等都会发生颠覆性的变革。教师需要多学习、多模仿、多互助、多研究、多反思。学校需要建立教师专业发展的系统性机制,保持教师生涯发展与学校组织发展之间的平衡,制定符合教师专业发展的评价标准体系。

三、高考改革对学生的要求

学生发展核心素养,主要是指学生应具备的,能够适应终身发展和社会发展需要的必备品格和关键能力。

(一)什么是学生的核心素养

核心素养是关于学生知识、技能、情感、态度、价值观等多方面要求的综合表现;是每一名学生获得成功生活、适应个人终生发展和社会发展都需要的、不可或缺的共同素养;其发展是一个持续终身的过程,可教可学,最初在家庭和学校中培养,随后在一生中不断完善。

(二)学生发展核心素养与素质教育的关系

素质教育作为一种具有宏观指导性质的教育思想,主要是相对于应试教育而言的,重在转变教育目标指向,从单纯强调应试应考转向更加关注培养全面健康发展的人。

核心素养是对素质教育内涵的具体阐述,可以使新时期素质教育目标更加清晰,内涵更加丰富,也更加具有指导性和可操作性。此外,核心素养也是对素质教育过程中存在问题的反思与改进。尽管素质教育已深入人心并取得了显著成效,但我国长期存在的以考试成绩为主要评价标准的问题,影响了素质教育的实效。

解决这一问题,要从完善评价标准入手。全面系统地凝练和描述学生发展核心素养指标,建立基于核心素养发展情况的评价标准,有助于全面推进素质教育,深化教育领域综合改革。

(三)学生发展核心素养与学生综合素质评价的关系

综合素质是对学生发展的整体要求,关注学生不同素养的协调发展。学生发展核心素养是对学生综合素质具体的、系统化的描述。

一方面,研究学生发展核心素养,有助于全面把握综合素质的具体内涵,科学确定综合素质评价的指标;另一方面,综合素质评价结果可以反映学生核心素养发展的状况和水平。

总之,高考改革已经来临,这对学校、教师、学生是一个挑战也是一个机遇。在改革的大潮中,凡事预则立不预则废,我们要抓住这个战略机遇期,把工作做实,端正态度积极面对,为了教育事业的发展贡献自己的力量。

谁来关注教师的职业生涯

李彦秋

曾经听过某校初三学年一节历史课,执教教师———位毕业仅一年的历史学科研究生,用精湛的知识储备精心设计了一节关于"苏联的改革与解体"的展示课,整堂课教师借助多媒体辅助呈现了大量的相关信息,容量之大是以往初中历史课堂少有;教师的语言流利,声音清脆,教态亲和,思路清晰,课堂环环相扣,让听课教师无不感慨高学历教师的风采。但是,在"以学论教"的课堂里,我们没有看到教师与学生之间的互动,没有看到学生在整堂课的学习过程中与教师产生的共鸣。

听新教师的课,我更多地关注教师的学科素养,至于课堂技术层面的欠缺,相信教师在以后的教学过程中会慢慢掌握。不过,关于教学策略,我认为应该依据学情而定,有效的教学策略不仅是因材施教的需要,更是实现课堂有效的保证。然而,这节历史课所暴露出来的最大问题恰恰就是"教"与"学"的分离,"教师"与"学生"的这对双边关系的疏远。课堂应是教师与学生共同经历的生命活动,应是师生心灵交汇,彼此认同的成长历程。如果教师口若悬河,知识有如井喷,但是学生却索然无趣,如同对牛弹琴。出现如此尴尬场面,是教师没水平?非也。是学生不懂事?亦非也。在我看来,任何一堂有效的教学,都应是从学情出发,尊重学生的年龄特点和认知规律。有人说,大学教授上不了高中课,高中教师上不了初中课,初中教师上不了小学课,这其中所讲并非他们在知识上存在问题,主要是他们习惯的教学思维使其在面对下一层次学生时会不由自主地固化角色,忽视教学对象的年龄和认知水平,使得"教"与"学"跨度较大,师生难以产生共鸣。

说到这儿,这节历史课为什么会出现上述现象也就不言而喻了。一个国家重点师范院校毕业的历史研究生,如果让她长时间面对思维能力较为低弱的初中学生,可想而知她的专业水平会有所提升;如果让她去面对有一定思维能力和思维品质的高中生,也许在适合她的教学空间里她会如鱼得水。

由此,我想到了现在比较热的生涯规划。一个有规划的人生会精彩无限,一个没有目标和方向的人,他的人生轨迹将是弯曲波折的。试想,一个医学院校毕业的学生,如果他热衷于心脑血管方面的研究,毕业后恰好能在自己擅长的领域发挥潜能,那么经过连续的 5 年、10 年乃至 15 年、20 年,他的专业水平会是怎样?也许在他职业生涯仅 10 年的时候,就已经成为他所在领域的骨干力量甚至领军人物。然而,现实并非如此。很多单位往往是因需设岗,并非根据职工的专业特点和专业水平安排合适的岗位,这样的阴差阳错,不仅不能保护职工的职业兴趣,也不能使其能力发挥最大化,至于工作效益和职业幸福指数就可想而知了。

写到这儿,我不禁反思自己的职业生涯。1995 年,我从一所专科学校毕业并参加工作。由于各种客观因素,毕业后我先后做过实验员、特长办干事、初一数学教师、教导处干事。四年的时间里,我几乎是在混沌的状态下度过,我非常羡慕与我同期毕业的几位教师,他们刚 ·毕业就能教到自己的专业,而且都能在自己较为理想的年段任课。而我这个化学系毕业,也有着强烈的职业渴望的教师却被无奈的干耗。那段时间,是我职业生涯的波谷阶段,情绪极度脆弱,丝毫没有一丁点儿职业幸福感;2000 年,我终于有了释放能量的平台,面对这来之不易的机会,我默默地付出,辛勤地耕耘;十年磨一剑,2010 年,课堂教学改革让我的职业生涯第一次出现了波峰。2012 年,被评为"鸡西市名师"。2013 年,被任命为教务处主任。时至今日,回望二十几年的教学生涯,我十分满足。但是每当想起头四年的职业荒废,我又十分遗憾。如果刚一毕业,我就能如愿做着适合自己的工作,或者自己能主动地去读书提升自己的内涵,那么有了四年的专业积淀,如今的我是不是工作起来会更加游刃有余呢?

所以,我特别呼吁学校要关注年轻教师的职业生涯,既要指导教师科学规划,使其具有职业生涯的意识;也要为教师搭建平台,让其职业生涯大放

异彩。

　　人生有涯,一个人的职业生涯更是短暂,怎样发挥职业效益的最大化,怎样才能让一个年轻人一参加工作,就能定位准确,方向明确,而且知道自己是谁,想成为谁,这不仅需要年轻人的职前规划,更需要每一个单位领导对其重视并着力帮助规划和创造机会。只有这样,才可谓职业幸福,职业生涯完美。

教育篇
之教育经验与收获

为"潜能生"的成长助力

冯国梁

学校,是学生活动的主要场所。学生的学习、运动都将在学校中进行。自然学生的不良行为,终将在校园里暴露无遗。如:学习态度不端正,上课不主动听讲,经常不完成作业或者抄袭作业者大有人在,学习成绩不理想,在课堂上经常违反纪律,对自己的约束能力不强,甚至有吸烟、骂人、打架、破坏公物等行为,这样的学生被老师们称作是"潜能生",这样的学生也总是会令老师们头疼,有时急得不知道该怎么办,如何对待这些学业上困难的学生,如何帮助这些学生走出学习的阴霾,我结合多年的教育、教学过程总结了些许心得与同行共勉。

一、尊重成长,爱心滋润

没有爱的教育,犹如生活没有阳光,小苗就不能茁壮成长。没有爱,也就没有教育,只有教师真心地去爱学生,让学生感受到教师对他的关心,师生之间才能建立起感情,才能激起学生对教师的亲近感,从而把这种情感转移到课堂上良好的表现,作业的主动完成,达到转化学业困难学生的目的。但是,只有爱心是不够的,我们不仅要爱学生,还要尊重学生,每个家长都是爱孩子的,但不是每个孩子都听家长的话。因为有些家长把自己摆在孩子之上的专制位置,当孩子犯错时,轻则严厉训斥重则动手打孩子,这种简单粗暴的教育方式必然导致亲子关系的紧张,最终导致教育的失败。如果我们把学生看作是和我们平等的人,尊重他的人格,保护学生的自尊心,善于发现他们身上的闪光点,及时给予肯定和表扬,必然增强学生对学习的自信心,对老师的信任与敬重,从而享受学习给他们带来的快乐。学生在快乐中学习,在快乐中成长。

二、与之交心,做真正的朋友

无论是做班主任还是做科任时,我都有一个很深的感受,那就是:如果一个学业不良的学生,你能用爱心感动他,和他成为真正的朋友,那么他就不会给你添麻烦,即使他在课堂上要有什么违反纪律的事,只要你传递给他一个眼神,不用多余的话,他就会不好意思地把头低下,约束自己的行为。而且,对于这类学生来说,他们最讲"义气",你付出真心,他就会把老师当作真正的朋友看待,不但不会影响课堂纪律,还会对你所教的学科有更大的学习兴趣,学习成绩自然也会有很大的提高。

三、降低难度,重拾学习自信

正常的学业进度,对于成绩已经很差的学生来说是不可能完成的,这就需要教师针对学生的学习情况,调整学生作业的难度,为学业不良的学生布置一些难度较低,适合他们的实际情况,让他们既能完成又能增强他们自信心的作业,目标一旦达成,学生的自信心也会大增,让学生重新喜欢上学习,产生学习的兴趣与欲望,再加上自身的努力,就能摆脱学困的处境,真正转化学业不良的状况,从而赶上班级整体的步伐。

总之,"冰冻三尺非一日之寒",要做好学困生转化工作也不是一朝一夕能完成的,只有对他们付出真诚的爱心,做他们真正的朋友,降低学习的难度,真正关心他们的生活、学习,同时多方面运用不落俗套的教育手法,把各种方法有机结合,灵活运用,才能在教育工作中有所突破,真正转化那些所谓的"学困生"。

用爱心浇灌每一朵花蕾

——浅谈后进生转化策略

何 旭

新形势下的素质教育,要求我们要面向全体学生,使学生的思想道德、文化科学、劳动技能等方面得到全面和谐的发展,个性特长得到充分张扬。这是一项长期的、具有划时代意义的改革。俗话说:十个指头伸出有长短。转化后进生是每名班主任都会遇到的问题。

后进生是指那些在学习成绩和思想品德两方面均暂时落后的学生。他们在班上虽然人数不多,却是班上的消极因素,若没有做好转化工作,就会影响整个班级的班风。有些后进生也常常是家庭的主要负担。他们若纠集在一起,还会给整个社会风气带来不良的影响。所以,能不能做好后进生的工作,不只是关系到一个学生的前途,还关系到一个家庭的幸福、一个班级的荣辱和社会的风气。

一、关心和鼓励并举

后进生因为学习差,因而长期不被老师和同学们认可,他们得到表扬的机会很少,得到更多的是批评和训斥。因此他们大多心理上很寂寞,和师生们的关系紧张,也不愿意学习。其实后进生更需要师生的关心和尊重,渴望表扬与鼓励。要转化后进生,首先要解开他们的心锁,让他们在融洽的师生关系中得到快乐和温暖。

因此,我在教学中很注意处理好自己同后进生之间的关系。平时在生活上多关心、照顾他们,正确巧妙地处理他们出现的问题,同他们交朋友,同他们一起讨论问题,用爱心去温暖他们,像对待自己的弟弟妹妹一样热情地

对待他们。一个威严的老师只会把话说到学生的耳中,让他们被动地知道什么是他们所不能做的;而一个大姐姐却可以把话说在学生的心中,让他们知道什么是他们应努力去争取的。

二、赏识与批评并重

(一)没有赏识,就没有教育

没有赏识,就没有教育。赏识是热爱生命,善待生命,是孩子无形生命的阳光、空气和水。赏识是沟通,是平等,是生命之间交往的桥梁。"赏识教育"是每位家长和教师都使用过,无意中又遗忘的教育;是让家长和教师捡回宝藏,回归到教孩子学说话学走路的教育心态;是承认差异,允许失败的方法,是让家长和教师成为教育家的教育;更是使孩子舒展心灵,尽展潜能的教育。"赏识教育"是让家长和教师走进孩子心灵、走出教育误区的教育。

(二)批评要讲究"艺术性"

作为班主任,提高自身的教育理念,讲究批评的艺术性,加大情感的投入,善于借鉴其他老师的教育经验,就会让自己的工作减少难度。我曾经调节了一位学生和他的任课教师之间发生的矛盾,因为调节得及时,这位学生的情绪很快就平复了。

记得是这么一天,一名后进学生 A,下课后找到我,说上节课她根本没有违犯纪律,而是她旁边的同学没有注意听讲,老师却把她批评了。说话的语气,是气呼呼的,给人感觉受了多大的委屈似的。我一看,这是来告状的。看学生的表情,老师可能真的批评错了。听完后,我稍停了一下,然后问她:"你是不是感到心里特别的委屈?""是呀,"学生回答。接着我又问她:"老师问你一个问题,人这一辈子,有没有不受一点委屈的?"她说:"没有,谁能一辈子一点委屈都不受?"我说:"是呀。人都有受委屈的时候,这样人就有一个承受委屈的能力问题。不能承受委屈的人,一点小的委屈,就可能把自己压垮。而承受委屈的能力,也不是天生就有的,也是锻炼出来的。每受到一次委屈,挺过来了,承受委屈的能力就强了一点。让我说啊,你今天是占了个大的便宜,第一,老师批评你,客观上是在关心你,这点对吧?"她点了点头。"第二,恰恰是老师的失误,让你真实地感受到一次受委屈的体验,如果正确对待,你就有了一次锻炼的机会,而且是很难得的机会。你说是吧?"听我这么一说，这名学生不再生气，而是笑了。从人生视野的角度说服了学生。一次误会，一次教育学生的机会。而且是机会难得。

三、善用调查，事实说话

"没有调查就没有发言权。"班主任要在深入调查了解的基础上，针对每个学生年龄、性别、性格特点、错误轻重、态度好坏等，选择灵活有效的教育措施，发现教育的突破口，寻找钥匙打开他们的心灵之锁。我班里的 B 同学是最令我头痛的一个学生，她的逆反心理特别强，对学习一点兴趣都没有，和同学关系格格不入甚至和几名任课教师都发生过矛盾。我一次次苦心策划的转化计划都宣告失败，实在是无计可施了，但又不忍放弃，放弃不等于宣判不可救药了吗？于是，我与她的家长打电话、微信、视频沟通甚至进行家访。了解孩子在家的表现以及孩子的性格。总之，爱心＋细心＋耐心，这孺子居然可教了。

四、防微杜渐，防患未然

后进生在进步过程中，常常会出现反复，这是正常现象。要"导之以行，持之以恒"。因为后进生的思想转变，道德行为习惯的形成是一个反复发展的过程，绝不是"一蹴而就""一劳永逸"的。不要在转变过程中出现反复时，就失去耐心，大为恼火，甚至新账老账一起算，将学生已有的进步、做过的好事全盘否定。这样做的结果只能造成师生感情重新对立，前功尽弃。当然，我们不能等待学生出了"反复"再抓，要估计到转变过程中可能出现的反复，把思想工作做在前头，"防患于未然"。

班主任的工作是琐碎而细致的，又是极具创意和挑战的。用真心换真情是班主任工作的精髓所在。用一颗平等的心与学生交往，尊重学生，讲求沟通的技巧和方法，用一颗宽容的心对待学生，善于发现学生的长处，欣赏学生，真情互动，就能使教育在学生的心底开花、发芽，结出累累硕果。教师是园丁，做个优秀的园丁，培育更多更好的花蕾，这就是我一个年轻教师，毕生最大的追求。

办法总比困难多

——浅谈问题学生转化

李 波

每个班级或多或少都有些问题学生,他们有的总是迟到;有的上课吃东西;有的顶撞老师;有的喜欢打架斗殴……对于这样的学生,作为课任,科格校规校纪或联合班任、家长、学生处来共同管理能取得良好效果。还有一部分同学大毛病没有,就是自制能力差喜欢上课说话,往往前后聊一圈,不仅影响自己的学习,还影响其他同学认真听课,更影响到老师的正常教学工作。这些同学屡教不改,其实这些学生才是最让科任老师头疼的。用校规校纪处理,好像犯不上,毕竟没有大错误,告诉班任吧,也不能总麻烦别人,所以还要靠自己想办法解决。

对于这样的学生,我这些年通过不断地摸索,积累了一些经验,也取得了一些效果,现总结如下:

一、批评教育,适当处罚

关于纪律问题,开学第一天就制定好规则非常重要。哪位同学如果触犯了规则就必须接受相应的处罚。这个处罚规定可以是老师直接制定,也可以是同学们协商确立,总之,规则一旦确立就必须严格执行。之前我就犯过这样的错误,制定了规则,却没有严格执行,结果刚开始有效,时间长了,很多同学就不在乎了,规则形同虚设,所以严格执行,并且长期坚持执行才是取得良效的关键。

二、小组评价,进行约束

有些学生面对老师的批评教育只是一时有效,由于自身的约束力较差,时间一长又犯毛病,反反复复说教,并不能帮助他改掉上课随便说话的坏习惯,这时可以试试用小组评价来约束他。班级按学习成绩及平时表现分成若干小组,每节课排名靠前的小组给予适当的奖励,排名靠后的小组给予相应的惩罚。可以把上课随便说话,影响课堂纪律作为重要的评分项目,如果谁违反,则给他所在的小组严重扣分。很多同学集体荣誉感较强,自己被老师批评和惩罚能够无视,但如果因此连累整个小组、整个集体,则心有不忍,这样一来自然而然就提高了自控能力。对于纪律不好的同学,小组其他成员也会时刻提醒督促,自我督促与小组帮扶相结合,双重制约,便可以很大程度上帮助自我约束能力差的同学提高自制能力。上课逐渐不聊天了,自然就把注意力放在学习上了,成绩也会有所提高,成绩提高了,则会进一步增强学习的动力,这样一来就进入了良性循环。

三、善于发现,扬长避短

我教初一时,有位同学上课不学习,喜欢说废话,自己看不到自己的缺点,还喜欢挑别人的毛病。课上多次提醒无效,我把他赶出教室,让他到办公室写罚写。下课后把他叫到身边,他做好了遭受"狂风暴雨"的准备,但是我并没有对他大发雷霆,而是认真地看了看他的罚写,写得很认真,完成得很好。于是我从正面表扬了他,看他的认错态度好,又惩罚减半,并且发掘出他身上的很多优点,一些他自己都不曾注意的优点,引导他去发扬这些优点。一个常年受到各科老师批评的学生,当发现有老师竟然能关注他认可他,自己在老师眼里原来并非一无是处时,他从心里便不会排斥这个老师的批评,当老师不是一味地批评,而是和他一起想办法,真诚地帮他改掉身上的缺点时,他会从心里接受,并真心改正。放低姿态,真诚面对你的学生,让他认识到自己的优点和长处,更有利于帮助他认识错误,改正缺点。而当他有了进步后,也要及时表扬,因为有句话说得好,好孩子是夸出来的。

四、辅导学习,改掉"顽疾"

大多课上纪律不好、屡教不改的同学,往往不喜欢学习,学习成绩一般也不太好,我觉得所有惩罚措施中真实有效的学习比简单机械的处罚更能提高自控能力。

初二学年，有一名学生就是这样，不爱学习，上课不听课，还经常影响课堂，我找到他为他辅导功课，上课一违纪，课下我就看着他学习，学习是令他头疼的事，可是在我的辅导和督促下，他专心致志地完成了学习任务，我适时地表扬鼓励他，一来二去，不仅语文课上自我约束力提高了，不再违纪影响课堂了，学习成绩也有了很大进步，他对我十分感激。我觉得这个方法虽然老师累些，但却可以一举两得，起到事半功倍的作用。

五、善于借力，协同教育

对于一些问题学生，当课堂批评教育收效甚微时，联合班任、家长共同教育，用集体智慧与力量来帮助他，会对他产生很大的触动。

总之，对于某些问题学生，有时用一种方法即可，有时则需要几种方法同时运用，依照情况而定。当然还有很多方法需要我在实践中摸索，同时多与其他老师交流学习。不管怎样，真诚对待你的学生，面对他们出现的问题，勇敢面对，想办法解决，一定会有效果，我始终相信：方法总比困难多！

爱，铸就最美好未来

刘婧昱

> 如果细心些，不难发现摇曳在风中的每一朵鲜花都有着独特的风姿；假如多点耐心，也不难看到阳光下奔跑的每个孩子都闪着可爱的光亮。
>
> ——题记

走上讲台已有十六年了，我怀着依旧饱满的热爱和喜悦写下这句心中最真的体会。有人说，教育是帮一个人建造他的灵魂的工程。而作为一名初中的教育工作者，我所肩负的是帮孩子们的灵魂塑上底色这一神圣使命。然而我发现，秉着这一沉甸甸的责任感还远远不够，想真正把这项打基础的工作做好，不辜负孩子的每一天，更需要用心来教育，用爱去引导。

一、用心关爱 收获希望

班主任对学生的爱不同于父母对子女的天然之爱，它蕴含更多的社会内容，具有广泛的社会意义。班主任的爱不仅是个人之间的一种态度，一种积极的肯定情感，它还是一种评价。班主任对学生的态度常常反映学生所在集体，甚至是社会对他的某种评价。因此，学生往往把班主任对自己的关怀、爱护、信任等与班主任对自己的评价联系在一起，同自己的集体中的地位和人格价值联系在一起。班主任一句话有时能改变一个学生的一生。于是班主任的这种情感实际上就转化为一种社会环境因素在每个学生心目中具有不同寻常的心理分量。由此可见，班主任对学生的爱对教育好学生是多么重要啊！

二、用心倾听 收获惊喜

倾听是实施有效教育的基础和前提。心理学研究表明，人在内心深处，都有一种渴望别人尊重的愿望。作为班主任，要对学生进行有效的教育，就必须尊重学生，倾听学生的呼声，了解学生的疾苦，知道他们在想什么，做什么；有什么高兴的事，有什么忧愁的事；他们学习中有什么成功的地方，有什么困惑；是方法的问题，还是心理的问题，是习惯问题还是基础问题。对这些问题有个比较清醒的认识，就可以对症下药，有的放矢。所以在了解学生的时候，就要放下老师的架子，平易近人，和蔼可亲，增加老师的亲和力，使其"亲其师，信其道"，学会倾听。这个时候所进行的交流，就是心与心的交流，就是灵魂和灵魂的激荡。所以，倾听是实施有效教育的前提。

三、用心思考 学会赏识

欣赏是有效实施教育的态度，是有效教育的重要途径之一。在学会倾听的基础上，欣赏学生。不仅包含了对学生的理解和宽容，更重要的是把学生当作正常的人一样；不仅欣赏优秀学生的优秀品质，而且，要学会欣赏学生的缺点和失误。有位哲人说过"世界上没有垃圾，只有放错了地方的资源"。我套用这一句名言"人没有不良品质，只有用错了地方的性格"。我们在实际工作中，对优秀学生欣赏，几乎每个老师都能做到，但是对差生的欣赏，就几乎没有人认同了。

四、用心关怀 赞美他人

赞美是欣赏的结果，是欣赏学生的自然流露，是对倾听和欣赏的巩固。它和表扬不同。它不是当着学生的面的表扬，而是在学生背后的赞美。它是融洽人际关系的法宝。实践表明，两个互相仇视的人，如果在背后听到敌人在赞美自己，马上就会烟消云散了，所有的恩恩怨怨在眨眼之间就归于乌有了。老师的倾听是不是假的，老师的欣赏是不是装出来的，只有当学生听别的同学说出来的时候，才会从内心深处认同，才会对老师的教育感激，对老师的教育感恩，才会肯定老师的诚意，才会不自觉地在老师的期望方向上，迈出步子。

五、用爱领跑 铸就未来

我用年轻人的激情，辅以不太丰富的阅历，借我钟情的事业，试图诠释生命中最真切的价值,期许那些出现在我生命中的学生们在我爱的目光里发现更多自己的价值。我知道这条路才刚刚开始,前路漫且长,但是用一颗真心去发现,用一份智慧的爱去引导,边学边教,且行且歌,是我一直会做的事。

我相信,奔向前方的曙光路上,定会遇到孩子们璀璨的笑颜。我将继续用心发现,用爱,为他们铸就一个更美的未来。

用心播撒希望的种子

庞 莉

　　班主任是学校工作中的一个重要角色,在班级管理中发挥着重要作用。它是班集体的组织者、教育者和指导者,也是学校领导实施教育、教学工作计划的得力助手。在学生全面健康的成长中,起着导师的作用;并负有协调本班各科的教育工作和沟通学校与家庭、社会教育之间联系的作用。

　　在教学中我不断摸索,不断地想办法。力求把我所带的班带好,使学生都能全面发展,养成良好的学习习惯,劳动习惯,生活习惯,卫生习惯。我也总结了一些方法,下面我向大家介绍其中的几点和大家共同探讨:

一、给予赞扬,看到希望

　　每个人都有理想,都希望得到赞扬,因此对学生要多给予鼓励,让学生看到希望。平时在班级、在走廊、在操场上看到学生和我打招呼时,我会和他们聊天对他们说:"某某同学,你这段时间有了很大的进步,如果把上课爱溜号的毛病改掉就更完美了,进步也就更快了。"这样简单的几句话,就让学生了解到老师在关注我,我有进步老师会看到,努力是值得的。因为他们看不到很远的目标,持久性也很差,但只要以上一句话,他就会信心百倍。等待老师对他的关注,就会比以前表现有所进步。对于犯错误的学生要肯定他们的优点,说明他是一个非常懂事的孩子,但这样懂事的孩子,我感觉不应该犯这样的错误,这只是一个失误,我相信你以后一定不会再犯对吗? 这样学生就会不好意思。教育的目的也就完成了。还给了孩子一个台阶下,留了面子,往往会比批评还有用。对学生要多表扬,少批评。遇到问题要给他们讲道理,让他们知道哪里错了,才能改正。

二、家长配合,效果更好

学生的家庭教育也起到很大的作用,因此要和家长配合好才能获得更大的成效。在开家长会时,我不会批评家长。只会反映这段时间孩子在校的表现有哪些不足。平时请家长到校时我会先说明孩子的优点,然后说不足,让学生的家长对孩子不放弃,让他们知道为孩子付出是值得的,心甘情愿地协助老师,教育孩子并养成好的习惯。越是成绩差的对家长更不能批评,不然学生家长就会放弃,学生看不到希望也会放弃,这样会影响到班级的成绩及班级的班风,所以一定要对后几名学生多鼓励。上届我班有一名学生叫朱××,有一次考试排名在班级后五名,我把家长请来,说这个孩子很有潜力,只是贪玩,所以成绩不好,如果家长在家帮帮他,提醒他学习,考一考语文等好上成绩的科目,下一次成绩上来一些,就会看到希望。经过了一个学期后该学生在班级排了 35 名,有了很大的进步,自己也有信心了,家长也感到很有成就感。因此和家长配合好会有更好的教学效果。

三、树立榜样,确立目标

现在很多学生学习没有目标。家长把一切安排好,几点学数学,几点学英语,几点补作文等等。学生认为学习是给家长学的,是给老师学的,从来也不认为是给自己学的,根本没有学习的动力和目标,就等着让老师和家长看着学。不知道自己做到什么样才是好,因此我在班级里大树榜样:学习上进,思想进步,劳动积极肯干等等的学生,只要哪个学生身上有发光点,我就在班级表扬。给学生一个学习的目标,受表扬的学生更有动力,这样就会更有上进心。如:上一届在初二的时候,我们班的董××,头脑聪明,但爱说话,接话,有扰乱课堂纪律的情况。平时成绩班级十二名左右,我就给他定了一个月考目标班级的第三名,这名学生很重视老师给定的目标,经过十多天的努力,真的考上了班级的第三名。我在班级里表扬了他,并说明只要树立合理的目标,不断地努力,一定会成功。每个班级都有值得别人学习的榜样,只要认真观察,每个人身上都有优点,值得每个老师去开发。班级榜样多了班风也就好了,因为他们知道了怎样做才是好的,他们也能做到,很快也能成为榜样。

四、投其所好,推波助澜

每个人都有自己的爱好,可以用学生的爱好,带动他们学习的进步和思想的提高。新带一个班,先对学生提出纪律、学习、劳动方面的要求,在执行时要严格要求,说话算话。上一届我班的王×,张××,等孩子成绩一般,但爱好打乒乓球和羽毛球。并且打得很好,在校乒乓球比赛中获得名次,因此,我告诉他们成绩有进步,要求做到的都能做好,这样每周有一天的中午自习时间可以去打乒乓球。这样这几名学生学习很有进步。班级很多学生都喜欢体育运动,只要按时按要求完成,就可以给一点适当的休息和玩的时间。这样就增加了学生学习的动力,有的学生特别喜欢受表扬,因此在每次考试结束后,我们就分析成绩,对成绩好的进步的,给予表扬和奖励,充分肯定他们的努力,让他们的动力十足,对学习充满信心。这样只要用学生的爱好带动他们的学习,思想方面就会有很大的进步。因此带班时要仔细观察,了解他们的爱好,然后向好的方面引导,这样会取得很好的效果,学生与老师的关系也会靠近,我们走入学生的"心中"才能更好地开展教育的工作。

五、思想教育,心灵之窗

要搞好学生的思想教育首先要进行学生的心理教育,以心理教育促进学生的思想教育。现在的孩子从小就没吃过苦,是从蜜罐里泡大的,心理非常脆弱,也很叛逆。因此要想对学生进行思想教育首先要打开心灵之窗,知道孩子在想些什么,然后再对症下药,才能有疗效。不能用粗暴的方法,严厉地说这么做不对,那么做不对。有的孩子只知道不对,却不知道为什么不对。因此,讲道理时要讲究方法。如:一次我给学生进行思想教育说:人生有四个阶段,少年,青年,中年,老年阶段。其中少年是学习阶段,青年是进取阶段,中年是奋斗阶段,老年是享受阶段,如果把这些阶段该做的事弄乱了,这一生将会很坎坷,你一生的命运掌握在自己的手中,是幸福还是不幸由你自己选择。学生开始不太理解,我说不信我们试一试。少年时学习,青年时享受,中年时进取,老年时再拄着个拐棍去奋斗?这样的一生能幸福吗?同学们哄堂大笑,他们感觉这样很好笑,都认为奋斗不动了。因此我告诉学生现在一定要好好地学习、进取,这一生才能幸福。

　　平时我会讲一些生活中的实例,或一些有教育意义的小故事来净化学生的心灵,去触动他们那最软的内心。每个人,包括后进生都不是铁石心肠,都能被感动。感动后也会或多或少地影响到他们的行为,从悬崖边上把他们拉回来。就算没有用我们也努力的尝试了,也不会有遗憾。让孩子感恩父母,每个父母都希望孩子得到最好的,让学生去回忆父母对自己的好和期盼,让孩子回报父母,做一个懂事的好孩子。学生们都很有感触,因为平时没认真想过,只认为父母应该的,并没有深深的感恩这份真情,让学生感到自己是幸福的。就算有的学生没有父母的关爱还有很多关心他的人的爱,他们并不孤单。以后要用爱心回报亲人,回报社会。

　　班主任就像一个管家,要管理班级的所有工作,虽然很忙,但我感到很充实。有忧伤,也有快乐。当学生的学习,纪律有所下降时,当学生的思想有波动时,我都感到很忧虑。当学生有一丝进步时,我都感到很快乐。因为种下的种子发芽了,自己的努力有效果了,感到很满足。今后我还会不断地努力探索,在教学的领域发现另一片天空。

用爱浇灌迟开的花朵

王爱丽

作为一名教师首先要具备爱心,爱生是教师毕生事业的前提,也是众多教育家所倡导的教师所具备的素质。新课程改革也明确要求教师在上课过程中要照顾全体,尤其是对后进生要给予更多的爱和更多的关注,我作为一名科任教师始终怀揣着对学生的爱走进每一节课,走进每一个后进生的心里。让学生感受到老师对他们的爱和关注,下面对后进生的转化谈谈我的做法和成效。

一、特别的爱,让学生倍感尊重

在每节课的课前我会检查学生的教科书是否带得齐全,对于没有带书的同学我会询问原因,并帮助学生找到解决问题的方法。例如我教的班级有一个小男生书丢了我会告诉学生去复印或者去书店买,课下学生按照老师的要求去做。从学生角度感受到老师关心他,能站在学生的角度去思考问题。下节课再去这个班级上课这个男生会主动跟我说老师我买到书或者借到了,我会当众表扬他。看到学生脸上洋溢着笑容,我的心里也为学生高兴。上课时我会更加关注他,有比较简单的问题会提问他,调动他学习的积极性。

二、特别的设计,让学生充满自信

在课堂关注后进生的学习情况,设置简单题引导后进生来回答,帮助他们找回自信。回答正确给予组内加分调动学生学习的积极性。适当的表扬,也给其他后进生一个鼓舞和机会。使这样的团体充满正能量。每一个班级都有后进生,在班级小组的组合上有优生也有后进生,形成一帮一的帮扶对子,让后进生学习优生的学习方法形成小组和班级强烈的学习氛围。对优生来讲,帮助后进生讲题提高他们的语言表达能力,还增强知识点的理解和记忆,通过讲解对知识运用融会贯通。生生之间的学习探讨在某种程度效果比教师传授讲解的效果好。

在我所教的班级里就遇到过这种情况,学生组内荣誉感强,课上互相提醒趴桌子的情况发生,在组内讨论探究优生和后进生积极参与各尽其能,课堂气氛活跃。

三、特别的关注,让学生开始转变

善于发现后进生的闪光点,俗话说金无足赤,人无完人。我们作为一名教师不要把成绩看作评价学生好坏的唯一标准,要全面看问题。往往后进生有一颗正义心、爱心、热心。后进生有情义,乐于助人,勤于劳动,是其他学生学习的榜样,教师要善于发现并在班会给予表扬,当这样的学生找到自信的时候自然而然对学习也会充满热爱。首先课下教师和后进生多聊天多谈心,走进学生的心里,学生喜欢教师,自然而然就喜欢老师所教的学科了,每当在办公室看见后进生打扫卫生,我会夸他们活干得好,要是在学习方面有所进步就更完美了,课上我多督促、多提问、多鼓励,课下多关心有没有听明白今天的内容,久而久之学生有所触动就慢慢地开始学习了。

记得我曾经教的班的一个男同学坐在后面不爱学习,但是课下喜欢跟老师聊天,我慢慢引导他学习,这样的孩子爱表现,组织能力强。不教他们了,每次我在操场找学生干活他都是第一个跑来帮我干活,还号召其他同学来帮我劳动,作为教师体会到成就感。

总之,在我从教的七年时间里我转化后进生,帮助他们找回自信,课堂里充满了他们自信的笑声、回答问题条理清晰、成绩逐步提高。他们的进步是我的骄傲和自豪,我找回了属于教师的那份对学生不离不弃的关怀,在教师爱的浇灌下迟开的花朵必会绽放属于自己的美好灿烂的明天!

有"爱"才有教育

张克东

刚参加工作,我便带着"做伟人老师"的欣幸整天徜徉于学生中间,望着一张张可爱的笑脸,听着一句句真诚的话语,感受着心与心碰撞时的那份快乐,我觉得自己仿佛走进了生命中最灿烂的时刻。看着孩子们一拨一拨在涓涓细流的浇灌下健康成长,我由衷感受到为人师表的幸福,感受到真诚无价的甜蜜。

爱是一个永恒的话题,教师对学生的爱更是一种把全部心灵和才智献给孩子的真诚。这种爱是无私的,它要毫无保留地献给所有学生;这种爱是深沉的,它蕴涵在为所有学生所做的每一件事当中;这种爱是神圣的,它能凝成水乳交融的情谊。爱是人类特有的情感和行为,是生活深处一朵炙热的火花。它能创造安全与满足的温馨,赋予人以无穷无尽的力量。师爱更是神圣而伟大的,"捧着一颗心来,不带半根草去",这正是教师无私奉献爱心的典范。所有学生,无论是智商高的还是智商低的,无论是家庭条件好的还是家庭条件差的,无论是安静听话的还是调皮捣蛋的,都十分需要老师的关爱,老师的爱与尊重是打开学生心灵窗户的盏盏烛光。付出是师爱最真挚而朴实的情感,多年的执教生涯使我形成了一套独特的教学理念,那就是:"在我的眼里,没有不合格的学生""一切为了学生,为了学生一切,为了一切学生""我要让我的学生学有兴趣、学有提高、学有创意、学有追求"。

一、用心聚力

良好的开端是成功的一半,第一印象至关重要。和学生的第一次相识应该是令人终生难忘的。我凭借多年的教学经验和自身勇于探究、乐于尝试的优秀品质,把每一次和学生的见面都生动化、人文化,这对学生的学习劲头和心理渴求是有益的。

我每次都是在毕业学年和一届届的学生相识,由于深深了解学生的心理负担和学习压力,所以在上第一节化学课时我从不讲新课,而是介绍自己的教学风格和学科特点,并且反复强调:化学课对于每一个同学来说都是全新的,所有的同学都站在同一起跑线上。这就使很多濒临厌学边缘的同学重新燃起了求知之火,使很多品学兼优的学生更是摩拳擦掌,充满挑战和"诱惑"。另外,我还让学生用简短的语言介绍自己的显著特征,同时我尽量在极其有限的时间内记住多数学生的名字。这件事听起来不大,但对于学生来说,老师能记住我的名字,一定是我身上布满了光泽。

二、用爱浇灌

苏霍姆林斯基曾这样说过:"自尊心是一种非常脆弱的东西,对待它要极为小心,小心得像对待玫瑰花上欲坠的露珠。"瑞士的一位专家皮亚杰指出:"教师的工作不是教给学生学什么,而是努力地去发现学生学什么,应用种种方法去激发学生的求知欲。"

有很多次,在化学课上,我都把讲述化学问题的机会留给学生,让学生亲自走上讲台,把自己从书本和实践中获得的知识有条有理地讲述出来,这样,既可以锻炼学生的语言表达能力,又可以培养他们探究学习的兴趣。很多同学都跃跃欲试,我为他们精心安排了教学进度表,他们十分珍惜这样的机会,并为此付出了不懈的努力。然而,有一次我注意到了其中一位同学的反常心理,他对自己要讲解的"一氧化碳"一课有着一种琢磨不透的怪异。经过细心的询问和家访,我的谜团才被解开。原来他的母亲前不久刚刚遭受了"一氧化碳"中毒的厄运,他还没有从悲伤中解脱出来,而他要讲的内容恰巧又为他的悲痛布上了一层阴影,等于是在伤口上又洒了一把盐。我了解到了学生的这种避讳心理后,及时地开导他:"你的妈妈有这样不幸的遭遇,是你的悲痛,也是老师的悲痛,然而,人不能永远活在悲痛中,你还小,未来的路还很长,你要坚强起来,这也是你的妈妈最想看到的啊!为了不让这样的悲剧再继续上演,我们就应该把有关'一氧化碳'的知识学好,并传播给更多不了解它的人,要学以致用,让化学课的知识能有效地应用到实际生活中去。"过了一段时间,这名同学主动向我提出要讲"一氧化碳"的申请,当他带着一种责任、一种信念自信地走上讲台，认真地讲着每一个细节时，我的眼睛湿润了。相信这堂课对于他，对于我，对于台下的每位同学来说都是难以忘怀的，这不仅仅是课堂上的一节课，更是我们人生中重要的一课。

于是，更多的学生成了我化学课上的小讲师，小助教。我让一批又一批的学生对化学课产生了浓厚的兴趣，并善于把理论与实践相结合。这种心理上的重视和情感上的关注，有助于沟通学生的心灵。可以说：教育是一种信任、一种尊重、一种激励、一种责任。

"教学千古事，得失寸心知。"说实话，多年的教育教学生涯，我并不清楚自己在工作中扮演着什么样的角色：既是一位教师，教会学生知识和怎样做人；同时更像一位母亲，关心着孩子的身心健康；既像一位好友，在学生孤独无助时，及时给予安慰和鼓励；又更像一位导师，排解着学生的一切烦忧和苦恼。我喜欢我的每一位学生，我喜欢和他们在一起共同学习，共同奋斗！我经常和我的同事还有学生们说这样一句话："在我的眼里，学生是没有好坏之分的，不管他们做得如何，在我心里都占有同等重要的位置。我为认识学生而感到幸运，我用爱去教书育人，这使我感到快乐。我愿这种幸运和快乐伴随我的一生！"

让关爱的阳光温暖纪律的天空

——浅谈班主任班级管理艺术

米　娜

教育是"随风潜入夜,润物细无声"的绵绵春雨,教育是"无以规矩,不成方圆"的金科玉律,班主任是站在教育第一线的实践者,做到恩威并施,才能在教书育人的事业中游刃有余,取得立竿见影的效果。

班级管理是一门艺术,班主任是参与管理的一个特别重要的角色,这个角色扮演得好,工作方法科学有效,工作做得认真、精细、到位,学生才能信服,班级管理才能日臻完善,才能营造出良好的班风和学风。那么如何才能做一名讲艺术的班主任呢,我觉得需要从以下两个方面把握。

一、让金子闪闪发光

作为班主任,要有崇高的师德,我们学习师范专业时,学校和老师就教育我们"学高为师,德高为范",所以我们要严于律己,以无私之心去关爱每一名学生,不戴有色眼镜,不将学生分为三六九等,班主任应有一颗慈母之心,对待每一名学生,都将他们当成自己的孩子用心地去教育。比如说,当学生在生活中遇到困难时,我们班主任应该是最忠实的倾听者,是帮助他们解决问题的庇护人。了解学生、关爱学生是一个好班主任必须要做的事情。

在学习中,每一个孩子接受知识的能力和学习的自控力也是不同的,不能一概而论,应遵循"因材施教"的古法,依据每一名学生的实际情况,为他们制定合理的学习目标和达成时间,让学生感到被尊重,受重视。当学生在学习过程中出现进步和取得成绩时,班主任应及时予以认可和表扬,激励他们更加努力向前。能积极评价学生,发现他们身上的闪光点是一个好班主任必备的条件。及时发现并且鼓励学生,让学生找到成就感,获得学习生活的幸福感,他们就会像金子一样,长久地散发着光芒。

二、玉不琢不成器

阳光的心态是每个孩子成长的关键,但是对于处于成长期的孩子来是,适度的约束也是必不可少的,正所谓"玉不琢不成器"。

作为班主任,我们既要对孩子都进行积极评价,但也不能一味地去施展自己的仁爱之心,因为青少年时期的孩子身上也会有很多问题,就像小树的歪枝,如果不及时修剪,有可能会旁支丛生,最终无法成材。因此,班主任还要将规矩制定好并严格遵守,正所谓"无以规矩,不成方圆",建立科学的班规,整个班级的学生严格遵守,班主任不徇私情,一视同仁,铁面无私对于良好的班级秩序,建立风清气正的班风至关重要。

可以说,班主任是一个班级的灵魂人物,没有爱心的班主任是学生心中的"法西斯",就只会专政;没有原则的班主任是学生心中的"好好先生",不让人信服。因此一个好的班主任一定要恩威并施。

浅谈对班主任工作的几点认识

吴志江

班级是学校教学工作的基本单位,也是学校中学生集体的基层组织。班主任是班集体的组织者和管理者,是学生健康成长的引路人。班主任的一言一行,直接影响着每一个学生,有时,甚至使学生终生难忘,受益匪浅。那么,如何做好班主任工作呢?

一、班主任要有奉献精神

班主任工作很平凡,极琐碎,极繁重,但班主任把自己的理想、追求乃至国家的前途命运倾注于自己从事的事业,寄托于学生的身上。希望通过自己的劳动,促成学生的成长,推进国家和时代的兴旺和发展。班主任的工作没有时空之限,是一种无止境的、艰苦的繁重劳动。这种劳动的价值是无法用具体的尺度来衡量的,更不可能换回等值的报偿。在这样的情况下,教师就必须得以无私奉献为主。

班主任应不计个人得失,顾大局,识大体,得到学生、领导、家长和社会的承认,便是最大的回报。

二、真情爱生,做学生的知心朋友

热爱关心学生,这是教师的天职,教师必须对不同性别、不同相貌、不同智力、不同家庭社会背景的学生给予公正、平等的关心与爱护,一视同仁地对待每一位学生。教师对学生的爱应该是诚挚的,毫不夸张的,真情爱生能激励学生热爱生活、热爱集体、热爱学习,激发学生的进取心。教师对学生的情感越深,责任心就越强,教育的方式、方法也就越多,教育的效果当然就更好。

真情爱生,成为学生的知心朋友,学生才会对班主任说出心里话,便于班主任全面了解和研究学生,这样就为建立良好班级体奠定了基础。

三、选择和培养班干部

班干部是班级骨干,是班主任的得力助手,班主任在接任一个班后,就应重视班干部的选择和培养,让他们在班级里充分发挥作用,带领全班同学不断前进。

班主任在选择和培养班干部时要善于发现和培养积极分子,从中选出作风正派、办事认真、关心集体、能起模范带头作用,在同学中有一定威信和组织能力的同学来担任班干部。班主任在选用班干部时,应根据学生的能力、爱好、特长分配适合的工作并放手让他们开展工作。

班主任要随时注意、发现和培养新的积极分子,让班干部定期轮换,让更多的学生有机会锻炼。

四、建立规章制度,形成良好班风

班风是班级成员精神面貌和学习态度的集中反映,良好的班风有益于激励学生的进取心和团结协作精神。良好班风的形成与班级规章制度的建立和健全密不可分。

没有规矩,无以成方圆。一个班级就是一个组织,是组织就要有组织性,一个班级如果没有组织性,没有约束力,班级成员像一盘散沙一样,散得开却收不拢,良好班风从何而来?教学工作怎能正常进行下去?班级的组织性主要体现在规章制度的建立与健全上。班主任应根据本班情况,在与全班同学共同探讨之后制定出适合本班的具有法规性制裁和管理功能的规章制度,制度一经公布,必须严格执行,做到规范化、制度化。

五、以身作则,做学生表率

班主任良好的思想品德、学识、言谈举止都给学生以潜移默化的影响。教师的一举一动、一言一行,都可能成为学生模仿的对象。学生"向师性"的特征,决定了学生乐于接受教师教诲,愿意以教师为表率。因此,班主任的人品、才能、治学方法以至于人生观、世界观对学生的影响是极大的。

人们常说，榜样的力量是无穷的，身教重于言教，"其身正，不令而行，其身不正，虽令不从"即说明班主任必须以身作则，为人师表。

六、班主任要有团体协作的精神

处理好教师之间的关系是大家共同的愿望，然而学校内的事情并不那么简单。教师间总会因学生的教育管理、课程安排、教学方式、方法、时间分配和各种待遇等方面产生矛盾。特别是在班主任和科任教师之间，作为班主任应该顾全大局，能吃亏，能宽容别人。班主任应多主动听取各位科任教师的意见和建议，鼓励科任教师为本班出谋划策，从而促使学生更加健康的成长。

教师群体的团结协作是搞好学校各项工作的重要保证，而每一位教师也只有在一个团结和谐的学校环境中才能发挥出个人的最大才智。

细雨微润禾苗壮 红日和暖万物新

周乃龙

　　潜能生是普遍存在的事实,潜能生的转化管理,是班级、甚至学校的重要工作之一,更是身为任课教师的重点和难点。采取什么样的方法、技巧来做好这些学生的思想工作,从品质、人格、自我管理、学习素质等诸方面调整转化,是教育工作者以及心理学者长期探索和研究的课题。但潜能生的形成、根源、背景复杂,不是一朝一夕形成的,这项工作需要一整套系统、连贯、长期的操作,才能彻底奏效,在我与"潜能生"多年的交往过程中,初步形成了对其转化工作的一些看法,在此发表以下个人见解。本文从潜能生的形成原因、潜能生的特点以及如何针对其形成原因和表现的特点进行教育转化做了较详细的分析和探讨,愿能对德育工作尽一点绵薄之力。

　　"潜能生"的存在是一个普遍的事实。所谓"潜能生"是指在学业、品行等方面暂时处于后进行列但存在大的发展潜力的学生。他们通常有许多不良行为:欠交作业、破坏课堂纪律、抄作业、考试作弊、破坏公物、打架斗殴、无故旷课甚至离家出走等,但这些学生通常是能够通过教育转化的。"潜能生"应引起我们教师的重视,我们应把教育转化潜能生作为自己的一项艰巨的光荣的任务,切实抓好,如果不能有效地转化他们,将会给学校工作的顺利开展带来一定的麻烦,更会给社会增加不稳定的因素。要教育转化潜能生,必须首先了解他们变化的内、外因,然后才能找到解决问题的办法。

一、潜能生的形成原因

　　潜能生的形成,总的来说有内、外两方面的原因。从外因方面来看,家庭教育失当、学校教育失误以及来自社会的不良影响;从内因方面来看,学生心理发展不够成熟。潜能生的形成是客观外因通过学生自身心理内因起作用的结果。

（一）不成熟的心理是导致不良行为产生的内因

学生正处于生理、心理发展变化的时期。从心理方面来看，一方面，他们由少时的依赖性逐渐向独立性过渡，显然有了一定的思想，有了一定的自主判断、自我意识较强，个性突出；另一方面，他们的心理发育还不成熟，心理比较脆弱、稚嫩，容易极端、片面、消沉、缺乏理智。由于心理不成熟、导致他们对自己的身心发展感到困惑，对各种社会现象感到迷茫。

（二）家庭教育的失当

据调查，许多潜能生大多出自问题家庭。在潜能生家庭中，经常可以见到以下几种情形。

1. 破碎型家庭。目前每个学校里都会有一小部分学生来自离异家庭，当该学生成为离婚双方重建新家庭的一大障碍时，无论子女跟谁都容易被疏于管理和教育。生活在破碎家庭的学生，很容易养成偏执、冷漠、仇视、好斗等不良习惯。

2. 专制型家庭。有的学生父母对子女要求过高、过严，平时又疏于管理，教育方式简单粗暴，学生一旦出现不良行为或达不到父母提出的要求时，其父母就会棍棒相加，这样的学生得不到关爱，得不到温暖，很容易养成自卑、虚荣、孤僻的畸形心态。由于在家庭缺少关爱，这样的学生往往会到社会上寻求"哥儿们"的帮助，进而受到不良诱惑而走上歧路。

3. 溺爱型家庭。有的父母对子女溺爱偏袒，不管子女提出多高要求，父母总想方设法地满足他，这样就会使子女养成好吃懒做的不良品行，甚至发展到为所欲为、不可收拾的地步。

4. 不良行为型家庭。家长行为不检点，行为粗鲁脏话连篇，甚至有作风不正，酗酒赌博，盗窃腐化等不良行为，直接影响子女品行的发展。

（三）学校教育的失误

1. 当前的考试制度导致部分学生求知欲减弱、学习热情降低。在当前的考试制度下，学生的课业负担和心理负担较重，从而导致部分学生身心受到极大的压抑，并屡遭挫折和失败，使他们不能适应学校环境。学生求知欲的减弱、学习热情的降低，正是学生不良行为形成的开始。

2. 教师对学生缺乏耐心。有很大一部分学生是由于上课听不懂、作业

不会做等学习困难而导致不良行为的。教师虽然对他们做了一些教育工作，但不能持之以恒或因顾及多数学生的教育和教学，不可能在他们身上花很多精力，往往把他们丢在一边不予理睬或训斥一顿，这样不但收不到教育效果，反而使学生厌学、逃学，加深不良行为的发展。

3.教师对学生缺少爱心。那些学习成绩差的学生，很难得到老师的表扬和表现自己的机会，在班集体中，得不到温暖和关爱，容易被老师、同学嫌弃、歧视，逐渐形成旷课、逃学等不良行为，进而拒绝接受老师的教育，导致学生与老师的对立。

（四）社会不良因素的影响

社会不良因素主要有：社会上的不正之风；内容不健康的电影、电视、录像、图书等；流散在社会上的同龄人或团伙；犯罪分子的诱骗、腐蚀和教唆等。所有这一切，对身心发育不成熟、缺乏鉴别能力的青少年学生来讲，无疑会产生误导。

二、转化潜能生的对策

由于潜能生不仅仅是学生自身心理的不成熟造成的，而是多方面因素造成的，因此采取对策时，应从学校、家庭、社会三方面加以整体上的考虑，形成网络，共同来转化潜能生。

（一）学校方面

1.教师要给行为潜能生倾注更多的爱。由于很大一部分学生是因为上课听不懂、作业不会做等学习困难而导致不良行为的，因而教师要在课堂提问、作业批改、课后辅导等方面对行为不良学生予以倾斜。对行为不良生在学习上要降低要求，让他们跳一跳就能摘到桃子，让他们尝到成功的喜悦，摆脱失败的阴影，重树学习的信心，鼓起前进的勇气，在行为上要坚持目标的梯度性，不提过高要求，逐步养成遵规守纪、乐于助人的好习惯。

2.教师要善于发现潜能生的闪光点。发现并及时鼓励学生的闪光点，这是转化行为不良生的有效方法之一。教师只要接近他们，与他们多交流，就会发现几乎每个潜能生都有闪光点，我们要善于发现他们的闪光点，及时表扬，并创造机会让他参与各项活动，展现其才能，利用其闪光点去克服其自身的缺点。

3.经常与家长取得联系。学校教育必须经常与家庭教育取得联系,家校教育凝成合力后才能发挥作用。通过家长会一方面教给家长适当的家庭教育方法,另一方面,可以进一步增进学生、教师、家长之间的了解,同时可以提高家长的家教水平。家访活动、家长会对转化潜能生,提高家教水平等方面起了很重要的作用。

(二)家庭方面

1.家长会上,学校发给每位家长一些家庭教育的书籍。家长应根据子女的实际情况提出相应的切实可行的目标。在教育方法上切忌简单、粗暴,动辄棍棒相加,要以平等的方式和子女多交流,多沟通,了解其思想动态,给予及时关心、指导。另外,家庭成员应和睦相处,要让子女生活在宽松和谐的家庭环境之中。

2.家长努力承担起教子之责。家长应该改变以前不正确的思想,树立"子不教,父之过"的教育责任观,明确教育子女是自己的应尽之责。即使在外地务工,也要把教育孩子的那份责任承担起来,与学校、社会形成合力,把教育孩子的工作做好。

转化潜能生是一项长期的、艰巨的工作,不可急于求成,甚至半途而废,"功夫不负有心人"。对潜能生的转化,只要能做到持之以恒,常抓不懈,并与家庭教育、社会教育形成合力,相信我们的工作就不会白做,辛勤的汗水终会浇灌出美丽的鲜花。

"乒乓外交"——体育教师的德育法宝

多庆涛

摘要:我们体育老师帮助学生掌握基本的体育知识和运动技能的同时,在育人方面难道没有用武之地了吗? 非也!"乒乓外交"的故事大家都知道,体育这一形式在沟通情感,交流思想等方面往往有奇妙的作用。在这篇论文中我浅谈一下自己的认识。

为什么学生往往都爱上体育课? 为什么许多其他老师都管不了的所谓"问题学生"和体育老师的关系都不一般? 为什么一些平时很独,不太合群的学生在篮球比赛或足球比赛时却能与人为伴,甚至集体荣誉感出奇地强?

以上问题普遍存在但却一直没有得到足够关注。是,大家都习以为常了!

我是一个体育老师,我的学生都很有个性。有听话的,就会有不听的;有配合老师的,就会有给你捣乱的。其中就有一个"学校没少头痛,家长没少抱怨"的典型。

他在学校可谓:一不怕迟到,二不怕旷课,三不怕开除。有了这三不怕他还怕什么? 我有缘,他成了我的学生。

最初,他拒我于千里之外任凭我软硬兼施,他依然我行我素。我没能得到他的"青睐"。他似乎对什么都不感兴趣。为了找到突破口,我就在一旁努力观察。

嘿! 人就怕被琢磨,原来他爱玩篮球。OK! 就是它了,我心中暗喜。作为外援我打入了他们内部。

通过自己的努力,我的球技逐渐得到了队友的认可,当然也包括他。许多人都来向我取经,我更是慷慨解囊。他这么酷爱 BASKATBAII,"崇拜"艾弗森的主,哪儿还坐得住?他主动来找我了。我成了伙伴。配合多了,接触久了,彼此也就了解了。终于他信任我了,我们无话不谈。

和许多"问题孩子"一样,他的种种作为,根源来讲不全是自己的错。父母关系不和谐,得不到应有的爱和关注。单这一点引起的连锁反应就足以造就一个现在的他。看着他真挚的神情,听着他压抑许久的心里话,作为一个老师感同身受,我完全原谅了他的过去。他还是个孩子啊。

他不遵守纪律,并且知错还跟老师顶撞。我就从篮球比赛入手,在比赛中我从不拿老师权威压人,以自己的行动去教给他怎样遵守比赛规则。

我告诉他:规则是公正的,它是为了运动场上每一个人都得到足够的尊重,足够的关注与爱。如果自己违背了规则,却不去承担自己的过错,就是不尊重他人,而尊重是相互的,你不是也需要别人的尊重吗?裁判也是人,是人就会有感情,真正的公正是建立在尊重基础之上的……

他在改变。当然是先从体育课开始的:迟到次数少了,捣乱不那么多了,有时还主动帮老师干点活。当然,这都是进步,我及时表扬了他!

虽然现在他还是会犯错,还会挨老师批,但是他不混了。我相信任何一个教过他的老师都会慢慢感受到他的变化,他的进步!我也在为他加油。

这是我对学生日常教育的一个实例。

我们都知道,现代体育教学不仅担负着传授体育知识、技术、技能,增强学生体质的任务,而且还担负着培养学生的道德品质和对其进行思想政治教育的任务。如何把体育教学与思想教育紧密结合起来,使体育教学中的思想品德教育更加具有针对性和实效性,是十分必要的,也是迫切需要解决的教育问题。我有以下几方面的做法和建议:

一、利用游戏进行德育教育

体育游戏以其丰富多彩的内容,紧张激烈的竞争,互相协调的合作,喜闻乐见的形式而深受学生们的喜爱。游戏是由多种多样的基本活动组成的,游戏活动中含有形形色色的思想表现,这就为我向学生进行思想教育工作提供了一个非常有利的阵地,有了这样的阵地,就能很好地完成思想教育的任务,还有利于寓思想教育于体育游戏教学之中。

在游戏中,我时刻注意自己的行为举止,还细心观察学生是否掌握了游

戏的方法和规则,教会和帮助他们能够用正确的方法,在遵守规则的前提下进行游戏。同时,我又适时参与到游戏中去,把游戏气氛推向高潮,不当旁观者。它有如下益处:

(一)培养学生的互助精神

游戏提倡协调配合,在游戏活动中,学生们通过互相合作去理解他人,理解周围,理解个人的成功是融于集体的成功之中的,理解了和睦融洽、互帮互助的重要性。

如"抢占阵地"这个游戏,要在长3米,宽2米的垫子上站四十几位同学,是有一定难度的,这就需要同学们的"互帮互助",大家里三层,外三层紧紧地抱在一起,你拉我一把,我扶你一下,齐心协力拧成一股绳,最终全部稳稳地抢占到一块属于自己的"阵地"。

慢慢地学生们变了,变得更有"人情味"了,只要班级中一人有困难,大家都伸出热情的手帮助他,生活在这温馨的集体中,更让人觉得温暖。

(二)提高自信心和竞争意识

游戏充满了竞争性和不可预料性,学生在频繁出现胜负的游戏情感体验中,磨炼了意志,锻炼了耐挫能力,并潜移默化地培养了学生"胜不骄,败不馁"的心理素质,又树立了学生在失败中争取成功的坚定信念。

(三)培养遵守规则和公平竞争的意识

我鼓励学生积极参与游戏规则的制定,引导学生从保护自己和保护对手这两方面来考虑制定游戏规则。从学生们参与制定的这些规则中我可以感受到学生对自己与他人的关爱之心,这是学生心中爱的火苗。

(四)进行遵纪守法教育

纪律是顺利进行教学的重要保证之一,学校没有纪律,就会使无政府主义泛滥成灾,学生不遵守纪律,教学就无法进行。若任其发展下去,就会使学生目无法纪,甚至破坏社会治安,导致违法犯罪。

例如,在进行篮球游戏时常常出现个别同学推人、拉人,把同学推倒、拉倒的现象,使游戏无法进行。

针对这些现象,我在讲清游戏规则的同时,利用这一时机对学生进行法制教育,让学生知道:游戏中的规则就好比国家的法律,大家在游戏时不遵守规则,游戏就无法进行。我在社会生活中不遵守法律,我的国家就不能安定。所以,同学们要从小养成遵规守纪的好习惯,这样才能适应、适合于我的社会。

(五)处理好"个人与个人""个人与集体""集体与集体"之间的关系

这三个关系是游戏活动中必然遇到的问题,必须教育学生正确处理。如果忽略这方面的教育,学生"私"字当头,会导致活动中矛盾重重。因此,要经常地、系统地、有感染力地进行思想教育,教育每个学生在集体游戏中学会与他人合作,全力以赴参加此项活动,用尊重别人、关心别人、乐于帮助别人的美德,严格要求自己虚心向别人学习,时刻以集体荣誉感为重激励学生。

二、结合课的不同教学阶段进行教育

作为德育的渗透,不但可在内容、环境等方面进行,在不同教学阶段也有教育空间,因此,我在课的不同阶段也可以进行德育教育。

(一)利用课前课后,引导学生养成良好行为习惯

课前整理场地,领取器材和课后收拾器材,是引导学生热爱劳动、爱护公物的重要契机。在上课之前,我叫学生们搬运器械(如垫子)时,要求学生不许拖、拉。领取的器材(如篮球、排球、羽毛球拍、乒乓球拍),不许用脚踢、不能扔等等,发现有不爱护公物的现象及时教育制止,对于那些热心协助老师整理场地的同学给予当众表扬,使学生爱劳动、勤劳动、会劳动。

(二)体育教学的全过程都可以与德育教育密切结合起来

一般说来,体育课是由开始阶段,准备阶段,基本内容教学阶段和结束阶段四个部分组成。德育内容可以说渗透在体育课的每个阶段。我在制订教学计划时,就将德育教育的内容纳入计划之内,利用体育课的特殊形式,将德育教育与体育教学有机地结合起来,真正地做到教书育人。

比如,通过课的开始部分宣布课内容、任务和要求时,可对学生进行学习目的的教育;通过集合和出勤情况检查总结可以加强学生的组织纪律教育,使他们严格要求自己,养成良好的行为习惯;通过开始部分课堂常规的训练,可以使学生从小养成一种组织纪律性和集体主义精神,增强集体荣誉感。体育教学中的准备阶段,主要任务是从生理上心理上调动学生的积极性,逐步提高他们大脑皮层的兴奋度,使他们精神振奋,情绪高涨。在课的

基本部分,可根据课的不同内容来进行教育,体操练习中的保护帮助,可以培养团结友爱和责任心;游戏和各种形式竞赛,可以培养集体协作和革命英雄主义精神;学习投篮球、武术可以进行战备和保卫祖国教育。在课的结束部分,通过实事求是地对本课进行总结,肯定成绩,指出存在问题,可以使学生正确认识自己,从而树立自信心,提高学习兴趣;通过收还器材,可以使学生从小养成热爱劳动、爱护公物和为集体服务的高尚品德。

(三)展示先进人物,开展爱国主义教育

通过室内课教学和讲述奥运人物的故事,如田径运动员刘翔,他是中国运动员的骄傲,书写了中国田径新的历史!我们还有数以千计的运动员,为了祖国的荣誉,克服伤病的困扰,冲破重重障碍,一次又一次地超越自我,为国争光。他们顽强的民族自豪感和爱国热情,激励着每一个人。在体育教学中,我充分利用这些典型事例,去激发学生的爱国热情和民族自豪感。使他们逐步形成热爱集体、热爱祖国的良好品德。

三、利用突发事件进行德育教育

在体育课上,进行跑步训练时,有的学生会出现腿发软、摔跟头的情况。有的班级甚至一哄而上,全部学生围着他,拉他上医务室上药。这样既影响别班的教学,又妨碍本节的教学安排,使教学计划无法完成。我就向他们讲述电影《集结号》,那里解放军战士坚决不让敌人抢占阵地,在激烈的战斗中有许多战士负伤,那么是否所有的战士都去救护伤员?没有。只有邻近的战友给他包扎一下,而伤势稍轻的战士,自己包扎一下后继续战斗。那么试想如果他们都像你们现在这样,都去救护战友,阵地还能守得住吗?现在我上课,就像在战场上一样,在锻炼中受点小伤该怎么做呢?通过这样的反复教育,使得在课堂上偶有同学摔倒,既有互相帮助,又能继续坚持锻炼,充分体现了互相帮助团结友爱的精神及顽强拼搏的作风。

综上所述,借助"乒乓外交"潜移默化地进行德育,我们要以人为本,注重学生的道德情感体验,激发学生的情感需求,才能使其更具有感染力。

我也希望有心的体育老师思考一下,并在自己的一片天地之下,能够有所作为,哪怕只是成就了一个学生也好。

教学的幸福来自于新型的师生关系

秦龙海

素质教育的实施,呼唤着新型师生关系的建立。作为从教十四年的我,对师生关系有着更深的认识,我们要剔除传统师生关系的弊端,建立新型的现代师生关系,即全面的、平等的、民主的、和谐的师生关系。

一、新型的师生关系要求教师要尊重学生人格,平等对待学生

教师与学生在人格上是平等的,是正常的人与人交往的关系。教师与学生在法律上是平等的,学生的生存权、发展权、受保护权以及参与家庭、社会生活的权利都应当受到尊重。学生的思想、情感、意志和行为方式都同样得到尊重,只有这样才能使学生得到足够地表现自己、表达自己的思想和情感的机会。

二、新型的师生关系要求教师要以爱为基础,信任、理解学生

教师应倾心竭力投入到所热爱的教育事业中去,用真情去关心爱护学生,做学生的良师益友,善于与学生沟通,给学生以生理和情感上的安全感,关爱每一个学生,有信心教育好每一位学生,特别是那些"问题"学生、家庭不健全的学生。只有在爱的氛围里、在信任和理解中,学生才会释放出所有的潜能,发展其天赋与个性,具备自主的意识与能力,从而自我教育、自我践行、自我评价,全面、健康地发展。

三、新型的师生关系要求教师要面向全体,因材施教

我们讲平等对待学生,不仅指师生人格的平等,也指教师平等对待全体学生,而不是厚此薄彼,有亲疏远近。教师要全面了解学生,关注每一个学生,根据每个学生的个性和基础的不同,进行分层次、分类别指导教育,使每个学生都获得自我认同感、归属感、信任感和使命感,让每个学生都能体味成功的愉悦,使学生从成功走向成功。

四、要讲求民主,营造宽松和谐的氛围

教师在教育教学中要具有民主思想和作风,善于营造宽松和谐的教育环境。教师要由教学的操作者、主宰者变为引导者、激发者、组织者,这种平等和谐的师生关系促使师生成为学习、探究、发展的伙伴。要多给学生一些思考讨论的时间和实践活动空间,多一点个性的张扬,才能培养学生的创新意识和创新能力。同时,教师要学会向学生学习,达到教学相长。在互联网越来越普及、知识信息来源多元化的今天,教师应该善于学习,丰富自己,面对学生提出的千奇百怪的问题,要善于采纳不同建议和意见,即使是"稀奇古怪"的冥想和莫名其妙的问题,也都能宽容并加以认真对待,与学生共享探究的乐趣。在民主、宽松的环境里,学生的主动性、创造性和探索精神才能得以发扬光大,也才能实现教育的终极目标。

五、新型的师生关系要求教师要注重自身人格的塑造和提升

教师的人格对于建立新型的师生关系起着十分关键的作用。在学生的成长过程中,影响最大的人往往是他的老师,现代教师人格内在地规定了教师应成为学生政治思想的领路人,道德品质的塑造者。学高为师,身正为范。教师若不重视自身思想品德修养,在言行上出现双重人格,学生对教师关于做人的教诲就难以信服,甚至还会产生逆反心理。正如孔子所讲的那样:"其身正,不令而行;其身不正,虽令而不从。"

面对新世纪,我们要教学生学会做人,培养学生成为具有高尚的思想道德和严肃、敬业、精业的人,成为有志、有为、德才兼备的人,成为具有创新精神和实践能力的一代新人。这就需要建立新型的师生关系,让师生共奏和谐乐章。

班主任管理心得

—— 我的音乐班管理点滴

姜　涛

"班级是学校教育、教学的基本单位,也是班主任进行教育工作的重要阵地。班主任是学校德育教育的中坚和骨干,搞好班级管理、实施有效教学是班主任的重要职责。"

我始终有一种想法:就是没有当过班主任的教师不算是一名完整的教师。从事 14 年音乐教学的我,作为一名特长专业音乐教师,很荣幸成为高中特长音乐班的班主任。回顾这些年和他们朝夕相处的往事,反思这几年的带班工作,通过和特长音乐学生及家长近距离的沟通和交往,从中获得了一些管理班级的体会和心得,在这里和我们老师分享。

开学的第一次班会我是这样说的:同学们,今天我站在班级这个讲台上成为你们的班主任,是因为我比你们早念了十几年的书,走下讲台我能成为你们的朋友,那是因为我也是四班的一员,我有信心带领你们一起打拼,在以后的日日夜夜共同努力,将来四班的全体同学一定会成为四中的骄傲,将来你会因在四班这个集体自豪! 四中会因有你而骄傲! 霎时间同学们掌声响起……

一、班级常规管理

同学们,班级是我们学习的地方,希望同学不要在班级吃饭,把书桌上的书架收起来。结果我到班级第一次提出的两个要求都遭到拒绝,当时就有两个女同学站起来反对,理由是专业生中午时间少,还得练琴,没有时间到食堂吃饭,书架不能拿走,因为除文化课书还有那么多专业课书。我知道

他们在找理由,我看一时不能实行,马上就说,那这样,我们再共同商量一下,看看怎么做对我们同学学习有利,研究决定后我们再定,其他同学本以为这下要看我的笑话了,听我这样一说,你看看我,看看你。第二天我找来班委,先做他们的工作,让他们帮我想办法,最后终于在班委的动员下,顺利实现我的最初想法:1.可以在班级吃饭,但必须保证班级卫生,吃完把剩余饭菜带离班级;2.书架可以不撤,但必须放到下面。

总结:化"敌"为友,给自己找台阶下,转变学生的思想意识,树立学生的信心,情理并用。让情理来说明问题,表扬胜过批评。把他人当自己,设身处地地站在他人的角度上看问题,在心理上叫"换位思考",其妙处不言自明。

二、调动学生学习专业的积极性

针对学生的专业,因材施教。我所教的班级中,都是特长生。这些学生中有的除了钟情于自己的爱好以外,对其他各门学科学习的积极性不高,上课时不愿意练习专业。怎样唤起他们对学习的兴趣呢?我们班的学生音乐专业不同,我从他们的年龄特点和专业特性着手,让每个学生针对自己的专业特点制订一套切实可行的训练计划,然后我和家长也制定切实可行的预检时间,定期地检查和督察学生的学习情况,发现进步,及时表扬,定期开展专业汇报,让同学在乐中学音乐!

三、怎样处理学生打仗的事情

一天上午的乐理课,两名同学大打出手。后经我的了解,原来只是因为在班级发生的一件小事,竞聘班级主持人!我出面与这名男同学进行一次谈话,这名男同学平时的表现非常不错,通过沟通,他终于认识到,自己不应该那样去做,作为同班同学,特别作为一个男同学,和自己一起学习管乐专业的女同学更不应该发生此事,他知道错了之后,我给他出了个主意,由我出钱买点水果,由他出力,去医院跑一趟,看看因自己而受伤的同学。经后来了解,他们成了好朋友。

总结:学生与学生之间没有什么利益冲突,只要有一方真诚、主动认错,那么对方也会交出心的。对于这种事件的处理,我想不应该是给予通报和记过等等这样的处分，而是做通思想工作，这样会有一个好的结果。

一名优秀班主任，我们不仅要做学生的良师，更要做他们的益友，更要和家长配合好，要和家长疏通怎样教育孩子，孩子也有自尊，一定要尊重他，尊重每一位学生，他就会觉得很温暖，也就有了学习的动力。在教学的过程中，教师要学会有的放矢，如果在实施教学的过程中发现学生特别有兴致，或者无动于衷，就该问问自己是什么原因，积累经验教训，并在班级尝试不同的方式方法，以求得最佳效果。作为特长班主任更要及时和文化课、专业课教师进行沟通，而后进行思维整理、反思。

所谓"他山之石，可以攻玉"。自我反思，自我案例分析，都是建筑在自身的基础上，而许多事情还是旁观者清。所以，我没有课时和其他任课教师一起探讨学生的性格和学习情况，进一步了解自己的学生，反思假如我遇见这样的或那样的事情应该怎么处理，会有什么不同，什么相同，我从中得到了哪些启发等等。看看别人是如何来做的，思考自己获得哪些启发。最好也能在事情发生后晚上回家写班级心得笔记，我认为班主任应该在教学中不断地进行反思与提炼，从而发现问题，学会研究，不断地去提高教学水平，成为科研型、反思型的新型教育工作者！

教师的工作是一种艺术活动，与其他艺术形式有着许多共性，比如表达的情感性，领悟性，表现的综合性等。学校工作是琐碎的，迟到早退，不交作业，受社会上不良思想影响等，每一件小事看来都是微不足道的，可是每件事都可能成为学生变化的十字路口。处理得好，一件琐碎的工作，一次有意义的谈话都可能成为支撑学生成功的基石，学生脚踏这一块基石一步一步向前，踏上事业的顶峰！

班主任的大爱无言，却深远凝重，大爱无声却馨香远播，它需用真心和汗水来浇灌，班主任，何其平凡与普通。愿我的点滴体会为您的工作打开一扇智慧之窗，一枝行走之杖，期待我们携手并肩，共同求索！

赏识教育孕育美丽之花

刘丹丹

赏识是一种理解，更是一种激励。赏识教育，是在承认差异、尊重差异的基础上产生的一种良好的教育方法。只要我们能够真正理解他们，尊重他们，赏识他们，学生就会在不断被赏识的过程中快乐成长。

记得有一本书这样写着："没有爱就没有教育，没有兴趣，就没有学习。"好学是孩子的天性。因此保护学生的学习兴趣对我们来说是十分重要的。

针对这届高一音乐班的学生，在上声乐课的时候，总觉得孩子们学习提不起劲头，对此我很疑惑。我试着询问了几个同学，"孩子，你喜欢唱歌吗？孩子，你想唱得更好吗？"经过课后和学生们沟通，我才终于知道，是因为这些孩子们在上高一之前，95%的同学都是无基础的，对唱谱不感兴趣，而且觉得学着很吃力。没有兴趣，没有基础，更不知道如何掌握更好的学习方法。所以针对这些问题，作为一位老师，我反思了很久，看看如何突破孩子们的这种学习瓶颈。最后我总结并反思了一下教学思路和环节，采用了先欣赏后识谱，先了解后学习的方法进行学习。让学生边欣赏边律动，激发了学生的学习兴趣。和之前教学对此，先识谱后唱歌的方式学习，不但学生没有对曲目感兴趣，也把课堂的时间白白浪费。所以通过反思改变，学生们在不知不觉中解决了识谱的难点，从而让学生增加自信心，加深了学习音乐的兴趣。他们越来越喜欢和我一起唱歌了，并且我发现经过多次的课下沟通，孩子们慢慢地有了难题和心事都会想要告诉我。我不像是一位老师，更像是陪伴他们成长的一棵大树。对于这些孩子们，我有很多话想说。

我们都知道评语是教师对学生一段时间内成绩情况的评价。青少年的兴趣广泛，而且活泼好动，但正是因为这样，他们的综合能力才在不知不觉中提高，当他们发现自己在某个领域中特别有优势，这时候往往会激励学生在其他方面也随之进步。然而传统的操作评定忽视了学生的个性发展，没有将多元的评价融入进去，教师无形中将学生简单分成好生与差生，无形中使好生更好，差生更差。学生专业弱的，越来越缺少自信，自卑心越来越强，最后导致放弃专业。有意义的评价应该关注学生不同的兴趣风格，根据学生的特点来进行决策。

所以我在教育教学工作上尝试着采用正面的赏识性评语，效果显著。在课上我经常会说些鼓励赞赏的话，比如：今天你状态不错啊！你对作品分析很有自己独到的观点啊！你的潜力很大；你演唱得很有感情；你很聪明，要是再多练习就会更棒等等赞赏的语句。在教学上当我发现了学生的闪光点，就会放大他的优点加以及时赞赏，当学生得到鼓励后，他们会表现得更加积极努力，增强了自信，提高了学习兴趣。

教育是人与人心灵的对话。教育是会心的微笑，教育是轻轻的问候，教育是理解和信任的眼神。真正的教学中的对话，发生在对话双方精神上真正的相互回应与相互碰撞中，发生在双方认知世界的真正融合中，而不是发生在学生把你当"训导员"的心态中。不管学生之间有着怎样的天差地别，作为老师都应该看到他们的美丽，用心爱他们，欣赏他们，让他们成为老师的一朵朵美丽的花朵，灿烂地开放在我们的生命中。

对于学生而言，老师的肯定与赞扬是他们漫漫学习之路上的点点星光。当这些星光汇聚成银河，那就是一片璀璨光芒。对于老师来说，多多倾听和赏识你的学生，首先对孩子是一种积极地肯定，对于自己而言更是一种肯定。这种和谐美好的师生关系必定会对学生们大有助益，而且他们除去专业技能的提升，其他方面也会同时进步。也许它们会变得越来越懂得倾听，学会欣赏；学会赞美、赏识身边的人。

赏识是博爱，赏识是触动，赏识是鼓励，赏识更是沟通师生心灵的桥梁。教师用赏识唤回孩子迷茫的心，唤回孩子天真快乐，唤回老师在孩子心中的美好形象。

一棵树，如果花不鲜艳，也许叶子会绿得青翠欲滴；如果花和叶子都不漂亮，也许枝干会长得错落有致；如果花、叶子、枝干都不美丽，也许它生长的位置很好，在蓝天映衬下，远远看去绰约多姿，也流露几分美感。实践告诉我们，阳光属于每一个孩子。赏识教育对于培养学生健全人格、发展潜能

具有重要的意义。

　　人性之中最本质的需求就是渴望得到赏识，每个生命仿佛都为了得到赏识而来到人间，谁也不是为了挨骂而活着。教师永远是孩子成长路上最忠诚的长明灯和助威者，孩子学习的道路犹如赛场，他们多么渴望老师能善于发现自己身上的闪光点，为自己呐喊加油，哪怕一千次跌倒，也要坚信他们一千零一次能站起来，去争取人生的辉煌。请相信，他们是最棒的！让我们都学会赏识和赞美，给孩子足够的爱与自信，然后放他们去翱翔……

　　"时雨点红桃千树，和风染绿李万枝"，经常赏识你的学生，必将会迎来桃李芬芳的春天，让你品味到"百花争艳"的教育美景。

浅谈体育特长班的管理策略

姜 杰

教师这个职业被誉为"人类灵魂的工程师",是阳光底下最灿烂神圣的职业,是学生发展与成长的领路人,而班主任这个重要的角色,更要为学生的成长奠基,做好学生的航标,很荣幸我就是一名班主任,而且是体育特长班的班主任。

众所周知,体育生学习成绩差,多数学习意识不浓,个性强,自我的控制力差,但讲义气、重感情,动手实践能力强,所以在日常的教学管理中应当针对他们的特点实施班级管理。事实上,身处高中的学生,特别是体育生,他们的自我意识逐渐强烈,独立意识不断地加强,所以在对文化课教师的认同感方面较弱,给人一种不太尊重教师的感觉。但身为班主任,又是体育教师,就应该和学生站在平等的角度上对话,用自己的真心来赢得学生们的喜爱和尊重。

一、从个性特点出发,认识体育生的学习特殊性

大多数体育生入学成绩不理想,学习习惯养成不好,再加上初高中课程难度跨度大,增大了体育生学习的难度,使他们产生了厌学的情绪。另外,体育生与普生的学习底子差距大,但是授课教师和学校为了完成上级部门的教学目标和教材的教学内容标准,虽然降低了难度,但是有些科目的知识点对体育生来说还是比较难,比如英语和数学,初中就基础不好,到了高中就更听不明白,导致体育生越来越听不明白课,再加上学生自身对学习的思想认识问题,导致长时期的成绩不理想,使体育生们对成绩已经不太放在心上,并且社会上的不良论调,也影响了体育生的学习成绩和学习积极性。

二、从学习特点出发,提升体育生的学习成绩

体育生的短板在于文化课的学习,同时这也是他们最为头疼的地方,但是在体育生的高考中是文化课和体育术科两条腿走路,所以在文化课和术科上都要过硬才能考入理想的大学。对于体育生来说,术科训练不成问题,他们绝大多数会很自觉努力地完成训练任务,只有极个别的学生需要监督,但在文化课的学习上就正好相反,他们当中只有少数的学生会主动地认真学习,多数都需要老师的监督,自己却兴趣不浓,甚至厌学、不学。多年的体育班带班经验告诉我,体育生这个特殊的群体在学习方面就要有特殊的方法。

(一)身为班主任,从自身出发,现身说法

作为体育班的班主任对学生要有更多的耐心和爱心,以自己的亲身经历来说服学生,感动学生,陪伴学生,严格要求自己的同时再去严格要求学生,做好学生的楷模,要让学生感受到你对他们真心的爱和付出,通过长时期地在班级陪伴他们学习,让他们对你产生敬畏和亲近感,从而使他们亲其师、信其道。

(二)降低难度,提高要求

结合我校的降低难度,提高要求的教学方针,结合体育生自身的特殊性,有意识有选择地删减内容,并建议科任教师在课堂上树立学生们的自信心,使他们认识到学好基础知识并没有那么难,要一个一个地逐一过关,使学到的知识成为一种本能。

(三)要关注学生们的兴趣,了解学生们的思想动向

作为班主任,要充分了解学生们的兴趣,善于分析和掌握学生们的思想动向,要能抓住学生内心的脆弱点,帮助他们走出困境,争取让他们熟悉并喜欢每位教师的授课方法,在学中乐、在乐中学。还要注意学生们的作业完成情况,及时有效地检查每个人的作业,使其不能偷懒,久而久之养成良好的学习习惯。

三、从学生发展出发,加强师生关系,重视家校合作

身为班主任要放下身段与学生交朋友,做学生的知心人,走进学生的内

心,随时掌握了解学生们的思想动向并与他们谈心,让他们有什么话有什么事都愿意与你倾诉。要做到一视同仁,有功同赏,有过同罚。这样才能使学生们信服你的人格魅力,让你更有威信,你的教育理念才更有说服力。

教师不只是单纯的学校工作,同时也肩负着各个家庭的梦想,所以身为班主任,要加强同家长的联系,及时沟通,使学生能够在家长和老师的共同陪伴和引导下健康成长。

班主任的工作琐碎繁杂,班主任的工作辛劳苦累,但班主任的工作是幸福的,因为他们站在接触学生的第一线,其中的幸福和甘甜是别人体会不到的。我愿作春风吹开花红柳绿,我愿作细雨滋润幼苗成长,我无怨无悔。

很荣幸,我是一名班主任,这是我教育生涯中最宝贵的财富,我要把自己的满腔热血奉献给我的学生,在平凡的岗位上,发挥自己的光和热。

教育篇
之教育个案与反思

关爱使他自信

蔡荣慧

　　果××是我刚参加工作第一次当班主任时我们班的一位同学,他和别的学生不一样,太特殊了。说他特殊是因为他长得特别的矮。而且体重也轻,以至于在学校的楼道里,常常被别的老师当成是小学一、二年级的学生到中学来玩,而受到驱赶。更可笑的是,一次一位领导竟把他当成是学生上学带来的小弟弟。

　　我们班同学初一刚入学时,不论男女,身高一般都在 1.3 米以上,而果腾飞当时身高只有 1.12 米,实在矮得出奇。他不仅长得矮,而且体重也轻,只有 48 斤,说话的声音也像六七岁的学前儿童。由于他个子上的特殊,在学校的操场上常常被高中的女同学劫走,带到树荫下玩,而且给他买零食吃。他在学校宿舍住宿,每到晚上他那个房间总是挤满了许多来看热闹的同学。大家都把他当成了好玩的小孩,他也觉得很有意思。每天同学们的玩耍使他忘记了学习。期中考试他的成绩在班级居后,因为成绩的不好,和别人叫他小个子,他产生了严重的自卑,话说得少了,活动也不愿意参加,学习上更谈不上主动,家长来校看他,也谈了要让他休学的想法,针对这一问题,我反复想过要想使果同学放下自卑的包袱,振作起来,就必须做针对性的帮助,使他树立自信心。

　　如何做好这个工作,我首先从生活上关心他。期中考试后不久,我骑自行车到他家去家访,通过家访知道了他家的生活情况。他的父母身体都很正常,没有重大疾病,以种田为生活来源。农闲时做些豆腐卖,来补贴生活,日子过得还可以。然而天有不测风云,在果同学上小学四年级的时候,父亲在做豆腐时不慎引起火灾,一场火灾使原来不算富裕的家一无所有。

　　从小学就发现孩子不长个儿,同是一年级的同学他最矮,而且几年不长个儿,同其他同学比起来,高矮差距越来越大。父母这时着急了,先是市里的,然后是省内的几家大医院都跑遍了,医生最后得出的结论是小脑垂体发育不良,导致身体生长缓慢。一场火灾、几年的求医,使这个原来就不富裕的家庭生活更加贫困。

了解到这些情况后,我和班委会共同商量在班级为果××同学捐款,号召大家献出一片爱心,把零用钱捐出来,为最需要钱的同学提供一些帮助。只一天的时间,全班同学捐款 538 元,还有一些同学,同时也捐献了学习用品。同学们的行动深深感动了果××同学,使他感受到了班集体的关爱和温暖,坚定了他学下去的决心。为了给他换个清静的住宿环境,我又帮助他找到了离学校只有 30 米远的我校一位老师家住宿,使他能有时间安静地学习。

周日我和班长等同学又领他到商店买换季的衣服,不好买,童装小瘦,少年服装又太大。跑遍了恒山街里都没有他穿着合适的衣服,最后和老板几经商量在厂家给他量体裁衣特意定作的,每年换季的时候,也都是这样订作的衣服和鞋。让他在同学面前有了自信。在班级里我安排他和学习最优秀的同学一座,并要求那位同学主动帮助他。有时有意地安排他做一些力所能及的工作,如擦讲台、给花浇水等。让他有意识地参与集体活动,有点进步告诉班长等表扬他。班级开运动会,同学们都爱吃零食,就安排他检查卫生状况,使他感觉到自己也能为班级、为别人做点什么。通过这些办法来培养和增强他的自尊心和自信心。

上初二的下学期,他的父亲又领他到安徽去治疗,一去就是三个多月。回来后,为了使他能跟上课程,我专门安排语、数、外、政等科代表每天利用中午和晚自习的时间为他辅导补课,经过一个多月的努力,期末考试的成绩还是令人满意的。看到儿子学习没掉队,他的母亲很高兴,几次来到学校看望他,并向我表示感谢。

看到他的成长我很欣慰,一个身体发育不良、自卑心很强的孩子,在老师的呵护和同学们的关爱中健康的成长。现在他已在市职高读书了,再有半年就毕业了,在市职高读书的假期,他都能抽空回来看我。我们谈话的中心主要是人生、奋斗、同命运抗争,人生下来就有丑俊之分,健康和残缺,家庭条件好坏的区别,但这不是绝对的,通过每个人后天的努力是可以改变一些现状的。虽然他个子还是特别矮,但从他的谈话中,我看到了他有一个健康的心态和对生活充满自信,每当看完我,分手的时候,送他走出办公室,望着他远去的背影,我觉得他很高兴,愿生活中自信永远伴随他。

每个孩子都是一粒种子,如果我们能用爱精心浇灌,他们是可以发芽并苗壮成长的。让我们对每个孩子都多一点爱,多一点耐心,让他们都能做最好的自己,对自己充满自信!

特别的爱给特别的你

高春影

　　著名的教育家陶行知老先生曾说过:"你的脚下有瓦特,你的冷眼里有牛顿,你的嘲笑中有爱迪生。"这段名言告诉我们这样的一个道理:教师必须树立辩证的教学思想,以博大的情怀、温暖的关爱、灵活的方法去激发学生的上进心,从而使他们乐于接受教师的教诲,保持良好的学习态度和兴趣,让学生"活"起来。

　　我本年度负责九年级 4 个班级的物理教学,我所教的初四一班里有一个特别的男孩子,并不因为他做了什么奇怪的事,而是他有别于其他孩子的懂事和成熟让我难忘,从我教的第一天起,就给我留下了深刻的印象。

　　他叫刘强,是一个身材魁梧的男子汉,我上课的第一节,他头也不抬地在座位上写数学作业,我提示他听课,把数学作业拿走,我一转身刚讲课,他又把语文作业拿出来,后来直接说:"老师我就不喜欢学物理,我也不捣乱课堂。"课后从他的班主任了解到,他每天负责督促同学们打扫室外分担区的卫生,他平时话不多,不善言谈,但对老师安排他所做的事,总能做得有模有样。数学语文英语这几科主科的成绩不错,可是却不喜欢学习物理。这个孩子从小父母离异,要强的妈妈独自抚养他,两个人租一间小屋子住,他经常自己一个人在家,甚至有的时候吃不上早饭,饿着肚子上学。

　　通过多方了解和平时对他的观察,他物理成绩不好主要是因为:每天上物理课的时候都忙着完成其他科的作业,目的是省下来的时间,回到家里好帮助妈妈做家务。没有好的听课效果,又不能及时复习,把自己大部分的时间,用在主科的学习上,认为物理是小科,不学也可以,虽然知道这是考试的科目,可是为了不把其他科的成绩落下来,他也只好丢卒保车了,可是这样是不行的呀,我思前想后得想一个两全的办法才是最好的呀! 我要帮他一下,这是一个好孩子。

我们每一个人都知道,单亲家庭对孩子的心理上都会造成不同程度的伤害,因此,在找到原因之后我并没有急于对他进行辅导,而是通过日常交流沟通,建立彼此的信任,小到家庭琐事、所见所闻,大到学校社会现象的了解,总之是不断地谈天说地。慢慢地他感受到了老师对他的关心,对他的重视,更了解到妈妈辛苦。和我的关系近了一些,我又抓住他喜欢帮老师做事的特点,经常让他帮我去修理一些实验器材,实验课前让他和我一起准备器材,先帮我试试器材好不好使,这样所有的实验他都能提前做一遍,这样开始对物理感兴趣了,上课认真听讲了,有不懂的题知道找我问了,因为基础很差,我们商量好,每天中午我给他讲 30 分钟的初三的知识,他上课认真听课,课下他给班级其他学生讲 10 分钟初四知识,这样把初三的知识学会了,又强化了初四的知识,他越学越爱学,上课的状态就发生了明显的变化,这次的期末考试成绩有了显著的提高,由最初的 26 分提高到 92 分,他看到自己的成绩他终于露出了少有的笑脸。我的心里也别提有多高兴了,这也许就是作为人民教师的我,想要的一点点回报吧。

俗话说得好呀,"十年树木,百年树人",我想这是一个永远都不会改变的真理。现在中学生的品质教育,是贯穿一生始终的形成教育。这一过程任重而道远,我们每一个从事教育事业的人,只有在把握孩子的生理心理特征后,科学地教育每一个孩子,才能让孩子成为有用于社会的人。在以后的工作中,我更要细心地观察每一个学生,让他们时时刻刻体会到老师的关爱,培养教育他们是我作为一个人民教师的永远不变的一个信念。我坚信一个真理,没有教育不好的孩子,只有教育不到的孩子。

用爱心去关注每一个孩子,就会有超出意料之外的收获,现在的我已经品尝到了一些丰收的喜悦。

"老师,你骗人"

—— 与潜能生的故事

顾 伟

"老师,你骗人!"一句稚嫩而响亮的声音回荡在我的耳边,但我却欣慰地笑了!

事情还要从2014年的秋天讲起,记得那是我刚刚接受完学校的培训,从山东的昌乐二中学习回来,也是我刚刚担任初一五班的数学教师,面对着一张张天真无邪的笑脸,我有着一种把他们的数学成绩都提高的冲动,但慢慢地随着对五班的了解,我发现:他们很想学好数学,但毕竟他们还是十二三岁的孩子,懒惰还是常常占据了上风,虽然全班作业都能完成,但班级四分之一的学生完成情况都是"应付",未能真正地用心,所以数学平均分总是在学年的最后。

我感觉他们就是没有学习的动力,缺少"比、赶、超"的精神,缺少竞争的意识,怎样改变这种局面呢?通过课改学习我知道:昌乐二中的教学模式是"把课堂还给学生"。针对我班的作业问题,我觉得首先应该"把作业还给学生",让学生自主地快乐地完成作业,改变那种老师生硬地留作业、学生机械地写作业的方式,于是我想了一个点子。

我把班级数学成绩按从高到低排序,取前十名,并给他们取名为"百分组",并在班级告诉这十名学生,"老师每天都会给你们几道题,并且我会评阅、讲解,对你们进行集训,提高你们的成绩"。随后我特意表现得很神秘地说:"今天给百分组的作业是一张卷子,这张卷子的题非常好,你们一定好好答,老师在下节课要讲解,数量有限,欲要从速。"说完后我就回到了办公室,刚刚坐下,班级不是百分组但学习较好的学生就来找我要卷子,我故意说:

"你们都要卷子,我哪有那么多! 再说这卷子你们能用心做吗? 若不能,别浪费我这一张卷子,我还留给能用心做好的学生呢!"这几名学生都郑重其事地说:"一定不辜负老师,也一定不辜负这张卷子。"我又说:"我是要批这张卷子的,我若发现你们做得不认真,那么就失去了下次做卷子的机会。"我还特意强调:"把卷子藏好,不是人人都有,别让班级其他学生看到! 卷子做好以后,偷偷放在我的办公桌上。"这几个学生一一做了保证,非常高兴地离开了办公室,就这样一批一批的学生来办公室要卷子,我都是如此强调:1.这是你们的自主行为,一定用心完成。2.数量有限,一定保密。直到班级的后几名学生也来要卷子,我却故意说:"没有卷子了,你们来晚了,就是有卷子你们也不用心去做,那还不如不做,你们回去吧,失去一次机会也没什么,也不会落下太多!"这几个学生很沮丧地离开了办公室,但是几分钟后,他们又来找我说:"老师,卷子虽然没有了,但是看到其他同学都有题做,我们觉着我们落下了,我们一致决定:抄题,老师给我们批一下呗,若这次做得好,下次能不能给我们留几份卷子?"我笑了,"那好吧! 看你们的表现,这次卷子印多了,可以给你们,你们就不用抄题了,但下次肯定没有了。"他们几个高兴地叫起来,大声喊道:"老师,你骗人!"拿着卷子跑出了办公室。但我却笑了。

事实上卷子的数量是足够的,让先发到卷子的学生保密也是不可能做到的,就是让他们回到班级向潜能生传递消息,达到"卷子来之不易,我要好好珍惜,用心完成"的效果。第二天,我批改卷子时,发现那几个潜能生早早就交上了卷子,而且也是很认真地完成。并且每次有这种发卷子的情况,我都不是在班级统一发,而是根据上次卷子的完成情况,来决定这次你有没有机会得到答题权。这样不仅提高了潜能生的答题质量,而且全班的成绩都有所提高,在上次的月考中,我班数学平均分位居学年第二,而且学生都很有信心争夺第一!

这就是新的方式开启新的思想,新的思想促进新的行动,新的行动带来新的发展,新的发展得到新的收获。

调皮学生的闪光点

关黎辉

新学期新学年,初一一班第一节是语文课,延续多年养成习惯,我满怀期待提前一分钟走向班级。不远处,一个小脑袋忽闪了一下,隐隐听见一个男孩儿的声音传来:"来了来了,是个女老师!"我循声来到初一一班,一张张满含着期待的可爱的笑脸齐刷刷地看向我。我大步踏上讲台自我介绍:"同学们好! 我是关老师。""哪个关?"一个白净的大块头男生调皮地问。我也幽默调皮地答:"关门的关呀!"

第二天,见面打招呼时学生们按以往习惯叫我"语文老师好!"我似嗔似怒地笑着说:"我没有姓啊? 我姓关,教语文的关老师!"又是那个第一节课就接话的白净男生快速地回答:"关语(关羽)老师好!""关语(关羽)老师! 你好有才啊! 我喜欢!"我赶紧追问:"你叫什么名字?"旁边一个稍小个的男生抢嘴答:"他叫孙权!""孙——权,三国名人啊! 怪不得这么有才!"我不失时机地夸奖。那个叫"孙权"的男生不由得又是晃头又是晃脑地说:"那—是!"

给我这个姓关的语文老师叫"关语老师",既致敬了"无双武圣"关羽,又文学性满满。做了这么多年的语文老师,我第一次得到这么妥帖的雅号,对这个学生我真是满满得喜欢。但根据多年的工作经验我也知晓:此孙权,非彼孙权! 这个孙权一定很淘气!

淘气的学生往往性格外向,活泼、好动、"脸皮厚"是他们最典型的外在特征。他们对自己的约束能力差,上课喜欢搞小动作,不注意听讲,下课爱打闹,或是不做作业,有很多不良习惯。言语多是调皮学生的外部特征之一。通常,调皮的学生心里想什么就会说什么,很少会把话憋在肚子里。调皮的学生自律能力很差,但也有很强的自尊心。当他们遭到老师的批评、同学的白眼时,他们的内心世界其实是相当复杂的:他们既想摆脱老师的束缚，又缺乏知识、经验和控制能力；他们求异心切，渴望"涉奇猎胜"，又缺乏正确的是非标准，爱讲哥们义气；他们既自尊又自卑，既重感情又容易偏激，他们很容易把老师的教育、帮助看作是对自己的损伤而妄加排斥和抵制。

多年的工作经验告诫我：对于调皮学生不能"鸡蛋里挑骨头"，而是要"骨头里挑肉"即：捕捉闪光点，激发主动性。

课堂上我是见识了这位孙权同学，那话是真多，那嘴没一刻闲着，要么跟着你上课的内容胡说八道，要么跟身边的同学说悄悄话。心理学研究表明：人都具有不可估量的潜力，但只有在潜意识中肯定了自己的力量之后，才有可能发挥自己的潜力。对于孙权的调皮，我私下几次找他谈话，每次他都答应改正，但总是反反复复，收效甚微。正当我为此苦恼时，一次偶然的发现，让我找到了突破口。

语文教学注重朗读，我把全班四十三名学生分成五个组，按教学内容进行朗读训练，每节课课前三分钟小组展示。孙权作为不讨喜的调皮学生，哪个组都不愿意要他。在默默的观察中，我发现孙权喜欢朗读，声音洪亮，音量大，能放得开。我抓住时机，每当孙权在无意识中大声朗读时，我就大加表扬，重点训练。一下子他成了香饽饽，各组争相要他。从那以后，孙权在我的课堂很少再调皮捣蛋。学期末学校开展诵读展示活动，孙权作为为数不多的调皮学生参加活动，获得了大家好评。

调皮是孩子的天性，对于调皮的学生我们不能把他们定格为坏学生。作为老师要以爱心、耐心来关心他们，了解他们的内心，尊重他们的个性，捕捉他们的闪光点，同时更要以一颗宽容的心来对待他们。每个人都渴望被理解和尊重，调皮的学生更不例外。对于他们，老师不能一味地批评、训斥，这样会伤害他们的心灵，在平时生活中应多注意这些调皮的学生，多观察他们，多发现他们身上的闪光点，并及时地在全班同学面前表扬和激励，让他们建立起自信心，让他们觉得"我能行！"有句话说得好——"赏识导致成功，抱怨导致失败"。学生正处于身心发展的阶段，他们的天性就是好动、好说，即使再调皮捣蛋的学生，也有积极可贵的地方。

对于这样的学生，可先不从学习上入手，而是仔细观察看他们有什么特长，或喜欢做什么事情，找到闪光点，然后多组织开展相关活动，特别是有创意、有创造性的活动，充分发挥他们的积极性和创造性。这样会充分调动起

他们参与集体活动的兴趣，从而转变为多才多艺、聪明可爱的好学生。当然，是否能够因此而取得更好的成绩，倒不一定有效。但老师摘掉"有色眼镜"，热诚地去捕捉这类学生在为人处世、学习生活等方面所表现出来的优点和进步，再用"放大镜"，看到优点就表扬，发现长处就扶持，有了进步就鼓励，他们在老师诚挚而恰如其分的表扬、扶持和鼓励中就会逐渐消除自卑、增强自信，在荣誉与成功中逐渐地发现自我价值，激发前进动力。

　　"人非圣贤，孰能无过？"更何况是还处于懵懂时段的孩子？因生施教，有教无类，调皮学生更需要关注！"一个老师爱教育，那他便会带着对职业的崇敬和神圣来对待职业中的每一个孩子，孩子既是我们工作的对象，更是和我们同走幸福职业路的伙伴，一个问题学生的存在就意味着我们有提升功力的机会。"

师生之间需架起一座心桥

姜秀英

　　一般来说,学生对教师都有一种特殊的信任和依赖感情,因此我认为这种信任和感情,就是连接学生和教师之间的一座心的桥梁,教师和学生如何相处、教师如何培养学生思想道德,这座桥建得好与否,显得尤为重要。

　　在日常的教学过程中,每一位教师,都要时刻注意言传身教、为人师表,以良好的形象率先示范,潜移默化地影响和激励学生养成良好习惯,要求学生做到的,自身先做到。比如发型,我不让学生弄奇特的发型,我也不弄,老师们都说我不注重自己的外表,把自己的头发弄得美一些多好,可是还是坚持把它盘起来。我用教师行为感染、教育学生,塑造学生良好的人格,重要的是我要以此种方式走进学生的心灵,跟学生进行心与心的交流与沟通,做学生的良师,更做学生的益友。特别对于学困生来说,这座桥梁更突显它的重要性,亲其师,才能信其道。建立民主融洽的师生关系,构造轻松愉悦的课堂气氛,鼓励学生,设立目标,树立榜样,去熏陶、鼓舞,及时掌握他们的动向,发掘他们身上的每一处闪光点,培养他们的集体主义精神、团结合作的精神、探究创新的精神,这样,不管是常规教学工作,还是班级管理工作,都能十分顺利地开展,并取得优异的成绩。

　　初中生,年龄比较小,自律能力还不够强,学习能力自然也不是很强,还避免不了经常犯错误,所以,教师更应该注重心桥的搭建,尤其要学会换位思考,用宽容平和的心态,去面对学生的错误,给他们正确的引导、积极的鼓励,相信每一位学生,挖掘每一位学生的优点,让他们在学校、在课堂,获得愉悦,获得成就感,这才是教师的价值取向以及职责所在。

　　例如我们班级有一名学生,叫依××,他天生好动,做事得过且过,学习就更不用说了。经过了解之后,我知道他的家庭生活非常特殊,没有父亲,

母亲一个人带着他,生活非常的艰苦。生活要靠国家支付的最低生活保证金来应付。有一次,星期六放假,我就和班干部一起来到他的家里,他看到我非常的惊讶,而且有些不知所措,心想是不是老师来告状了,我没有说什么,只是简单地说了一下他在学校的表现,只说他优秀的地方,一句批评的话也没有说,出门送我们的时候,他很感谢我。说了这样一句话,老师你放心吧,以后我知道应该怎么做了,我真正明白了,什么叫作"此时无声胜有声"了。

在教育教学过程中,遇事教师一定要冷静,沉着,不能感情用事,因为学生在发生问题时,并没有考虑到这件事将会朝哪个方向发展,会有什么后果,更没有认识到,这样做,会给教师带来多少工作上的麻烦和心灵上的压力,从此可见,心与心的沟通与交流,更显得至关重要,这个时候,教师和学生都需要敞开心门,彼此深入了解,理智地对待,不管是教师和学生,都要公平、公正地对待和处理,所以,构建心桥,是一个解决方法的有效途径。

特别是在生物教学中,要搭建心桥、进行思想道德教育,培养生物学习兴趣,树立学习信心。更要以情动人,激发学生情感,是影响学生道德认识、品德修养、和德育行为以及热爱自然,保护自然的一种强大动力。

教育是一项伟大的事业,管理学生,更是重中之重,如果跟学生的交流不好、沟通不好,很容易影响他们的学习情绪。教育更是一个反复的过程,在这个过程中,要给学生留有足够的空间和时间,给以充分的信任,运用恰当的方法,搭建心与心交流的平台,这样才会收到好的教育教学效果。

请用爱给他方向,让他飞翔

李　娜

随着时代的不断发展,人们对教育的要求也越来越高。教育培养的人才,不再只是注重知识,而是要德、智、体、美、劳全面发展。首先,德,就放到了第一位。德育教育在中学教育中是很普遍的,此时的青少年还没有形成完整的世界观,人生观,这就需要老师对他们多进行帮助。

案例:

范某,男,本来是个不错的男孩,但进入初三后,行为开始转变。很多老师都不喜欢他,甚至同班同学也不喜欢他,说他很坏。因为他上课时总是说话,扰乱老师的课堂秩序,当老师批评他时,他却总是不敢承认,把过错推到旁边的同学身上,从而引起课堂混乱。老师让他回答问题时,他就永远是一句话"我不会。"然后就自动坐下,不听老师指挥。做习题或考试时,他的字非常的潦草、马虎、无力。同学们还反映,他做值日生时也表现不好,经常迟到或不做,当班长和组长批评他时,他还和他们当众大吵大闹。

分析原因:

他的家庭条件十分不好,父亲多病,靠低保维持生活,母亲对他要求十分严格,但没有力度,所以他不怕,父母的管教对他来说没有多少帮助。到了初二后,他总和一些行为习惯不好的孩子一起玩,甚至还和校外人员一起,逐渐养成了顶撞他人的恶习。至于他考试时不认真,是由于他本来不想上学,是父母希望他上,他才勉强来上,所以不愿意学习,考试自然也不放在眼里。

家庭对他教育的相对缺陷,使他一点一点走到现在,一个没有人喜欢的孩子,一个没有理想没有未来的孩子。

疏导过程与策略:

1. 我多次找他聊天

我首先对他想玩但是不能去玩的痛苦表示很理解,也表示我知道他父母给他很大的压力,然后跟他分析社会现状以及他的家庭现状,说明父母给他压力的原因,也告诉他一个男孩子应该承担起帮助家庭的责任,同时鼓励他,称赞他聪明得很,我很喜欢他,只要努力,一定能干得比别人好。

我告诉他,上课的时候乱讲话、犯了错误往别人身上推,这样不仅是不诚信的表现,也使他在同学们心中的印象变得越来越不好。他和同学们吵架,最后同学们都不和他说话了,别人不是尊敬你而是看不起你,不愿意理你。

我不断列举班里品学兼优的同学做例子,我对他说:"这些同学平时不怎么吭声,但他们的名字却是响当当的,在每位同学的心里,他们才是真正厉害的人,让人佩服的人。你可以看出来,当他们这些同学发表意见的时候,不但同学们会拥护,老师也得仔细考虑,因为他们说得有理。你应该多向他们学习,少说多做,这样才能赢得别人的尊敬和重视"。

我还列举了我身边的一些真实的例子,让他知道,只有他将来有出息了,他才能改变他家的现实情况,他的父母才能过上好日子,这是他能给父母最好的礼物,他的家庭,只能靠他自己才能改变。光靠亲朋好友的帮助,是永远也走不出困境的。

要想将来有出息,那现在这个阶段就必须努力,学习文化知识,学习做人的道理,只有这样,才能在社会上占有一席之地。并不是说当了小混混的老大,或在班组里成为"小霸王"就能改变人生。

2. 教学中多关注

在平时上课时,我对他也特别认真,关注,只要他不听课或犯错误,就提醒他。在提问时,我也是给他最简单的问题,让他回答正确后有信心再去学习。在考试后,我也会分析他的成绩,给他指出优点与缺陷,鼓励他继续努力。

3. 和他的父母沟通

我还跟他的妈妈做了沟通,让她从家庭责任的角度,多和自己的儿子聊聊,在生活上给他最大的帮助,同时配合老师,让他能够尽快改变。

4. 多给他鼓励。

只要他做对的地方,无论事情有多么小,都给他很大的鼓励。当他回答问题正确时,让同学们给他掌声,当他成绩有一点点上升时,给他表扬。

辅导效果与意义:

1.经过了一段时间的帮助,该生因为违反纪律而被班长或老师批评的次数明显地少了,上课时能听讲了,即使在实在不愿意学习的时候,也是自己一个人坐着,不去影响其他同学了。出现了错误,也能及时承认并改正,不再将过错赖到别人身上了。

2.成绩也有了提高。他能在老师提问他时,回答问题,如果不会,也会主动表明,听从老师的安排。

3.自信心多了。通过老师的不断表扬,和同学们对他的鼓励,他品尝到了成功的滋味。他开始想着怎么能让自己变得更好,而不像以前一样,自己放弃自己了。

4.他知道真正的厉害不是能打架、能骂人,而是让同学们和老师从心里佩服他。他一改以往的"小霸王"的形象,开始主动融入班组里。做值日时,主动积极,还能帮助其他同学,不断受到同学们的好评。

一般人都认为成绩优秀的孩子才是好孩子,所以很多家长都是把注意力给了那些孩子。其实,那些我们所认为不好的孩子,更应该得到关注,他们是可以改变的。培养一个人的品德不在于告诉他多少道理,使他去遵守多少规范、规则,最根本的是要在长期生活中形成基本的待人做事的价值观念和思考问题的取向,并能把这种观念和取向真正融入他的生活中。

你问我们班主任吧

——记我和一名学生的难忘事件

李秀娟

"珊珊,你醒醒;宝贝,你醒醒!告诉妈妈,你为什么要喝毒药?"

"你问我们班主任吧",伴随着这样一句回答,一名十二岁的女孩昏迷过去。

事情发生在2004年10月4日,那一年的7月份之前,我还是一名在校大学生,而同年的7月10日,我到达一直任教的我现在的学校开始从事当班主任、做任课教师的教书育人工作。这一天,我被校长的电话叫去了医院。一到医院,就被眼前的一幕给吓到了:校长在场、副校长也在场;学生家长们都在;同时家长们用极其气愤的语气质问我对学生做了什么,学生为什么会喝毒药,为什么学生会在昏迷之前让家长问班主任。但是,尽管家长如此对待我,我也能够理解作为父母当时的心情。那时那刻,我清醒知道我的解释会是多么的苍白、多么的无力。所以,我一句话也没有辩驳。可是,我的内心是清楚明白的,这事情绝对不是我造成的。现在的初中生来自于各方的压力都特别的大、学习任务也重,所以我都是小心呵护每一个孩子的成长健康,对于他们我一直都是说服教育、以理沟通,决不体罚、心灵伤害;同时,我更注重创造健康、和谐的班级环境。

所以,当校长问到我的时候,我坚决地告诉他,不是学校的原因。校长十分的相信我,去搜到了很多证明的证据。比如,班级学生说我从没有打骂过他们的录音,等等。

从医院回去的那个晚上,我整晚没有睡。当时我是多么的企盼珊珊同学能醒过来,只有她醒来才能证明我的清白;同时,另一种担心或者说是恐惧,也在灼烧着我的心——害怕一个年轻的生命就此逝去。

第二天,天刚蒙蒙亮,我就去医院。珊珊还在昏迷抢救。我静静地独自坐在医院走廊的长椅上。

一个钟头过去了,两个钟头过去了……过去五个钟头的时候,学生妈妈过来告诉我,孩子醒了,我高兴地从座椅上跳起来。也许是因为我五个钟头的等待,抑或是我跳起来那一瞬间,触动到了她。所以,她让我进去看看孩子,只是她告诉我,孩子谁也不认识了。

"老师,老师!呜呜呜!"当我走进病床时,孩子认出了我。主治医生大声地说:"孩子没事,有救!能认出人来,激发大脑思考,病情就会慢慢恢复!"此时此刻,家长也哭了。他们看我的眼神少了些敌意。我没有立刻和孩子提到喝药的事情,只是和她简单地聊聊天。

第三天,我仍是很早地去了医院,这时孩子也只是能认出了妈妈。珊珊看到我格外高兴。家长也友好地给我倒了一杯热水。我试探性地谈起喝药,问她原因。孩子告诉了我事情的真相:十一放假在家里,偶然听到父母吵架,说要离婚,孩子觉得父母离婚后,自己将会无家可归。所以,选择结束自己的生命。她把死因写在一封"遗书里",而那封遗书的收信人恰恰是我,所以,就有了文章开头那一幕。可是,那封"遗书"并没有到我手里。知道真相后,父母很正式地向我赔礼道歉,同时,也后悔吵架时的话不应该让孩子听到。

半年后,珊珊康复回到学校,她本应该留级学习,但是她不肯,又回到了我的班级。

我和珊珊的友谊更加深厚了,因为我知道,对于一个学习落后的学生来说,我对于她的爱,是她能赶上来的最大动力。中考,她的数学由三十几分的成绩进步到114分(我教的学科是数学),其他学科也进步很大,考上了我市的重点高中——市一中;高考,珊珊以优异的成绩考入了北京的一所国家重点大学。至今,我们一直保持联系,我们的友谊从未间断。

事情过去了这么久,它却时常会让我想起。每每想到它,都会让我对自己选择的教育事业充满信心、充满力量;同时也充满自豪、充满责任。人们常说"教师是太阳底下最光辉的事业",我也要说"教师是太阳底下很高危的职业"。但是,只要我们踏踏实实地去做本职工作、真心真意地去培育祖国未来花朵、兢兢业业地去为祖国母亲奉献自己的绵薄之力,我想学生们会喜爱您、家长们会尊敬您、祖国会感谢您!

架起心灵沟通的桥梁

刘金英

从教二十年来，面对形形色色的学生，我也有自己的一些思考："老师不经意的一句话，可能会创造一个奇迹；老师不经意的一个眼神，也许会扼杀一个人才。"作为一名人民教师，自己的言行对学生的影响是何等的重要。

那是 2011 年的秋季，送走了一届毕业生，我又接了一个初一新班，任这个班的班主任，并承担初一学年两个班级的语文课教学工作。初一的学生，初来乍到，换了一个新学校，对任何事情都有着新奇感，在任何老师的课上都表现积极，唯恐自己在老师那儿没有留下什么好的印象。尤其在我这个既是班主任又是语文老师面前，同学们可以说表现得相当活跃。也正因为如此，我也就很快地掌握了本班学生哪些上课爱思考问题，哪些在学习上很用功，哪些上课喜欢调皮等基本情况。其中有一个学生引起了我的注意。她叫阿雯，分班时在班上她的成绩是中等。对于一个上课不回答问题的学生，老师一般是不会去在意的，更何况一个成绩也不十分突出的学生。阿雯就是这样一个学生，上课时很少去回答问题，甚至刚开始时老师都不知道她的存在，我估计，她在其他老师的心目中也是印象不深刻的。

然而有两件事情，她让我不得不去注意了。一件是在新学期的军训中，同学们都三一帮两一伙的，而只有她，单独行动，独来独往，我有些不理解，按理说像她这个年龄，应该是活泼开朗的，而她却完全封闭了自己与外面的接触，于是我向小学和她在一个学校的同学了解，知道了一些关于她的简单情况，有个人原因，也有家庭方面的原因。为了顾及她的自尊心，我没有马上找她，而是暗地里默默地关心她，并让班级里比较开朗的同学主动去接近她。另一件事情是有一次英语课堂上，科任老师不知道情况，于是叫她起来回答问题，可能是她还没有准备好的原因，站起来没有回答出老师的问题，她就站在座位上,老师又接着讲课了,等了一会儿,老师发现座位上没了她的踪影,同桌的学生告诉老师,说她蹲到桌子底下去了,于是老师怎么叫也叫不出来,下课了科任老师告诉了我这件事,这是典型的性格孤僻。从我从教多年的经验来看,这个学生一定有什么心结,她的心里一定隐藏着许多东西,如果不打开这个心结,对她的发展是很不利的。我试着慢慢接近她,课间休息时,我问一问她是否听懂,有时候我也把她叫到办公室问她对一些问题的看法。起初,她也只是默不作声,偶尔笑一笑罢了。后来,她对我有了一些了解,于是,态度有了一些转变。我抓住契机,适时地和她交谈着心里话。原来,她确实是有心结的。她说了她家就她一个孩子,父母还经常吵架,回到家里就担惊受怕,心里的苦又不能跟别人说,也因此导致成绩下滑。而她小学的时候同学不理解她,甚至有的时候同学还在背后议论她,她觉得抬不起头,久而久之,不愿再和任何人交流沟通,独来独往,把自己封闭在一个人的世界里。

听了阿雯的述说,我也陷入了沉思:现在有几个孩子不是这样的呢,只不过是有的孩子能够很好地调控自己,结果摆脱了自闭,像阿雯这样的,如果一直没有人去打开她的心门,自闭也就形成了。深入了解了阿雯的情况,我因势利导,并告诉她当再遇到需要倾诉的问题时,我将是她最好的听众,她冲我微微一笑,还告诉我她一定会和同学搞好关系,并且会把成绩赶上来,这是开学以来我看到的一次最美的笑容,有了这次谈话的奠基,她与我之间的距离拉近了,她课下时常会在我的身边转,有时偶尔也会把班级里的事情告诉我。我发现她变了,变得开朗了,她已经把我当成了她的朋友。

如今的她,已经成为了课堂上的"活跃分子",特别是在语文课堂上,举手回答问题对她来说已不再是难事。是啊,又有谁会对别人的关心弃之于不顾呢?阿雯同学可以说是认同了我对她的关心,也因为我的无微不至的关怀,才化解了她心中的坚冰,才使得她重新找回了自信。

教育学生不是一朝一夕的事,是一项长期的工作,这就需要教师要有足够的耐心,在平时的工作中细心观察,发现了学生的错误,坦诚地和她交流,学生是能够接受的,只要我们对待学生有爱心,教育学生有诚心。善待每一个学生,用真心换学生的灿烂笑容,我相信在教育的沃土上一定会收获硕果。

男生和女生的冷战

乔 菲

刚做班主任的一年里,一路跌跌撞撞,为打造和谐的班级真的是操碎了心,但是成长的味道却一直是苦辣酸甜,喜忧参半。

一、情温暖,搞民主

一直以为,班主任要用爱心来温暖每一位学生的情怀,用民主去点燃他们思想的火花,这样才能产生巨大的动力,使学生自觉、主动、积极地沿着班主任指出的正确方向进步,为了真正地做到民主建设,我在班委创建方面做了充分的工作。首先在班委建设之初征求全体同学的意见出谋划策,让每一位同学都参与到班级的班委创建之中,我这个班主任只是班级的一分子,不使用特权来任意安排班委的职位,而是由同学们写申请书,在同学们的共同考验之下全班投票选出,最终男生中的大部分当选了班级的班委。起初,在男班委的努力下,班级井井有条,秩序井然,我暗自高兴,心想一切都在我的掌握之中,朝着既定的目标迈进。但是好日子没过多久,班级就出现了一场小风波。

二、狼烟起,痛思痛

开学周,就有几个女生向我抱怨:"乔老师,我们觉得男班委们非常的不争气,不靠谱,他们在课堂上经常干些风马牛不相及的事儿,满满的负能量,这样的男班委如何给同学们树立好的榜样?"女学生们叽叽喳喳如河东狮吼般,吼出了她们心中对男班委的不满,为了安抚女生们,我告诉她们:"你们说的老师也感觉到了,对于有些男生必须有所惩罚!这样,换届会也快到了,改朝换代的时候也将到来!"虽然说只是打发几位女生的一时举措,却好像拉开了女生们备战的序幕,而此时,懵懂的男生们还沉浸在岁月静好之中。

在班会课上,我就班级的问题,对男班委的行为进行了批评教育,并向男生们放出风声:"咱们两周后的班会课就是班干换届会!男生们,你们有胜算么?"从那以后,我一次又一次地指责男生的问题,并且罚他们做值日,很多男班委都不服气,并在私下里讨论:"乔老师就知道偏袒女生,看我们不顺眼!难道女生就什么都好了?"我本以为,对男干部有所惩罚,男生们会有所收敛,但是,班级里的男班委和女学生却开始了"冷战",谁看谁都不顺眼,眼看着这个班级分崩离析,我的心里五味杂陈。这样的问题持续了很长一段时间,对于我这个缺乏经验的班主任来说,也是一场不小的考验。空闲之余,痛定思痛,是不是自己一味地听从女生的抱怨,而没有看到男班委为班级所做的一切呢?为了解决这个问题,我决定做男班委和女学生之间的摆渡人。

三、用真心,重迈步

为了尽快解决班级的问题,我决定换届大会提前一周进行,并且提议,这届我们双班委制,男女各一班,这个开场白在意料之中成了矛盾的导火索,女生小方首先立论:"老师,我们不愿意这样,男生经常在错误的时间错误的地点做错误的事,让他们也当班干,我们班评上文明班级的可能性就小很多。"这时班中的班长小峰为尊严发声:"你们女生也不是每个方面都很优秀啊,回答问题争先恐后站起来却吞吞吐吐,我们就不一样了",男生们都露出得意之容表示赞同。为了不造成一棒子打死男生的局面,我接着说道:今天老师就是你们情绪的垃圾桶,你们都是一个班集体的成员,都是乔老师的男孩女孩,你们的好坏老师尽力去包容,维护着一个女生如此优秀、男生如此高效的集体,当这个班集体的荣誉受到威胁,你们还能包容吗?今天我们不谈换届,随即板书"念念彼此的好",女生们,用你们优秀的口头表达念念男生的好。小莉破冰:"上次我在堂上呕吐,又脏又臭,是小照提的水,小峰拖的地,小培扶着去的校医";小雪接着说:"上次篮球赛,我们班的大部分男生都上场了,女生啦啦队喊破了喉咙,是我们的共同努力才为班级带来了荣誉,我适时点评:多么震撼的场面啊!乔老师的男孩儿、女孩儿都是最棒的,

是你们让我们的班级更加美好不是么？让我们男班委和女干部一起携手，将我们的家打造得更加完美吧！大家都高声说："好"！整个教室洋溢着和谐、融洽的笑声。

一年的班主任之路，我从满怀热情的憧憬到脚踏实地的探索，再到现实理性的思考，一路艰辛，一路成长。是男孩和女孩构成了我生活的全部，编织着我多彩的班主任成长之路，这次的风波让我明白，班主任作为一班之主，应该时刻处理好男生和女生之间的关系，尽自己的全力让他们拧成一股绳，向着共同的目标迈进，用爱浇灌，

聆听花开的声音！

巧 治 吃 零 食

孙广丽

日常班级管理中,我们的教育对象是有灵魂、有思想的独立个体,他们每天都会出现各种各样的问题。如果只是拿着班主任的"权威"来"管教",恐怕会收效甚微,甚至无效。我们不妨尝试把教育的主动权交给学生,可能你会收到意想不到的教育效果。

有一次,我刚刚讲完不能吃小食品,同学们就没管住自己的嘴,偷偷在班级吃了辣条、薯片等,我一进教室,就闻到了刺鼻的味道,顿时火冒三丈,心想,这帮"小混蛋",又把我的话当耳边风了,真想狠狠地训斥他们一顿。可转念一想,简单的训斥能保证学生不再吃零食了吗? 即使不敢当着我的面吃,背着我的时候,他们还是会禁不住吃的诱惑,得想个办法让他们自觉抵制零食才行。冷静了一会儿,我对他们说:"同学们知道吗? 老师像你们这么大时,也总是吃零食,但后来我不吃了,知道为什么吗?"同学们见我没发火,都愣了,好奇地看着我,想知道我是怎么抵制住"美味"零食的诱惑的。接着,我故作神秘地说:"因为我知道了'美味'零食的秘密!""零食还有秘密?""什么秘密? 老师,快告诉我们吧!"同学们的好奇心彻底被我激起来了。

于是,我给同学们布置了任务,让他们调查自己最喜欢吃的一种零食的加工过程和材料,分析它对人体健康的影响,并约定第二天利用早自习开班会,同学们以小组为单位介绍自己的调查结果。第二天早上,同学们真的做好了汇报调查成果的准备。他们详细介绍了各种我们常吃的小食品的加工过程、材料及危害。有的小组还搜了视频,脏乱的小作坊、劣质的原材料、大量的调味剂……让人看了都想吐,吃了之后对人体的伤害可想而知。

同学们都说,再也不吃小食品了! 我担心他们坚持不了几天就忘光了,

抵制不住诱惑，便趁热打铁，让同学们写犯错说明书。它不是一般的说明保证书，而是让他们描写吃零食的思想斗争过程，还得用语文的写作手法，这可难倒他们了。最后，在我的提示下，大家绞尽脑汁，从吃零食前，吃零食中，吃零食后描写了自己的心理活动过程，最后，结合自己的调查结果，表明不再吃零食的决心。总算"交差"了。我看了他们的"大作"，一脸坏笑，还夸他们作文有长进！同学们也心领神会地笑了。

自那之后，同学们真的不吃零食了。

我想，在班级管理中，老师和学生应该是朋友间的合作关系，相互尊重，相互理解，而不是简单的上下级的管理与被管理的关系。任何时候，都不要站在学生的对立面。把教育的主动权交给学生，让学生参与到教育活动中来，这样，许多问题可能会更好解决！

心灵指路人

孙永平

哲学家萨特曾经说过："世界上有两样东西是亘古不变的，一是高悬在我们头顶上的日月星辰，一是深藏在每个人心底的高贵信仰！"信仰，是人生的灯塔，有信仰的人不会偏离正确的航线，作为一名教师，最重要的就是要帮助学生树立信仰，做他们心灵的指路人。

作为老师，我们不应该只注重传道授业，更应该帮他们解除人生中遇到的困惑，在他们的心灵偏离正轨时，更要明白信仰的力量，学生有了信仰，才不会做错事、走错路，才能及时引领他们走回正途。

还记得那是 2009 年的冬天，北方的冬天，天黑得很早，往往还没有放学，外面就已经一片漆黑。那天最后一节课是自习课，班级里灯火通明，学生们照例在安静地写作业，教室里只能听到白炽灯嗡嗡的响声，忙碌了一天的我很享受这难得的清净时光，脑海里在思考明天要做的工作。

"老师"，声音很小，仿佛怕惊扰到陷入沉思的我，我回过神来，一个平时就很文静的小女生从座位里站了起来，眼睛里写满犹豫，我问她："什么事？""我……我……我涂改带丢了。"声音越来越小，说完后把头低下去不敢再看我，要不是班级里如此安静，我几乎听不清她说了什么。听完她的话，我简直要控制不住自己的脾气，一个初二的学生这点小事还要来让我处理吗？批评的话语马上要脱口而出的时候，"老师，我的也丢了。""我的也丢了。"……大概有十几个学生都说自己的涂改带就在这几天丢了。一个涂改带虽不值钱，但是一起丢了这样多的涂改带，究竟是谁？他要干什么？是偷盗成性还是另有隐情？我该怎么处理这件事？一时间，有太多的疑问掠过我的心头。对于这个人和这件事我一点头绪也没有，但是我知道如果处理不好，我在学生心中的威信会降低，更有可能让这个学生在偷盗这条路上越走越

远，甚至走上社会后铸成大错。

我想了想，让所有的同学把手头的作业放下，把书包收拾好了，我们来聊一聊这件事。首先，我问他们有没有什么好的处理办法。班级里顿时开了锅，大家七嘴八舌地讨论起来，更多的同学赞同去翻书包查，我卖了个关子，说："我有更好的办法。"同学们的眼睛一下就亮了起来，身体也坐得更直了。

我先问了丢涂改带的同学一个问题，"涂改带算不算贵重的东西？即使找不到了会不会对你的学习产生重大的影响？"同学们的眼神暗了下去，虽然嘴上说不会，但是心理上的失落一下就表现在了脸上。我话锋一转，接着说："就像你们所说，丢东西的人即使找不到了也不会有什么影响，但是拿走这些东西的人呢？他的心里也会和你们一样坦然吗？"教室里重新热闹起来，有人认为拿走东西的人会觉得做了见不得人的事而愧疚，有人认为反正也没人知道是谁，他不会有什么想法的。

我拿出两张白纸，向学美术的同学要了颜料，在其中一张纸上画了一道彩虹，在另一张纸上甩了几滴黑色的墨迹，之后我问同学们觉得哪张更好看，同学们不约而同地指向画有彩虹的那一张，我说："每个人的人生最开始都像一张白纸，做了好事的人就像往纸上画彩虹，好事做得越多，你的人生就越绚丽多彩。同样，做了坏事就像往纸上泼黑色的墨点，不管别人能否看见，只要做错了事情，就都会在心里留下抹不去的污点。做人要有自己的底线和尊严，这就是一个人的信仰。人有了信仰，永远不会走错路。即使你们年纪还小，但是无论何时，信仰都不能被丢掉。"说完之后，班级里安静了下来，每个人都陷入了沉思之中。

我接着说："我不想揪出到底是谁拿了这些东西，因为我们是一家人，还要相处好几年，我相信你也不想让别人每天都防备着你，每次丢东西第一个想到的就是你。所以，趁着一切都还来得及，把不属于你的东西还回来。如果你真的有困难，我会在班级里设置专门的备品处，你可以去那里拿你需要的东西，不需要你来还。亲爱的同学们，这件事情我也有责任，没有想到要帮助有困难的同学，我希望咱们这个大家庭里的每一个人都是彼此关心的，能接纳不完美的同伴，能发现同伴的困难，在保全他尊严的情况下默默地帮助他。"学生们似乎没有想到拿东西的背后也可能还有别的原因，这时更好的办法出现了,班长站出来说:"老师,我建议以后大家可以把自己多余的学习用品捐出来,放在一个小箱子里,这样谁缺少什么就可以去里面拿,这样对我们大家都很方便。"学生们纷纷表示赞同。这时下课铃响了,同学们很满意地离开教室回家了,也没有人继续讨论这件事。

我原以为第二天就会有人把东西还回来,可是连着三四天过去了,东西依然没有还回来,在我已经放弃希望的时候,一天早自习我刚来到班级,班级里很多同学特别兴奋地围了过来,有人手里拿着班级里装粉笔的盒子,跟我说:"老师你看,涂改带还回来了。"那一刻,我带领同学们鼓起了掌,为了那名同学知错就改的勇气,也为了他那纯洁的心灵和坚定的信仰。我知道,这一次我成功地把他领回了正途。

即使到现在,我仍然不知道那个人是谁,但是在他们毕业之后的某一个教师节,我接到了一个陌生号码发来的消息,内容很简单:老师,感谢你那时对我的教育。没有署名。我觉得这是我收到的最有意义的节日祝福。

有一次,我在微信里看到一篇文章——《你教室里的每个孩子,都是某些人的全世界》,里面有句话"你教给学生的知识,影响着他们生存的方式。你对学生的态度,影响着他们看世界的角度"。作为教师,身上同时肩负着两个重任——教书和育人,有人说:"信仰比知识更难动摇。"虽然现在我已经不再做班主任了,但是我仍然坚定我的信仰——做学生心灵的指路人!

宽容,无声的教育

王 英

在我们的实际工作中,经常会遇到学生与老师顶撞的情景,他们对老师的批评教育,采取公然对抗的态度,有的老师感叹"老师越来越难当了"。有一段时间,我校就发生过这种学生与老师顶撞的现象:考试时,一名男学生作弊,监考老师让他停止答题,并动手夺卷,学生激怒了,顺势将女老师推倒在地,考场一片哗然;课堂上,一名学生在摆弄手机,而且还发出了响声,老师命令其交上来,他不但不交,而且谩骂老师多管闲事,摔门而去。类似的现象,引起了我的思索,使我想起了最近课堂上发生的一件事情。

有一次,我领着同学们进行初四听力训练,班级静悄悄,大家聚精会神地听着播放材料,我突然发现班级的好学生刘莉正在翻看一张纸条,而另一名男同学也东张西望,心神不定。我突然意识到了一定是初中生的"早恋"现象。她看见了我的目光,迅速地收起了纸条,并一脸惊吓惶恐的样子。于是我便说了一句"大家注意听,别走神"。下课后,刘莉便悄悄地跟在我的后面,走进了办公室,低着头,红着脸,递给我那张纸条,我把纸条放在了桌子上,并没有看,而是看着眼前这个害羞的小女生。她慢慢地说出了事情的经过,果真是初中生的"早恋"现象。我说:"你现在的任务是学习,争取优异的中考成绩,我相信你能把事情处理好。"在随后的几天上课时,刘莉的听课状态不仅认真,而且每次测试的成绩都名列前茅,那名男同学的听课状态也有了明显的好转。最后两名同学在考试中都取得了理想的成绩。他们对我更加亲近了。如果我当时在课堂上冲动地批评责备他们俩,很可能出现可怕的一幕顶牛现象,既伤害了两位同学的自尊心,也消除不了他们心中的"早恋"倾向。

我觉得自己在处理上面这件事情时,并没有花很大的力气,也没有什么精心的设计。我认为教师要避免与同学在课上发生顶撞事件,至关重要的是宽容学生,爱护学生。有了宽容,对学生的某些缺点,我们就会正确对待处理,就不会采取急躁,简单,粗暴的方法。这样,老师才能成为学生的良师益友,学生才会乐于接受老师的教育。这种新型的师生关系,要求我们教师不仅要有责任感,还要有正确的教育思想和方法。正如苏联著名教育学家苏霍姆林斯基说的:"教育者最可贵的品质之一就是人性,对孩子深沉的爱,兼有父母的亲昵温存与睿智的严厉与严格要求的那种爱。"因此,做教师的,要做到教书育人,首先就要尊重学生,既爱优秀学生,更要爱学习有困难的学生。

在实施教学活动中,教师要认清学生是学习的主体,他们渴望理解和尊重。尊重学生,宽容大度,对有缺点的学生动之以情,晓之以理,就能建立一种新型的师生关系,就不会发生学生顶撞老师的情况。教师要与学生平等相处,因材施教,尽可能为学生创造和谐宽松的教育氛围。在适当的时候,实施适合的教育,宽容是无声的教育,也许比火烧火燎的风格更为有效。

师爱如花蜂蝶自来

闫春辉

成为一名教师已经有十五年的历史了,回首每一步的教育历程,无不感慨万千。对教育教学工作的热衷,让我提升幸福指数;对于学生的引导和帮扶,让我实现自身价值。

如果说教育如同一座百花园,我就如同一朵不惹人注目的普通之花,却也因为爱学生爱教育,竭力散发着沁人心脾的芬芳,引得蜂围蝶绕,好生热闹! 我也为此自豪!

教育的点滴故事,汇成了浩瀚江河,时至今日,我感到它们不需要华丽辞藻装点,只需要用情感悟,用心续写。

毕业信难抒师生情(节选)

亲爱的"母亲":

您好!

四年的时光转瞬即逝,您陪伴着我们,亲眼看到我们的成长,我有太多的不舍,太多的感谢,太多的情愫想对您说。

每次学完文言文和古诗,您就会把我叫到办公室,背下来才可以走。现在回想起来真幸福。真的特别感谢您——我的老师——更是我的母亲,您不厌其烦的一次又一次的敦促,成就了我的今日。

老师,我对您还是有许多歉意,我曾公然在课堂上对您发脾气,特意和您唱反调。您鼓励我说:"你一直都比较懂事,我不管你,你觉着这样就很好吗? 很自由? 还是很快乐? 最后,你毕业了,受伤的还是你,不要任性了孩子,该怎么做你自己决定吧。"这些话语让我醍醐灌顶。

中考时,我自信沉稳地做完所有语文试题。成绩让我特别激动,语文:103.5分！我第一时间给您发了微信。您激动不已地回复:我为你骄傲！自豪！我的心里一阵酸楚:我的老师,没有您,哪来的我今天的成绩！

老师,我们课下会叫您干妈,您用爱和奉献诠释了"春蚕到死丝方尽,蜡炬成灰泪始干"的诗句。遇到您,是我的荣幸！是我们的荣幸！我们都很爱您,我们的干妈老师！

楠

生命中一份珍贵的荣誉证书

那是他们初三上学期的时候,我收到了来自六班送给我的荣誉证书。这份证书外皮精美,里面的奖状并不是打印出来的,上面用黑色碳素笔写着"语文闫春辉老师:在2014—2015年度上半学期,初三六班好老师评比中,荣获'中国好老师'称号"。令我动容的是,在奖状的四周,布满了孩子们的签名,这份奖状是多么的珍贵啊。在我的人生中,奖状也许不多,但这样一份具有孩子们对我的肯定与评价的却是唯一的一个。它没有印章,但那一个个稚嫩的签名却是独一无二的。这份奖状被我珍藏起来,它承载了孩子们的心意。说实话,"中国好老师"这一称号对我的评价过高。我自认为,我只不过是在履行一个教师的基本职责,让自己的良心无悔,不愧对于六班的全体孩子,这张特别的奖状打动着我的心弦。

畅谈心声的微信群

在初四下学期的时候,已经进入中考最后的冲刺阶段。在这期间,我和兆楠还有多多,我们三个人建了一个微信群。里面讨论的除了有关学习的问题,还有他们点滴的进步,更有对爱情、友情、亲情等问题的探讨。我倾听着他们的诉说,我会站在他们的角度给予一定的引导,他们放心地对我诉说着,我是他们最忠实的听众。他们对我说:老师,我们和自己的父母都没有讨论过这些东西,更没有说过这些话。特别感谢孩子们的信任。

参加工作以来,我一直希望课上是学生们的严师,课下我是学生们的朋友。现在我体到了这样的感受,我体会到了教师职业的自豪感。

不知从何时起,六班的孩子不再叫我语文老师而是干妈了。孩子们一声

声的干妈,叫得我心里充满了温暖。"母亲"这个伟大的称呼,孩子们用它这样称呼我。我也有些不解。在课下,我也问过几个学生,为什么这样称呼我。他们说:老师,四年来您无微不至的关怀、诲人不倦的教导、真诚温柔的叮咛一直陪伴在我们的身边。在我们心中早已把你当做了母亲。

四年的时光成了一段冰封的历史。但这回忆的画面却时常在脑海里出现。孩子们,每一位老师都愿意做你们的垫脚石,让你们飞得更高,行得更远!孩子们,我也要感谢你们的一路相伴!

穿行于姹紫嫣红的教育花园,我还愿意做一株默默无语的普通花束,只要心中有爱,相信蜂蝶自来!

与生同行,以爱相伴

姚丽娜

寒来暑往,指间流沙,转眼已走过了十多年的教学之路,同样也走过了多年的班主任之路。鲁迅先生曾说:"教育是植根于爱的。"多年的一线工作,更使我深刻地认识到爱心虽不是教育的全部,但教育之路却要以爱相伴。

"良药"不苦口

教育的爱是公平的。教师对学生应一视同仁,爱得公平,爱得公正。虽然这一点在实际教育教学中很难百分百做到,但我却力争做到这一点,给学生创设一个公平公正的良好氛围。

一年级刚接收新学生,他们虽懒散,却也十分纯真。我欣赏他们的可爱之处,尊重孩子的无知,善待孩子的错误,对每一名学生公平以待,尽量多些宽容,少点批评。如果他们违反了纪律,严厉批评时,我也动之以情,晓之以理,让他们明白错在哪里,更让他们明白这是老师对他的关心与爱护。这样,他们就不会产生逆反心理或歧视情绪,而明白你的苦心。正是师爱才使得这"良药"不苦口。

己所不欲,勿施于人

教育的爱是尊重的。人人都有自尊,初中生自尊心强,我觉得对他们最好的教育应避免严厉批评,给予尊重、抓住关键、说服教育不失为一种好方法。教师用尊重的态度对待学生,即:尊重学生的人格,尊重学生的感情,有礼貌地对学生。这种"尊重"的爱会扭转学生的误区。

我校地处恒山区,部分学生由于家庭等多方面原因行为涣散,缺乏集体

— 113 —

观念,不服从统一管理。

曾经的小赵同学因为与历史老师有误会,总是觉得历史老师故意针对他,而历史老师是一个很严格的人,是发自真心想让他多学知识,只是教育方法不是很适合小赵。所以上历史课他经常说话,故意违反课堂纪律,以这种幼稚的行为报复老师。当得知这一情况后,我并没有马上严厉批评他,而是让他看看、想想历史老师都为我们班的学生做了哪些事,之后我引导他分析了老师这么做的日的、性格及做事方法,最终使他认识到了自己的错误。历史课上,他有了很大的改变,成绩也有了很大的提高。

在不长的时间里,同样的一个学生会有前后完全不同的变化,这就是师爱的力量。老师的爱可以表现为对学生的尊重,给予学生平等的对待。尤其是那些在学习上有困难抑或品行不端正的学生,老师对他们更需要耐心关爱,及时帮助。己所不欲,勿施于人,对待他们的错误,老师绝对不能嘲笑、排斥、讥讽、打击、体罚或变相体罚。"人之初,性本善",没有教不好的学生,老师只要给孩子足够的尊重,足够的耐心,足够的爱心,相信他们一定会有所改变,会有所进步。

春风化雨

教育的爱是细致的。班主任的工作是琐碎的、平凡的、长久的、事无巨细的,这就要求班主任比普通老师要更具有细心与耐心。教师对学生情况要深入了解,对孩子的行为要细致观察,对问题心理要耐心开导,在学习生活中注重学生品德方面的教育。

每当看到有废纸袋或其他垃圾在走廊或操场上时,我都能做到见到即拾起,在保持环境卫生方面给学生做为表率。学校有着严格的纪律要求,服从学校要求学生不迟到、不早退,那么作为班任的我更应做到。我每天都会准时来到班级,多数情况都会提前来到班级,了解班级情况,检查学生学习、纪律、卫生情况。在日常学习中发现他们的闪光点,与他们交心谈心,真诚地关心他们。在学生行为习惯、文明礼仪、思想品性等多方面,我逐步渗透,使学生不知不觉中学着好的样子,逐渐要求进步、向上。

将爱化入平常的每一天、每一点,春风化雨,润物无声。这种师爱对学生日常行为的养成、积极品格的形成会产生长久的影响。

人们常说;"爱是力量的源泉。"教育者的关注和爱护在学生的心灵上会留下不可磨灭的印象。教育的爱同时又是门艺术。我们不仅要能爱,而且要善爱,恒爱,同时还要调动集体的力量关心学生,使学生感到温暖,相互影响、帮助、扩大和深化师爱的作用。

与学生同行的日子,要有爱相伴。让我们用爱为学生撑起一片天空,让学生在爱里不断前行,走出自己的精彩。

从事教育工作已经十几年了,总会有这样那样的学生让你不能忘怀。学习优秀者有之,错误迭迭者有之,处事圆滑者有之,而最牵动老师精力的却是那些"潜能生"。

初二四班有个学生叫王某。他上课时无精打采,要么搞小动作,要么影响别人学习,提不起一点学习的兴趣;下课追逐打闹,上课喜欢动手动脚,作业不做,即使做了,也做不完整,书写相当潦草……于是,我找他谈话,希望他能上课遵守各项规章制度,以学习为重,按时完成作业,知错就改,争取进步,争取做一个他人喜欢、父母喜欢、老师喜欢的好孩子。他开始是一副爱理不理的样子,后来口头上答应了。可他又一如既往,毫无长进,真是"承认错误,坚决不改"。一周过去,我的心都快冷了,算了吧,或许他是根"不可雕的朽木"。但又觉得身为科任,不能因一点困难就退缩,不能因一个后进生无法转化而影响整个班集体,必须面对现实! 我内心一横:不转化你,誓不罢休。他无进步,或许是他并没有真正认识自己的错误,没有真正要做个他人喜欢的人的念头。

为了有针对性地做工作,我决定先让他认识自己的错误,树立做个受人喜欢的人的思想。于是我再次找他谈话,谈话中我了解到他的内心世界。我心里一喜,让他认识错误的机会来了。我轻声问他:"你为什么会恨那个老师?"他不好意思地回答:"因为她常常批评我。"我顺着问:"老师为什么会常在课堂上批评你,你知道吗?"他说:"因为我常违反纪律,没有按时完成作业,书写也不工整……""你已经认识了自己的错误,说明你是一个勇于认错的好孩子,但是,这还不够,你觉得应该怎样做才好?""想改正错误吗? 想做一个受他人欢迎的孩子吗,你要怎样做才好呢?""我今后一定要遵守纪律,团结友爱,认真完成作业……""那你可要说到做到哟!""好!"在接下来一段时间我上课总是第一个提问他,班级内的同学总是问我老师你怎么总是

提问他呀？我们班的同学都有意见了，我说我是为了帮他改正错误提高他的成绩呀。

两个月下来，他无论是在纪律上，还是在学习上，都有了明显的进步。当他有一点进步时，我就及时给予表扬、激励他。使他处处感到老师在关心他。他也逐渐明白了做人的道理，明确了学习的目的，端正了学习态度。特别是在我的提问下他的成绩有了很大的进步，由原来的不及格，期中考试拿到了82分的成绩。我自己感到很欣慰。在我的努力下他的成绩有这样大的进步我很高兴。

在老师和同学们的帮助下，他自己的努力下，他各方面都取得了不小进步。他学习上更努力了，纪律上更遵守了，劳动也更积极了，成绩也有了很大的进步。

看到王某同学的进步，我欣慰之余，又有反思。作为教育工作者，我们不能轻言放弃一名学生，因为他们是我们生命历程中奏响的精彩音符，他们的成长让我们的工作更有意义，让我们的生命更有价值。

让孩子拥有一个健全的人格

郭晓凤

于某是一个学习优秀,但性格有严重缺陷的学生。瘦瘦高高的身体,并不强壮,却因脾气酸急而屡次与同学发生冲突,甚至大打出手,被同学报过案。板凳操起过,花盆举起过,班级因他打仗被评为不合格班级。老师、同学都不愿与他交往,怕有冲突,这是一个多么令人头痛的学生啊!

他初来我班,因学习成绩好,人也热心,很快成为班级骨干分子,师生关系融洽,生生关系亲密。可不到两个月,有一天,突然有一个自称是于某的舅妈的人来办公室找我,求老师劝于某回家。事情原来是这样的:于某想买一件生日礼物送同学,家长说买便宜一点的就行,可于某却非要买个贵的才可。父子俩没说到三句话就争执起来,父亲操起了炉钩子,于某发誓不登家门。一连一个多星期在同学寝室住。母亲整日地担心他,卖货都魂不守舍,钱上、货上总出错。父亲倔强地不去找,只好舅妈出面找老师帮忙。我也趁机向于某的舅妈了解了于某的成长过程和家庭情况。于某的父亲是一个脾气急躁的人,不只对孩子没耐心,对七十多岁的老妈也动辄呵斥,亲戚、邻居都知道他酸。于某也是跟父亲一个模子下来的,不只是外表身材长得像,脾气也一般无二,从小就被人叫作酸脸猴子。天性遗传的性格加上不良的家庭氛围,于某就养成了一个错误的解决问题的思维习惯,即:凡事三句话不到就脸急。于某的母亲只有整天地赌气、忍耐,毫无办法。于某小的时候,做错事或成绩不理想,回到家必遭父亲的雷霆暴雨,于某小时候还只是怕,上了高中,站起来和父亲一样高了,再也不受父亲的呵斥和暴打了,爷俩撒过菜刀,抢过板凳,摔过杯子……

我想这件事表面是买礼物的争执问题,实则是处事方式的问题。要想解决于某的问题,不仅要做于某的思想工作,也要做他父亲的工作,哲学上

讲内因起决定作用，外因也不可忽视。如果没有于某父亲的处事方式的改变，那么父子之间的冲突还会发生，这样就会严重影响于某的情绪，进而影响于某的学习，而且对于于某健全人格的形成、良好修养的养成都是一个障碍。凭我的经验，于某极可能在与人相处时频繁地发生摩擦。此次工作不能只停留在劝于某回家上，我应该做些防患于未然的工作。

如何让于某有一个健康稳定的心理，我想，改变父子俩处理问题的方式至关重要。我于是请来了于某的父亲，我跟他谈了遗传、环境是于某性格形成的主要原因，如果父子之间都相处不好，那么，于某可能很难与别人相处好。"性格决定命运"这句话是有一定道理的。如果不想让他的儿子今后因性格缺陷而导致人生失败的话，那么就请从父亲做起，给孩子一个好的环境和好的榜样。于某的父亲很惊讶，因为以往老师大多只是谈学生，没想到我这次是谈他自己。因为我深知"江山易改本性难移"，于某的父亲过了半辈子的脾气岂是一时因老师的一番话就能改的？但几乎所有的家长都会为孩子不惜牺牲一切，所以，我又谈了很多孩子的性格与成长关系的话。我深知：为了帮助学生就应从家长工作入手；为了让家长改变，就应从学生谈起。以孩子为切入点做家长的工作容易见效。之后，我又和同学们做了于某的思想工作。

对学生做的工作起了作用，学生回家了。我的家长工作同时也收到了效果，谈话过后半个月，我问于某父子关系如何，他说："我和父亲昨天还合作把自家的水管修好。"同时脸上洋溢着天真的微笑。我在他的阅读笔记中写道：你体会到父亲的笑脸给你带来了什么吧？请把你父亲前后不同的态度和带给你的不同的感受对照一下，想一想你的身上是否有你父亲的身影？如果有，你该怎样做？这些话启发了他。于某态度很诚恳地表示，他应该改变性格，加强修养。我心里非常高兴，甚至自鸣得意，我不仅可以很好地处理已出现的问题，而且有先见之明，主动出击，也许我已避免了一些有可能发生的事情。我只要坚持给他敲警钟，慢慢来，会改变他的。但紧接下来发生的事让我气愤不已，他就像一颗不定时的炸弹，随时爆炸。

一晃，一个学期快结束了，窗外纷飞的落叶飘舞成漫天洁白的雪花。为期末考试而拼命苦学的学生们望着今冬飘然而至的第一场雪兴奋不已。打雪仗是必需的了。

可是上午课间的雪仗到晚上就变成了战争。于某又和一个叫吴某的学生打了起来。因上午打雪仗于某吃了亏，晚上他就找了一伙哥们在放晚课时在楼门口把吴某打了。其中一人举起花盆砸在吴某的后背上，吴某报了案，后经双方家长协商，撤了案，改由学校处理。

我愤怒得真想开除于某，这是我当时唯一的想法。可静下心来一想，他是一名特长生，离开四中，很难再找到这样好的文化课和特长兼顾的学校，他极有可能放弃特长。如果是这样，那么孩子的个人兴趣岂不断送？也许甚至影响他一生的专业选择。而且教师不仅是教学中知识的传授者，更是学生人格心灵的塑造者，对于于某的非智力能力的培养，我做得还不成功。

春风化雨滋润蓓蕾
三尺讲台桃艳李芳

——让爱走进学生心房

李继波

古语说："亲其师,才能信其道。"许多好学生的形成与成长都是教师积极评价爱心付出的结果。因此师生间心与心的沟通,情与情的交流在学生成长的过程中就非常重要。这个过程不仅是学生情感、态度、价值观形成、变化的过程,也是教师自我约束、自我提高的过程。

案例一:心灵之花盛开 使我"欣"花怒放

我从毕业后开始做班主任工作,班主任生涯,给我留下了许多难以忘怀的东西,每每想起来就充满了幸福感。当然这种幸福感只有亲身经历了你才能感觉到,它是由辛苦、欢乐、成功、尊重、甚至被欺骗所构成。记得2006年秋季,我刚接的班级发生的一件事,着实让我感受到了班主任的幸福字典里还应包括被欺骗的含义。

事情是这样的,王×,一个细高身材,长相标致的女孩。这个女孩是旷课老手,是网吧的常客。但她的品质不坏,在她的眼中我能看到她眼睛深处所蕴藏的火热。于是我决定和她的家长进行一次谈话,以便更好地督促她。在我和她说起这番话时,她先是回避逃脱,极力推塞,一番周旋之后,她终于同意了。第二天下午,一个自称是她父亲的中年男子走进了办公室,我热情地接待了他,并把王×也叫到了身旁,一番寒暄之后我向他询问了一些有关王×的基本情况,他反应得很慢而且表情麻木。我觉得不太对劲,但我还是把王×的一些基本情况如实客观地进行了汇报,并对王×的外交能力、大胆、为人热情等优点做了充分肯定。之后,我又补充说:"王×是一个很诚实的学生,如果她能脚踏实地地攻于学业,今后她一定会前途无量的。"为了对她进行更好的约束,我和王×在她"爸爸"的见证之下签了一个协议,包括以后不许旷课,有事、有病必须请假,努力学习等。第二天,我发现王×的眼神中挂着久违的自信和微笑。上课认真听讲,也不趴桌子睡觉了(据说原来她上课特爱趴桌子睡觉)。我窃喜,我想也许是积极评价在起作用了,看来经过他人之口去表扬一个人真的比面对面的表扬好。之后的两天,她情绪高涨,我心情愉快。一个星期就这样过去了,下个星期她还会来上课吗?上课时她会精神抖擞吗?我从心里期待着。

周一,我怀着疑问和希望迈进了班级,我希望看到她的影子,然而她的座位又空了。我顿时心里一凉,看来教育人的过程不是一朝一夕的事。整个上午,我心里一直在想这事。她又去干什么了,真的是旷课,我不愿相信,上次不是说得很好吗?还不到一星期,怎么可能呢?能不能是病了,或者家里有急事。如果她真的又是旷课,我该怎样处理呢?让她再找家长,不行。家长刚来过,也不能总找家长。给她停课,停课后怎么办,让她继续重复写没有效果的检查?我决定还是先调查一下再说。我找来了班长,向他询问一些有关王×的事,他却说:"老师,你别管她了,没用,她上次雇的是出租车司机,根本就不是她父亲……"我的心顿时如刀割一般,这验证了我的预感,但我又不敢相信,毕竟被人欺骗是很伤心的事,更何况她是你付出很多心血的学生。我该怎么办?是直接点破还是假装不知。苦思良久,我还是选择了后者。当天晚上,来了一个电话,一个稚嫩的男音(听上去只有14~15岁左右),自称是王×的哥哥,替王×请假,我知道这又是一个欺骗,但我冷静地表扬了王×的优点后,给出了一个很坚决的要求……明天她必须上学。

第二天,她真的来了,我把她叫到办公室,对她说:"王×,你欺骗了我。"她一怔,马上说:"没有,老师。"我说:"你第一次找的是出租车司机,第二次是一名初中生,对不对?"她怔怔地看着我,眼神渐渐暗淡下来。我心里一亮,她认识到自己的错误了,于是我放下被欺骗这件事,把话题转向她身上的优点。诚恳地对她说:"王×,老师一直认为你是一个知情知意、诚实守信的人,虽然你的成绩不是很好,但做一个诚实的人要比优异的成绩更重要,请记住:'天生我材必有用',我仍然相信你,而且相信你能做得更好!"她重重地点点头,向我鞠了一躬走了。看着她离去的背影,我好像看到了希望。

经过这两次之后,她真的好多了,不旷课了,上课也很少睡觉,而且还能把书拿出来,尝试着背英语单词。这件事已经过去很久了,但我却不能忘怀,它让我懂得了宽容、信任和激励的重要。同时更让我明白了美德在她世界观形成期间有多重要。也许你今天的假定就是她奋斗的目标,是她明天成功的希望。莎士比亚曾说过:"假定他有一种美德,假如他没有。"我想这个假定就是给他一种信任,一种希望吧!

十几年的班主任生涯使我对班主任有了更深刻的认识,在我升级为母亲之后我能体会孩子对母亲的依赖之情,所以,在工作中我不只是一位班主任,更是一位爱护孩子的母亲。只要有付出就会有回报,在付出深沉的爱之后我也收获了学生的孺慕之情。

案例二:内心正气浩然 使他"权"面发展

每个学生身上都有他闪光的地方,班主任要用智慧的双眼善于捕捉,抓住契机教育学生,收到的效果是斐然的。我班的孙×同学,性格内向,不愿与人沟通,学习成绩不理想,就是这样一个很不容易引起老师和同学注意的学生,做了一件很多同学都做不到的事情。他在寝室捡到700元钱,交给了我,后来发现是同班同学张××丢失的。在与这个学生交谈后才知道,他的家庭条件很不好,父亲残疾,母亲精神有问题,这种情况下他还有拾金不昧的精神真是难能可贵,于是我抓住这一教育契机,在班级组织了"向孙×学习"的主题班会,当老师和同学们的掌声送给他时,他的脸上露出从未有过的自豪、幸福的表情,这件事情过后,他变了,性格开朗了许多,学习成绩也上升了,更给其他同学做了好榜样

教育是一门科学,科学的意义在于求真。做班主任工作,只有热情是不够的,只有不断学习,提高自身素质,用人格魅力管班,用知识魅力带班,才

能适应新形势下的班主任工作。我时刻没有忘记自己要做一个学习型教师,在家中和办公桌上始终有班级管理和教学方法理念两种书籍,我利用业余时间,如饥似渴地翻阅着,我深深知道,多看书学习,汲取源头活水,才能使自己的观念、思想、意识与时代合拍,使自己的工作常做常新。

我国著名的教育家霍懋征曾说:"没有爱就没有教育",我将在这条爱的教育路上执着如初,奋然前行。我更希望自己能像著名教育家于漪那样,以自己的为师之道、人格魅力、学识修养滋花树蕙,恩泽莘莘学子。

拨动心弦,"朽木"可雕

田永平

　　班主任,虽说是最小的"主任",却在育人的岗位上发挥着不可替代的作用。面对各种各样的问题学生,班主任需要具备卓越的教育智慧,才能塑造出健全的人格。那么,如何具备教育智慧呢? 归根到底就一个字——爱,因为有爱才能走进人的内心,从而达到预期的教育目的。

　　我们班有个孩子叫韩佳宇,刚接班时就发现他学习懒散,上课不认真听讲,还爱做小动作,作业也不及时完成。家长对孩子寄予很大希望,可他就是不认真学习,这可急坏了家长。作为班主任,我多次找他谈话教育,但收效甚微。为此,我很忧心。

　　后来,我了解到他的家庭情况,他生活在单亲家庭中,奶奶80多岁,妹妹在小学读书,父亲做挖煤工赚钱养家,每天早出晚归,无暇照顾他的学习。靠家长约束他恐怕很困难了,我想这可能是他缺乏自律性和良好的学习生活习惯的主要原因吧。于是,我想到,只有唤醒他的责任意识,从而主动进行自我约束和管理,才有可能真正改变他。

　　又一次,英语课代表向我反映,韩佳宇的英语作业没写,课堂上不认真听讲,这次,我没有训斥他,而是把他父亲请到班级,上了一节班会课。首先,我请几名学生代表总结近期的班级纪律学习现状,然后,要求每个学生写出自己的学习目标,我特意让韩佳宇说出他的学习目标,他一副漫不经心的样子,不屑地说了句"我没有目标"。这时,我请韩佳宇的父亲说说家长对孩子的期望,"我希望韩佳宇能有出息,将来过得比我强,不用再像我一样没文化,只能做苦工……"韩佳宇的父亲说着,热泪盈眶。韩佳宇听着,眼圈也红了。我趁热打铁,问道:"同学们,看看韩佳宇的父亲,再看看韩佳宇,谁穿得好?"同学们异口同声地回答:"韩佳宇穿得好。"我接着说:"父母省吃俭用,吃苦受累,为了谁啊? 我们拥有这么好的学习条件,有什么理由不好好学习呢? 不认真学习,对得起父母吗?"同学们都低下了头,有的哽咽着,韩佳宇已经泣不成声,他主动走上讲台,拥抱着父亲说:"爸爸,对不起,我太不懂事了,我以后一定好好学习,不辜负您的期望!"同学们不约而同地为韩佳宇鼓起掌来……

那节课以后,我看到了同学们的变化,尤其是韩佳宇,不完成作业的名单上不再有他,上课能认真听讲,课间也会讨论学习问题,期中考试全班的成绩都有很大进步。

要教育好后进生,班主任起着主导作用,但班集体的影响、任课教师的协助、家长的配合以及社会的支持也是非常重要的。平时注意教育班上的学生,特别是班干部,不要歧视、厌弃后进生,而要热情关心他们,表扬他们点滴的进步,要形成团结友爱的班集体,使后进生感到集体的温暖和力量,增强上进的信心,使其在团结友爱的集体中向好的方面转变。作为班主任,我始终正确看待每一个学生,积极对待学生的每一个闪光点,施以恰如其分的鼓励和表扬,各科任老师也能热心配合,使得每一位学生能安心于课堂的学习,把后进生的厌学、逃学情绪抑制在一个最低点上。

此外,我经常利用微信和家长取得联系,了解学生在家的表现,将学生每取得的一点进步都及时告知家长,让家长回到家中也对孩子进行鼓励。这样一来,使他学习上也有了信心,从内心深处感到老师和家长都在为他加油和鼓励,还有什么理由不去好好学习呢?

一个后进生的转变,需要我们细心地去观察,对症下药。需要教师付出爱心,需要付出辛勤的劳动和智慧,动之以情、晓之以理、持之以恒。只要我们拥有一颗真挚的爱心,相信:朽木可以雕,点石会成金!

让音乐释放应有的光彩

周　辉

　　春去秋来周而复始，而岁月却是如流水一样一去不复返了。作为一名音乐教师多年来为人师表，在三尺讲台上不断地演绎着自己的故事，许多都已随着时间的流逝而渐渐淡忘，但也有一些就如同树根一样深深地扎在了我的心里。

　　2007 年的秋天我被安排任教初二学年的音乐课，当我满怀着热情来到班级的时候，看到的是好多学生在埋头做他们的作业。我走上讲台，说："上课。"班长即时喊起："老师好。"可是许多学生仍然在写他们的功课。顿时，我的自尊心受到了极大的损伤，于是命令说："同学们，请立刻把与音乐课无关的东西收起来。"大家这才很快地收起作业。可是其中有一位同学仍旧在那里写着作业，似乎没有听到我说的话。我走到他眼前有些怒气地说："再不收起来我就没收。"他翻眼瞪着我："没看见我在收吗？"我说："还不快点，全班同学都在等着你。"我强忍着怒气，开始上课了。可是在唱歌的时候，他却不停地摆弄着手中的笔，他那一副心不在焉的样子，深深地刺痛着我的自尊，我故意叫他起来唱歌，他站起来就说："不会。"我强忍怒气，叫他先站着，然后我唱一句叫他跟一句，他依然说："不会。"我当时真是给气得火冒三丈，但为了不影响教学的进行，我强忍怒火，叫他先坐下来，继续上课。下了课我立刻找他独自谈话。你为什么对老师这个态度？你上音乐课怎么能做别的学科的作业呢？叫你跟老师唱歌，故意说不会，是在和老师怄气吗？不是，我只是不喜欢上音乐课！那你喜欢上什么课？语文、数学、英语？是的！我说：你不是不喜欢音乐课，而是你的心坎深处，并不觉得音乐是一门重要的学科，对吗？所以音乐老师在你们的眼里也是不值得尊敬的！不是，那是为什么？他不答复。我知道你是个学习不错的学生，我想你也是个有素质的好孩子,应该知道尊敬师长,假如换成你是老师,我在你上课时做别科目标作业,你提出问题我总成心说不会,你心里会好受吗?你会怎么做?他不说话了,我就凝视着他也不说话,故意给他反省的机会,过了一会儿,他的头渐渐地低下,眼睛也不敢再看我,仿佛意识到自己的过错,说:不好受。那么以后上课不要再呈现这种情形了,好吗?他点头。看到他认识到了自己的错误,便和他平心静气地谈了许久,首先我也承认了老师的态度过于严厉,同时也让他清楚地认识到:素质教育包含很多方面,音乐也是素质教育的重要组成部分,与语、数、外相辅相成,一个人不能只知道学习和考试,礼貌也是权衡一个人的素质尺度。他低下了头:老师,我知道我错了请原谅我吧。

对这件事我的感触很深,一直以来,音乐课被称为副科,不被学生和家长重视,但随着素质教育的不断深入,音乐在发展学生智力等方面占有着不可估量的重要作用而逐渐被大家所重视。而作为一名音乐教师如何不负众望,更好地完成好教学任务,最大限度地让音乐放射出它应有的光彩,这将是我在以后的课堂教学实践中不断思考与实验的课题。

"捧着一颗心来,不带半根草去。"陶行知先生的真知灼言,言犹在耳。我深感一位人民教师的责任,也深感一位人民教师的光荣,作为一位人民教师,只有勇于进取,不断创新,才能赶上时代的步伐、取得更大的成绩。作为一位人民教师,只有爱自己的学生,像爱自己的孩子,尽情欣赏学生的创造,才能感受人生的幸福。

教学篇
之教学实践与研究

语文教学策略浅谈

冯 英

　　教学策略在课堂上的使用可以大大提高教学效率,激发学生学习语文的积极性,促进学生听说读写能力全面的提高,还能培养学生应用能力和动手实践能力。

　　在十五年的教学实践中,我逐渐意识到,语文教学绝不应该是为了应试教育而学,而是为了一种养成、一种习惯、一种享受,一种传播。每个民族说到自己的语言都是自豪的,骄傲的,所以说语文教育的影响是深远的。在全球汉语热的今天,汉字之花开遍了全球,作为华夏儿女的我们,有着五千年的文明与历史,新的时代,新的契机,怎样讲好中国话,怎样写好中国字绝不是一句空话,而是实实在在的影响,是真真切切的表达。在 YOUTUBE 的视频网站上,各种学习汉语的 APP 都在被全球网友使用,基础的拼音汉字教学就像万丈高楼的基石,奠定着基础。而汉字书写的软件也在广泛使用,在感叹科技发达的同时,更应该感谢我们的语言,我们的民族文化象征,让世界了解到,中国的魅力与美丽,中国的历史和将来,中国的风景与美食。

　　初中是最重要的语文学习阶段,我们不光要传授语文基础知识,还要激发学生学习语文的热情,培养学生学习语文的兴趣,从生活中学语文,在活动中用语文,在语文创设的知识海洋中遨游,在读书的道路上前行。在平时的语文教学中就不应该是一板一眼的讲解字词,生硬地朗读课文,完成课后习题,这样的填鸭式教学只会挫败学生学习语文的热情,打压孩子的积极性,阻碍了学生对语文的美好向往和语文发展空间的无限可能。那么初中语文的教学策略有哪些呢? 什么样的课堂能够让语文最大化地放射自身魅力呢? 美国心理学家艾伯特·梅瑞宾的实验表明:信息总效果 =7% 的文字 +38% 的声音 +55% 的无声语言。所以有效的教学策略就显得尤为重要!

对比中美教学的差异，不难发现，中国孩子的勤奋是有目共睹的，可是在表达与创意中就远远不及。我常常在想，我们派了最优秀的教师来学习先进的教学策略，教授中文，那么如果改善我们的教学策略来进行国内的语文教学，可能会有更大的帮助。现结合自己的做法，浅谈一二：

一、探究性问题——头脑风暴法的使用

在探究问题时，头脑风暴方法在语文教学使用上效果尤为明显，头脑风暴法（Brain Storming），又称智力激励法、BS法。它是由美国创造学家 A. F. 奥斯本于1939年首次提出，后来正式发表的一种激发创造性思维的方法。它是一种通过小型的组织形式，让所有参加者在自由愉快、畅所欲言的气氛中，自由交换想法或点子，并以此激发与会者创意及灵感，使各种设想在相互碰撞中激起脑海的创造性"风暴"。它适合于解决那些比较简单、严格确定的问题，比如名称、广告口号的多样化研究，以及需要大量的构思、创意的行业，如广告业。

在语文教学中，适合此种方法的内容为以下几种题型：1. 宣传标语；2. 仿写句子；3. 口语交际；4. 概括小标题；5. 给阅读段加题目；6. 道理论据、事实论据；7. 最后一道阅读题关于主旨的发散性问题；8. 辩论赛；9. 演讲。

头脑风暴法的操作程序为：1. 准备阶段；2. 热身阶段；3. 明确问题；4. 记录学生的思想；5. 畅谈阶段；6. 解决问题。

在课堂中，我们多设置为几个小组，五人或六人一组，抛出问题后，各组明确问题，进行思考、探究、畅谈，一人记录，尝试解决难题。要求他们必须遵守以下原则：

第一，自由思考。即要求尽可能解放思想，无拘无束地思考问题并畅所欲言，不必顾虑自己的想法是否"离经叛道"或"荒唐可笑"。

第二，延迟评判。即要求不要对他人的设想品头论足，不要发表"这主意好极了！""这种想法太离谱了！"之类的"捧杀句"或"扼杀句"。

第三，以量求质。即鼓励学生尽可能多而广地提出想法，以大量的设想来保证质量较高的设想的存在。

第四，结合改善。鼓励学生积极进行智力互补，在增加自己提出想法的同时，注意思考如何把两个或更多的设想结合成另一个更完善的设想。

效果:学生的创意得到最大的体现,通过与他人设想的融合学会了整合资料,分析思考,并学会了合作。

二、基础知识学习上教学策略的运用

语文教学一直很重视字音、字形、词语含义、文学常识等基础知识的积累。那么怎样有效并持续地激发学生识记的兴趣呢? 除了最常用的听写和小测试,有以下几种教学策略:

(一)化静为动

1. 字卡词卡的使用:我们在教学生词时,学生的预习显得尤为重要,课前对预习检测的策略有以下几种方式:

(1)词语解释大家族:由学生扮演词语并进行动作表演,不允许说含有词语的发音,其他学生来猜,猜对给予各小组相应分数。效果:扮演的学生通过自己的体会并表演,完全识记住词语音形义,竞猜的学生绞尽脑汁,对猜对的词语印象深刻,没猜对的词语耿耿于怀,而且有相应分数,保持了趣味性和竞争力。

(2)将字卡词卡贴在黑板上:由学生来朗读,拍打词卡最快的学生得到相应分数,或由学生来解释词语,拍出词语最快的学生得到相应分数。

(3)由学生解释词语,一学生在黑板前用水写布书写相应词语,笔顺错误、标音错误的同学都得不到分数,只有全对的得到相应分数。

(4)将所学词语编在一段话中,进行情境教学和朗读,不失为一种好方法。

(5)用词语创作简单的拍手歌或诗歌,或对仗工整的句子,或仿写句子,有效应用。

(6)制作手工及图画作品,与主题相关,如教师节的贺卡,儿童节的图画、母亲节的手工制作或手抄报。

(二)化抽象为具象

1. 搜集整理资料以便更充分地了解作家以及作品相关内容,对资料进行整合梳理,让学生记录在课堂笔记上,印在脑子里,不失为一种传统的好方法,另外,如果学生能够将搜集的图片展示给大家并配以讲解,不但了解了作家作品,还提高了语言表达能力,更展示了自己的风采,增强了学习语文的自信心!

2.扮演作者:如学习鲁迅先生时,扮演作者深夜创作及以笔墨为刀枪,与反动派斗争的情景,不但具有生动性和形象性,还很好地把握了作者的为人、风格和作品的特点。

3.电视节目的融合:在网络和电视如此流行的时代,借用一些比较火的节目,更能抓住孩子的心,如鲁豫有约、诗词大会、中华美食、舌尖上的中国、国家宝藏等等,以新闻记者、导游、旅行者的身份进行多角度的学习,有趣又好玩,我在实际的课堂运用中收到了特别好的效果,每一个采访者、被采访者、扮演者、旁白等都在角色的认识和扮演中走进了作者作品,每一个观看者都意犹未尽,都期待下次的节目中有自己的身影。

(三)化文字为歌曲

1.在每一单元教学中,都有一个主题,与之相关的歌曲和视频更能表达出文章的情感,取得学生的共鸣,如爱国为主题的内容,《我和我的祖国》《中国人》《爱我中华》,抖音上流行的歌曲《我爱你中国》都是不错的素材,在讲授《黄河颂》时,《我们是黄河泰山》《黄水谣》《黄河怨》《保卫黄河》都是铿锵有力的歌曲,恢宏震撼,在母爱的题材中,《妈妈的吻》《鲁冰花》《妈妈的歌》《母爱》《烛光里的妈妈》《真的爱你》《童年的小摇车》等,在讲授《百草园与三味书屋》与《羚羊木雕》《爸爸的花儿落了》等童年故事时,歌曲《童年》《好爸爸,坏爸爸》《父亲》《蜗牛与黄鹂鸟》《七子之歌》《虫儿飞》等,学生都非常喜欢。

2.另外在歌曲的歌词学习时,也能很好地学习一些汉语的写作知识和语法结构,如"保卫家乡、保卫黄河、保卫全中国",就是典型的动宾短语,还运用了排比的修辞手法,歌词"爱我中华,爱我中华",就是运用反复的修辞手法,"袅袅炊烟,小小村落",就是对偶的手法,《七子之歌》中"我离开你太久了,母亲"就是典型的心理描写,周华健的《朋友》"一句话,一辈子,一生情,一杯酒"以及"我们都有一个家,名字叫中国"就是很好的比喻写法。在我们的语文课堂上,适时地运用歌曲歌词,不但有利于熟悉语法结构,学习写作知识,也烘托出很好的课堂氛围效果,极大地激发学习的热情!

三、文化活动的开展

在语文教学活动中,文化活动的开展可以有效激发学生学习的热情,定期开展读书交流活动、演讲比赛、阅读大赛、诗歌原创大赛、书法比赛、走遍中国、国家地理、手工剪纸活动、图画展览、广播电台、手抄报展览以及民族歌舞展演、采访活动都能丰富语文的学习,了解语言及民族的魅力,在实际运用中活学活用,提升语文素养,提高表达能力、组织能力和综合策划能力。

　　教学策略的使用还需要教师的教育机制,随机应变,更多的教学策略的开发和使用将会促进学生学习语文的热情,愿学生在语言学习中体会到文字的乐趣,写作的惬意!

浅谈新课改下如何打造高效政治课堂

管立红

新课改的背景之下,思想政治教学面临着很大的挑战。思想政治课作为中学生的一门必修课程,提升其教学有效性尤为重要。因此,本文主要讲述了提高思想政治教学的有效策略:转变教师的教学理念,提高教师自身专业素养,创新课堂教学模式。

一、转变教师的教学理念

面对各种文化的冲击,有些学生对思想政治教育中的道德观念发生很大的转变,对社会的责任感、正义感、诚信感明显下降。也有些学生学习的积极性、主动性和创造性被束缚了,在教学互动中生成的课程资源被忽视甚至被压制了。针对现在思想政治教学中存在的问题,教师要加强学习,学习新课程理念,着重理解新课程的内容标准,转变教学理念。

作为政治教师,教育教学理念也应与时俱进。当下的政治教师已经不再是单纯的传授知识,教师的劳动也不再是机械的、重复的,同时也要认识到,教师也不再是学生知识的唯一源泉,而是各种知识资源的整合者、组织者、协调者。在教学过程中,作为老师,我们要意识到,课堂的主人不再是我们自己,要让学生变成教育和学习的主体,变成课堂的主人,教师在课堂中只是对学生起到辅助作用。

政治教师要不断转变自己的教学理念,不断地改变自己的角色,在思想政治教学中,要提高自己和学生的思想觉悟和意识,不但要从语言和行为上感化学生,教育学生,还要和学生进行有效及时的沟通,比如说互相探讨思想政治课程的知识内容,比如答疑课下学生生活或情感的困惑。

教师作为一个传递知识的人,其综合素养与其传授效果有很大的联系。

所以,教师要想提升自身的课堂质量,首先要从自身的完善入手。

二、提高教师的专业知识和道德素养

教师走内涵发展之路,是国家教育改革和发展的趋势和潮流。教育要发展,首先教师要发展,在这个知识爆炸时代,教师要不断地提高自身的综合素养,夯实自身的专业知识和提升自身道德素养

(一)夯实自身的专业知识

从事思想政治教学工作教师,必须掌握一定思想政治教育科目的专业知识,重视思想政治教学的工作,要有扎实理论实践知识的功底。教师掌握的知识应该大大超过教学大纲的要求,教师不但要提高自己本学科的专业知识,还要涉猎其他学科领域的各种知识。教师要不断地学习,不断充实自己知识的储备,以适应教学工作的需要。教师有了丰富的知识,才能更好地理解教材,灵活地处理教材,更加精准地教授教材,做到拓宽视野,深入浅出,使思想政治课达到事半功倍,增强课堂的实效性。

(二)提升自身道德素养

《论语·子路》载:"其身正,不令而行;其身不正,虽令不从。"古今中外的教育家都强调以身作则的重要性。作为新时代的教师,首先要做到以身作则,要求学生做到的,自己首先应做到,只有这样,才能发挥教师身正模范的作用,教师的言传身教对学生的影响起着潜移默化的作用,减少一些负面形式的因素,传播一些正能量的东西,要运用自身的素养和人格魅力去感染学生。正人先正己,教师必须以高尚的品质引导学生,用高尚的言行举止带动。这样,学生才会信其师,信其道,课堂效果才会更好。

三、创新思想政治课教学模式

新课改背景下,教育工作者应重视教育方式的改革。当下已经有许多学校开始引进多媒体技术进行教学,除了为学生展示一些图片、视频,还可以举一些丰富的案例。利用这些网络资源有机地将课堂生动地串联起来,激发学生的学习兴趣,让学生更好地理解课堂上所讲述的内容。除此之外,笔者结合自身两年的教学经历,探究和实践了一些较为有效的教学模式,比如合作学习、情境教学、自主学习等。这些都不同程度地激发了学生的学习

主动性和自觉性，一定程度上提升了思想政治教学质量。比如，在情境教学中，教师还应积极利用生活中的元素，展现课堂内容。因为任何理论都离不开生活实际，所以在讲政治内容时，可以鼓励学生去亲身体会，然后总结感悟，情感升华。还可以用翻转课堂、微课堂等方式来进行教学，这样能使我们的教学工作达到事半功倍的效果。

增强思想政治教学实效性，我们不仅要加快现代教学方式的改革，还要及时地更新和思想政治教育手段相关的软件和硬件。对于教学中采取何种模式和方法，教师要依据学情、教学内容等做到具体问题具体分析。还需要教师与时俱进，探究新的教学模式，改变以往那种"填鸭式"的灌输性教育，实现课堂从枯燥走向灵动，最大限度地激发学生学习的主观能动性，这样往往能带来思想政治课理想效果。

总之，思想政治教学效果的好坏直接影响到了中学生的未来发展，因此，转变教师教学理念，提高教师的专业知识和道德素养，创新教学模式，增强对思想政治课程的吸引力和实效性，打造高效政治课堂迫在眉睫。

浅谈数学概念教学中的能力培养

郭金凤

概念的教学是数学课程教学中最基础的环节。我认为数学概念与规律的教学应该是在打破"题海战术"的基础上提出来的,它包括对数学概念要点的提出,对数学概念与数学规律教学之间的关系分析。

概念教学历来都是中学数学教学的重点,传统的概念教学是填鸭式的强化记忆式的教学,而在新的教学模式下,数学概念的教学注重概念的引入,强化概念的真正本质,注重学生在学习中亲身经历概念的形成,在轻松愉悦的氛围下,接受和理解概念的本质。

下面我从数学概念入手,来谈一下在数学概念的教学中,培养学生数学逻辑思维能力。

在概念教学中应把学生应用数学的思维放在首位,注重概念的生成过程,使学生在概念的生成过程中,掌握概念的精髓,并把它转化成自己以后计算、解答、证明的依据,这个过程也是培养学生创造性思维和逻辑思维能力的良好经历。因此,在教学中要对数学概念的教学给予足够重视。

一、概念的引入渗透逻辑思维能力

牛顿曾说过"没有大胆的猜想,就做不出伟大的发现",任何科学的发展都不是绝对真理的单纯积累,它是在充满了猜想与反驳的过程中不断地发展和完善的。科学首先需要的就是大胆的猜想,然后是小心地验证。猜想在数学里是属于发挥式想象,它是推动数学发展的强大动力。引入是概念教学的第一步,新颖的语言,生动的引入,能使学生迅速进入学习意境,它既能吸引学生,使之全神贯注,又能启发学生思维,使之兴趣盎然,积极参与。

二、概念的自我形成中培养学生能力

形成概念是教学中重要的一步,这个过程应该让学生自主探索,让他们通过对具体生活的感知,用他们自己的头脑亲自去发现事物的本质属性或规律,然后辨别,归纳,总结,从而获得新的概念。在概念形成的教学中我一般采用引导学生先猜想概念,而后在猜想的基础上进行验证、发现、最后让同学自己总结归纳概念。如在学习《平行四边形的面积》时,学生在做出种种猜想之后进行操作:小组合作把平行四边形剪、拼成一个平面图形,找出新图形和原图形的面积有什么关系,再推导出平行四边形面积的计算公式,从而验证猜想,学生认为,在整个的教学过程中,是他们自己提出了猜想,又动手实践,验证了他们的猜想,这个平行四边形的面积公式是他们自己总结出来的,觉得很有成就感,把自己变成了学习的主人,从而激发了学生在学习中的主动性和创造性。

要让学生有所发现必须创设好的情景。如学习《相反数》,我给学生提出了这样一个问题:请同学们找一种理由,将 -10、$+9$、-9、$+10$ 分成两组,学生分的组有几种情况,我让按每一种情况分组的同学来回答,根据什么这么分组的。学生回答有的根据符号,正的一组,负的一组,有的根据符号后面的数值来分组,含 10 的一组,含 9 的一组,然后我提问,一般的一个数由几部分组成,学生回答,两部分,再问,哪两部分,回答符号和符号后面的数,然后在我的引导和点拨下,由学生归纳出相反数的概念。

三、表述概念时力求准确

由于数学概念是用科学的、精练的语言高度概括表达出来的,它所反映的事物本质属性必须是确定、无矛盾的,因此在培养学生对概念的正确的表述时,要在学生思维的严密性、深刻性的养成上下功夫。如概括多边形的定义时,有的学生会漏掉"在同一平面内"这个条件,有的会漏掉"不在同一直线上";如讲述"有理数除法法则""分式的基本性质"会丢了"零除外"这个条件。在教学中就要注重学生对概念表达的准确性。通过对概念中关键字的剖析,让学生感受数学的严密性和逻辑性、确定性。并且在归纳总结概念定义的过程中,锻炼思维能力。

四、理解概念时尝试错误

每一个数学概念都有这样或那样的限制条件,在理解概念时必须时刻注意其适用范围,如果忽略了这些限制条件就可能导致解题的失误。但有些概念的范围常隐藏得比较深而容易被学生所忽略。这种时候我在教学时采用"示错"的方法加深学生对概念的认识,并以此来巩固学生对概念的掌握,使学生真正认识概念的本质。

五、巩固概念时注重变式

我们都知道,知识一旦获得,如不及时巩固,就会被遗忘。在概念的教学中我们同样要注重概念的巩固。

首先在形成概念后,要及时引导学生正确复述,其次要通过不断的强化训练,在练习中加深学生对概念的掌握,而在练习中要运用变式来加深理解。所谓变式,就是给学生的实际问题中不断变换概念的表现形式。恰当运用变式,能使学生思维的方向灵活转换,使思维呈发散状态,从而很好地培养学生的逻辑思维能力。

只有注意培养学生的数学逻辑思维能力,才能使学生形成正确的解题思路和解题技巧,才能把学生从题海战术和填鸭式教学中解脱出来,只有让学生形成正确的逻辑思维方式方法,才能让学生做到举一反三、触类旁通,才能让学生在烦琐复杂的数学中以不变应万变,才能在学习中做到"游刃有余"。当然,这需要我们精心培养、悉心引导。只有这样,我们才能真正做到"授人以渔"而不是"授人以鱼"。

数学教学中创造性思维能力的培养

何 旭

创造性思维是一切创新活动的基础和核心,是各种思维中最为积极、也最有价值的思维形式。这种思维的特点是:在一般人觉得没有问题的地方发现问题;对一般人不能解决的问题,深入思考,通过猜测、设想、验证,以带有独特性的见解去解决实际问题。我国历史上的"曹冲称象"就是典型的用创造性思维解决实际问题的例子。

在数学教学中,重视学生创造性思维能力的培养,无论对全面提高学生素质,还是对学生学好数学,推进素质教育都有十分重要的意义。下面对数学教学中创造性思维能力的培养提出几种较为有效的途径。

一、鼓励独立思考,培养思维的独立性品质

创造性思维的特征是创造,独特,即独创性. 在数学学习中,其表现为能独立思考问题,自学研讨,获取新知。所以说独立思考是创造性思维的前提。那么培养创造性思维能力就要先培养独立思考问题的能力。

在数学教学中,教师应尽力让学生多动手,手脑并用。启发学生通过观察、实践,促使他们善于发现问题,解决问题,从实践中获取新的知识。

例如:在学习了四边形内角和定理后,对于"一个四边形中最多有几个钝角"这一问题教师不妨让学生亲自动手画。学生试画后,教师再板演学生画的过程,通过重点演示,使学生从实践中找到答案。

又如:把两个全等的三角形按不同的方法拼成四边形,可以拼成几个不同的四边形? 它们都是平行四边形吗? 为什么? 讲解时,教师可让学生课外每人自制两个全等的三角形,然后在课堂上当堂拼。使学生真正理解平行四边形的判定,这对培养独立思考的能力是十分有利的。

二、设思维情境，激发学生的创造欲

在数学教学中，要创设使学生积极思考、引申发挥的情境，使学生产生一种强烈的求知欲，促使学生去积极思考，才有利于培养学生的创造思维能力。

例如：现有 8L 的容器装满了水，另有 3L,5L 的空容器各一个，问如何用这两个空容器称出 4L 的水？这样提出的问题是很单调又乏味的。为了同样的教学目的教师可以这样提问：

我们下面来研究一下"数学家分牛奶的问题"，从前一位著名的数学家到外地度假，路经一个农场，农场主称当地的牛奶是极品，于是数学家要求卖 4L 给他。恰巧农场主手提 8L 的牛奶桶和 3L,5L 的空桶各一个，究竟他们要怎么样才能把牛奶平分呢？这样不仅引发了生动的讨论，而且能收到良好的教学效果。大家纷纷讨论，最后得出结论。步骤如下：

1）用 8 将 5 倒满；　　　　2）用 5 将 3 倒满；

3）将 3 倒回 8 中；　　　　4）将 5 倒入 3 中；

5）将 8 倒入 5 中；　　　　6）将 5 倒入 3 中，使满；

将 3 倒回 8 中，即平分，答案得出。

三、启迪直觉思维，培养创造机智

例：已知：梯形 $ABCD$，直角腰上的中点 E 到斜腰的距离是 5cm，斜腰 CD 的长是 10cm，求此梯形的面积。

分析：直觉判断该梯形的面积 $= CD \cdot EF = 50 \text{cm}^2$，而 $CD \cdot EF$ 与求平行四边形的面积相似，于是可通过构造平行四边形来解决问题。过 E 点做 CD 的平行线交 BC 于 G，交 DA 的延长线于 H，由于 E 是 AB 的中点，所以 $Rt\triangle BGE \cong Rt\triangle AHF$，所以 $ABCD$ 的面积 $=$ $GCDH$ 的面积 $= CD \cdot EF = 50 \text{cm}^2$

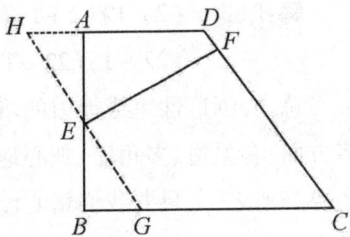

为此，教学中应常常告诫学生：拿到问题不要轻易下手，要多看看、多想想，运用直觉去寻求解决问题的途径。也可以说"应当鼓励学生去大胆猜

想"。

四、培养发散思维,引导学生多向性思维

思维具有多向性,就是善于从不同的角度想问题,或从同一条件出发,得出不同的结论,即发散思维。在数学教学中,教师应多鼓励学生集思广益,各抒己见,敢于标新立异。另外发散思维在数学中可通过典型例题的一题多解、一题多用、多题一解来培养学生发散机智,实现和提高思维的流畅性,通过对典型例题的多变(变条件、变结论、变命题),引申拓广以及转向思维,培养学生的转向机智,实现和提高发散思维的变通性。

五、打破原有思维,引导学生逆向思考

逆向思维是从已有的习惯思路的反方向去思考和分析问题。表现为逆用定义,公式,法则,进行逆向推理,反向进行证明,逆向思维反映了思维过程的间断性、突变性和反联结性,它是摆脱思维定式、突破旧有的思维框架,产生新思路、发现新知识的重要思维方式。因此教师在教学中重视培养和训练学生的逆向思维从而发展学生的创造性思维。

例如:计算$(2+1)(2^2+1)(2^4+1)(2^8+1)\cdots(2^{128}+1)$

分析:此题按运算顺序直接计算很繁,若能观察到题目的特点,采用逆向思维,把 1 看作 $2-1$,则能很快计算出结果。

解:原式$=(2-1)(2+1)(2^2+1)(2^4+1)\cdots(2^{128}+1)$
$$=(2^2-1)(2^2+1)(2^4+1)\cdots(2^{128}+1)=2^{256}-1$$

总之,创造性思维能力的培养不能"毕其功与一役",需要日积月累,要多方面、多渠道、多角度、细心地培养,呵护。课堂教学是培养创造性思维的主要阵地之一,只要我们精心设计大胆尝试,努力挖掘培养创造性思维能力的有效途径,是一定能够实现这个目标的,我们正朝这个目标不断地努力着。

浅谈信息技术在物理教学中的几点做法

侯喜林

纵观信息技术的发展历史：从后巴别塔时代的语言的使用、铁器时代的文字的出现和使用、中国隋代的印刷术的发明和使用、19 世纪电话、广播、电视的使用、现代的计算机与互联网的使用，可以这样说，我们的生活越来越不能离开信息技术了。作为教师的我，一直也在思考和尝试把信息技术和我的物理课堂整合起来，利用信息技术，将知识的表达多媒体化，建构个别化的学习情境，营造协作化的学习氛围，把多媒体课件应用到物理教学中，使物理课堂变得更加丰富多彩。现谈谈自己在十几年来一线教学中利用信息技术的几点做法：

一、将 ppt 课件应用到物理课堂

ppt 课件现在已经被广大教师广泛地应用到自己的教学中了，从我本人来讲，我也喜欢和习惯把自己课前制作好的课件在课堂上展示给同学们。我认为使用 ppt 课件有以下好处：第一，课件中可以使用图片、音频或者是视频资源，使我们的课堂资源更丰富，从而吸引学生的兴趣，帮助学生把物理和生活建立联系，让学生能学到看得到、摸得着的物理知识。第二，课件中可以把老师讲解的一节课的学习目标、重点、难点，甚至是考点等内容展示到大屏幕上，让学生不仅在听觉上得到刺激，而且在视觉上也得到冲击，刺激学生的大脑，让学生对一节课的学习目标更加地明确。第三有了 ppt 课件做展示，教师可以把一节课重点的知识点很清晰地展现出来，以便提醒同学们注意，引起学生的重视。第四，有了 ppt 课件可以给黑板节省空间，有些知识点老师就不用写在黑板上了，黑板可以留给学生做板演，这样有利于老师了解学生的学习情况。

二、把软件应用到物理课堂

物理学科本身就是一门以实验为基础的学科,所以,在实际的物理课堂中是离不开实验教学的。在以往的实验教学中,我要么是采用教师演示的方式,要么是教师先讲解,学生再实验。后来,我发现有的实验不需要老师演示,学生在学习了基本原理后也是可以独立完成实验的,我就尝试用仿真物理实验室这个软件来辅助我的物理教学。比如:我在讲解电路这一问题时,我是先把软件打开,进入到操作页面。然后到工具箱里点击相应的元件,这样,在屏幕上就出现了相应的元件。这样老师可以边点击操作,边讲解,帮助学生认识各个元件,同时也了解了各元件在电路中的作用。在讲解电路连接问题时,我同样可以在工具箱中选取导线,然后到屏幕中就可以画出相应的连线了。线连好后,在屏幕上双击开关,我们还会看到灯会发光,电动机风扇会转动等现象,这样,学生就会很明白电路的组成和连接了。在讲解通路、断路、短路问题时,用这个软件进行讲解,效果也是比较好的。尤其是短路这一问题,如果只用黑板讲解,学生会很不好理解,由学生进行实验操作学习的话,会有一定的危险性,但用软件来帮助学生学习,效果就会好很多了。在我讲串联电路和并联电路知识点时,用软件来连接电路,而且还能很好地演示串、并联电路的特点,现象很直观,学生理解起来也很轻松。并且,学生在学习了这些知识后,就可以尝试自己动手操作器材进行实验探究了,学生这样学习的实验,就不再是"模仿式"实验了。

三、把微课视频引入到物理课堂

微课视频具有短小精悍的特点,利用好微课视频进行物理教学,有时可以起到四两拨千斤的效果。比如:我在讲解电能这一知识点时,我就让同学们把自己家里或是自己身边的用电器拍下来,我又把给学生任课的老师使用电器的图片拍下来,再把这些图片进行筛选、编排,配上音乐,最后合成了视频短片,在课堂上播放出来。这样,不仅能吸引学生的学习兴趣,而且能更好地帮助学生学习物理知识。利用微课视频进行基本公式的使用步骤的讲解,更有利于学生理解基本概念。另外,还可以利用微课进行学生课下的学习。比如:我在讲解电路故障这一问题时,由于这个知识点学生学起来会觉得比较难,而且运用起来也会觉得压力比较大,所以,我把我讲过的这个知识点的典型题录成微课视频,上传到网络上,这样便于学生在课下进行学习。把我的物理课堂迁移到课堂以外,解决了学生的课下辅导问题。

四、在课堂中充分利用电子白板的交互功能

随着信息时代的发展,课堂中使用的硬件设备也越来越好了,功能也越来越强大了。交互式电子白板就是我近几年在课堂教学中常用的教学工具。它不仅可以作为白板使用,发挥类似黑板的功能,而且还可以和 ppt 课件结合起来使用,可以在播放 ppt 的同时,对 ppt 中的某些内容进行圈点,尤其是在讲解难点问题时,也能产生很好的效果。另外,交互式电子白板的展台功能也是我比较喜欢的。比如:在上习题课时,我不再像以往那样手拿一本练习册开始讲了,这样和学生的交流是比较少的。我用了展台功能后,可以先把要讲的题拍成照片保存起来,然后在讲解时根据需要调节习题的大小和我要讲的习题的重点部分,这样,学生就不再是低着头看书听了,而是抬起头来看大屏幕,再听我的讲解,甚至有些地方我会用不同颜色的笔去做记号,这样一来更有利于学生听清并思考整个题的分析过程。还有,我在上习题课的时候,为了能利用学生在做练习题时出现的问题作为"反面教材",我也会用到展台功能,把问题展现在白板上,全班同学一起分析错误的地方,这样可提醒其他同学不再犯同样的错误。

五、把"智慧课堂"引入到物理课堂

生活在信息时代的我们离不开网络,大数据环境下的网络课堂也是教育改革的一个方向,我也尝试在我的物理课堂中运用网络环境下的"智慧课堂"来辅助我的课堂教学。比如:我在毕业年级教学的时候,由于毕业年级的特殊性,要求既要在一年内把之前学过的基础知识全都复习了,还要有大量的专题训练和综合性训练来强化学生的学习。如何能在有限的时间内,把这些内容都完成,让绝大多数的学生都能跟得上,向课堂要效率,这些就成了我思考的问题。有了网络环境下的"智慧课堂",我会提前一天把我第二天要讲的内容和典型题发布在网上,学生在家就可以做提前的预习。然后,我第二天上课的时候,就可以直接讲问题了,省去了学生在课堂预习的时间。重要的是,有了网络环境,学生可以把课堂上自己练习的结果直接提交,而我在我的网络终端就可以看到学生的答题情况,包括学生的答题时间和回答的准确率情况。这个"智慧课堂"不仅可以统计学生个人的学习情况,还可以把全班同学的做答情况做统计,这样,教师在讲题时,更具有针对性了。教师还可以在课下发布网络作业,要求学生在规定的时间内完成,教师就可以在网络上进行批改,以便实现课下教师对学生学习情况的监督和管理。

时代在不断地发展和进步,作为信息时代的教师的我们更有责任和义务去运用信息化技术来教育信息时代的孩子们,因为我们塑造的是人类的灵魂,我们承担着教育祖国下一代的重任。

让传统文化成为
思想品德教学的源头活水

李　鹤

习近平总书记在今年的两会上强调"我们的学校,特别是中小学要多讲传统文化,不能最后教出一批数典忘祖的人"。我们中学思想品德教师,更要在教学中汲取优秀的传统文化,让我们的下一代能更好地继承弘扬我们的传统文化。

一、对传统文化的学习要取其精华,弃其糟粕

民族文化是民族的根,民族精神是民族的魂。优秀的传统文化正是民族文化的精髓所在。中国的四书五经中有很多宣扬封建道德的思想,比如"三纲五常""三从四德",这些与今天倡导的民主和科学精神是格格不入的,是我们要摒弃的糟粕。但是经典中不乏待人接物的公共道德和教人修身养性的道理,比如"己所不欲,勿施于人""勿以恶小而为之,勿以善小而不为""驱欲、养性、明礼",这些都是中华民族文化的精华,是我们今天仍然要继承和发扬的。初中生对于"精华"与"糟粕",尚未练就自我识别的能力,这就需要教师在教学中,先对传统文化进行筛选,将符合初中生学习的、具备正确引导作用的文化精髓讲授给学生。

二、将优秀的传统文化内化为思想,外化为行动

中华文化源远流长、博大精深,有着几千年的悠久历史。它包含了思想观念、礼仪制度、思维方式、价值取向、道德情操、生活方式、风俗习惯、宗教信仰、文学艺术、科学技术等不同层面的丰富内容。我们要充分挖掘教材中

的传统文化素材,让传统文化真正深入学生心里,并自觉地转化为外在的行动。教师可以组织学生参加一些社会实践活动,比如到敬老院慰问老人,体会中华传统文化中"百善孝为先"的内涵,真正做到"老吾老以及人之老";帮助社会弱势群体,如为留守儿童邮寄"爱心包裹",参加一些公益志愿活动,可以使学生体会到"助人为乐"的优秀传统文化思想。

三、深挖教材中的传统文化思想

当代中学生是我国未来的建设者和接班人,他们的价值观正处于形成和发展阶段,在开放的多元文化背景下,青少年的价值取向也需要用优秀传统文化来引领。初中思想品德教材中,就包含了丰富的优秀传统文化思想,教师要充分挖掘教材,通过生动的案例,使枯燥的教学过程变得真实生动。比如:七年级教材关于诚信的部分,我们可以通过列举乘车逃票、老赖被罚等社会现象,再联系古人"徙木为信"等故事,以及《中庸》中"诚者天之道,诚之者人之道"的道理,从正反两个方面使学生树立起"诚信做人"的基本道德标准,为学生展示"人无信不立"的传统文化思想。再比如,七年级孝敬父母部分,我们可以在课堂列举卧冰求鲤、黄香温席等故事,再布置作业,让学生回家为父母做一些力所能及的事情,帮助父母做家务,为父母洗脚等,体会父母的辛劳,力行孝敬父母的中华传统美德。使学生在潜移默化中体会经典哲学思想,帮助学生逐步树立正确的世界观、人生观、价值观,分清是非、善恶、美丑,明确应有的价值取向、行为准则和道德规范。

四、把传统节日教育纳入学校教育活动中

传统节日是一个国家或民族历史文化长期积淀的结晶,是一个国家和民族宝贵的精神财富。我国传统节日留存着华夏民族独特的文化记忆,凝聚并影响着中华民族的价值观、伦理道德和生活方式,是一个非常重要的传承民族文化的载体,是对青少年进行思想道德教育的宝贵资源。我们要把传统节日教育也纳入学校教育活动中,充分发挥春节、清明、端午、中秋、重阳等民族传统节日的文化传承功能,在校内积极开展丰富多样、健康有益的活动,比如,主题班会、演讲比赛、辩论会、图片展览、黑板报等,不断赋予传

统节日旺盛的生机和活力,不断增强传统节日对学生的吸引力和感染力,让广大学生更好更多地了解、认同和喜爱传统节日,进而内化为对民族文化的认同感和自豪感,从而牢固树立正确的世界观、人生观和价值观。

任何时代的文化,都离不开对文化传统的继承,任何民族的文化,都不可能抛弃民族的传统而重新开始。这些优秀文化遗产,对中华民族的繁衍、统一、稳定起到了巨大作用。对我们现在的思想品德教学也提供了根源和依据,是我们思想品德教学的源头活水。

浅谈初中信息技术课的实施策略

庞晓翠

迄今为止,几乎每个学段都开设了信息技术课,包括小学段,初中段和高中段。在教学过程中存在着许多的教学问题。尤其是在教学模式方面,存在的问题较为明显和严重。这就需要本科课程的教育工作者,在教学理念、教学手段以及教学模式上面进行改革创新。在激发学生学习欲望的同时,正确运用任务驱动分组教学模式就显得尤为重要。

所说的任务驱动式教学,就是老师在设计每节课程时,将本次课程要学习的知识,设计成一个任务或者项目,在教师进行授课讲解的同时,也让学生参与到该任务具体的分析、解决,进行本节任务所涉及知识的讨论之中,结合老师提供的帮助,解决知识难题。

以任务驱动教学通常情况下,由于初中各科目课程安排的相对较紧,而信息技术这门课程安排的时间相对较少,这就要求老师更要在教学时根据学生的不同情况,进行合理的教学,其教学方法显得极其重要。好的教学方法,不仅可以提升教学质量,还可以提升教学速度。在激发起学生的学习兴趣之后,再对学生进行新的教学模式教学,这样会有更好的效果。比如,在实践的教学过程中,老师可以将学生分组,让学生分组合作,也就是根据不同学生的具体情况,将一个班的学生分为若干个小组,每个小组 5~6 人,在老师讲解的同时,让学生与小组团队里的同学进行相互合作学习,这样的方式,不仅在无形之中培养了团队合作精神,还可以使组与组进行竞争。不仅让学生在兴趣之中学习到了信息技术知识、团队合作能力,还可促使学生在竞争中学习,从而提高了学习的效率,也让学生增加了对本门课程的学习兴趣。

那么如何进行任务驱动的教学呢?

一、根据学生的实际情况,进行平衡分组,同时进行组内的角色转换

相对于学生独立自主的学习而言,其效率高了,但由于每个小组的角色分工不一样,若分组不平衡可导致部分学生的知识接触面较窄,从而使一部分学生容易对非角色的知识缺乏。所以,为学生分组的时候,应该视学生具体情况,强弱搭配,小组之间能力平衡。这样一来,既可保证小组之间的能力平衡性,也可以帮助小组内的学困生提升与加强学习能力。而小组内应该针对同类知识点的任务进行角色转换,使小组内的每个同学都担任不同的角色,学习到更多的知识。

二、设计多样化的课程

老师可以用多样化的手段来进行课程任务的设计,可采取"启发式"的教学设计。首先设计一个向同学们介绍 Windows 系统 绘图工具中一些常用工具功能的使用方法,然后让每个小组团队根据老师的要求、任务和每个成员的意愿交出一个作品,学生可相互分析、讨论,或者分工作业。由于团队的作业模式比单一作业的效率更高,老师还可设计更多的扩展知识任务。比如,当同学们学会了绘画的一些基本操作方法后,提出绘图中如何重复绘出某一图形? 提示利用 Windows 文件操作中的技巧,让同学们自己在操作中发现操作方法。让每个小组抽出一个同学将自己的制作过程向全班展示,这样可以刺激学生的兴趣与学习欲望,使学生自主钻研、探讨,从而调动了学生自主学习的积极性。

三、设计符合学生实际的教学任务

老师在设计本门课程的教学任务时,应该结合学校的硬、软环境,学生的实际情况进行设计。使大部分的学生能够通过自己动手与钻研或者团队的合作完成任务目标。避免设计太过简单与过难的任务,否则会削弱学生的学习积极性,或者减少学生对该课的学习兴趣。所以,在设计任务的时候可根据以下几点:

(一)任务的操作性

信息技术具有较强的操作性,所以,较多的理论性,可能致使学生对信

息技术这门课产生厌学思想,加之其教学效果也不明显。老师在设计任务的时候,应该以学生为主体。

(二)兴趣的培养

虽然学生的兴趣是自发的,但也离不开老师的引导。所以,老师在设计任务的时候,应该对每一个任务的设计渗透较为明显的趣味性。如何使用计算机来解决生活中的客观问题,这就是学生们感兴趣的内容之一。例如,学习 Excel 表格,老师在设计任务的时候,就可以以班级为单位,将班上的男女同学的比例与人数统计出来,绘制一个比例图。如此的任务设计,既可以让学生掌握信息技术的相关知识,又可以培养学生钻研的兴趣。

(三)任务的自主性

在整个信息技术的教学中,除了教学设计之外,还应该将每一个学习任务设计得有一定的独立思考空间,从而强化学生的自主学习能力,可以用不同的方法解决问题,培养学生分析、解决问题的能力。任务驱动有利于对信息技术课程的学习,培养学生的自主学习、逻辑思维、分析解决问题的能力,激发学生的学习兴趣与增强学生的参与意识。

浅谈特长生的英语教学

宋晓云

我们学校是以特长为主的省级示范学校,特长班学生每周有三天下午上特长课,即音乐、美术、体育的专业课。他们既要学习专业课的知识,又要学习文化课的内容。所以,特长班学生的文化课一直是特长班任课教师头痛的问题。通过几年的特长班的教学,跟特长生的长期接触发现,目前在教学中开发学生的智力已引起众多教师的重视,但对于非智力因素的影响,却不够重视,因此重视非智力因素,在当前的教育教学中更具有现实的和深远的意义。几年特长班的英语教学,使我认识到,要想提高特长班的英语成绩,必须注重以下几个方面。

一、重视情感教育

课堂教学不但是知识信息的交流过程,也是师生情感交流的过程,知识信息的交流贯穿于情感交流之中,教师的教学态度是教学双方情感交流的桥梁,只有在和谐愉快的气氛中学习,才能最大限度地提高学习效率。列宁说:"没有人的情感,就从来没有,也不可能有人对真理的追求。"只有教师倾注全部的热情和爱心,晓之以理,动之以情,才能使学生的情感得到升华、净化,从而达成师生间的情感交流。情感是一种力量,在英语教学中,教师的情感起着信号感染和动力的作用,具有激发学生的求知欲和心理催化作用,师生之间的融洽关系是教师传授知识的桥梁和润滑剂。许多学生由于种种原因,每次考试,成绩均不理想,便失去了信心和希望,对于英语缺乏热情,对学习缺乏动力,对功课缺乏主动。对这类学生,教师更应热情关怀,倾注深深的情,投入浓浓的爱。利用和创造每一个机会,经常同他们个别谈话,密切师生关系,增强感情沟通和心灵对话。对他们晓之以理,动之以情,帮

助他们分析查找学不好英语的原因,提高认识,激发他们学好英语的兴趣,帮助他们制订科学的计划、合理的措施、有效的步骤,使之爱上英语,学好英语,甩掉英语落后的帽子。事实证明,如果教师不热爱学生或者在课堂上板着面孔对学生进行空洞的说教,对学生不是讽刺,就是挖苦,就会使学生产生逆反心理,正如苏霍姆林斯基所说的,"学校里的学习不是毫无热情地把知识从一个头脑里装到另一个头脑里,而是师生间每时每刻都进行的心灵接触"。感情中蕴藏着巨大的动力,深厚的师生友谊像阳光、雨露和春风,潜移默化地滋润、温暖着学生的心田。如在课堂上老师亲切而耐心的启发,热情而充满希望的鼓励,满意和微笑和点头,甚至简单的"yes、good、excellent"都会给学生一种无声的力量和战胜困难的信心。在课下,师生谈心交朋友,使学生真正地信任教师,俗话说"亲其师,才能信其道",教师要用满腔热情的爱,去换取学生的亲近和信任,善于研究感情色彩和表达方式,用积极的情感去激发学生的兴趣和积极的思维,形成师生之间的默契,从而达到英语教学的最佳效果。

二、激发学生对英语的兴趣

有了师生间亲密无间的情感,还要想方设法把学生牢牢地吸引在教师的教学磁场里,这就要使学生感到学习英语是一种自我需要,是一种乐趣,而兴趣是学习最好的老师,是一种能使学生持之以恒的内在动力。

大量的事实证明,学生对传统的从书本到作业,从作业到考试,再从考试到作业的封闭型的循环式教学,常常感到厌烦。如果我们配合教学开展多层次的丰富多彩的课内外活动,就可能使学生在活泼、有趣的活动中猎取知识,如在课堂教学中适时运用录音、幻灯、多媒体等现代化的教学手段,增加课堂教学的直观性,激发学生的学习兴趣,从而激发学生的学习积极性,针对特长班学生的活泼好动、擅长表演的特点,让他们亲自试一试、比一比等等。每堂课前的五分钟的自编自演"English"节目,内容不限,学生们认真准备,精心设计每一个对话、每一个剧目,在学习大家都熟悉的课文之后,学生的分角色表演往往会赢得大家的阵阵掌声。此外,在教学中还结合学生的学习,利用业余时间,我们还经常举办英语晚会、英语竞赛、英语演讲、英语歌曲比赛等,提高了学生学习英语的兴趣,使特长班的英语教学不再是死水一潭,教学效果明显提高。

三、注重能力的差异,因材施教

能力的差异是客观存在的,为了发展学生的能力,就必须从客观存在的差异出发,采取积极、稳妥、切实可行的有效办法,因材施教,对于英语基础差的学生重点辅导,个别帮助。首先要帮助他们消除自卑心理,增加他们学习的信心,让他们相信自己是有潜力的,是能够进步的,甚至也可能是出类拔萃的,同时还要鼓励他们,端正学习态度,培养他们学习的兴趣,不怕困难的毅力和善于思考的能力;其次,要帮助学生补习所缺的知识。在教学中对于优等生,要严格要求,再接再厉,要善于发现他们的优缺点,扬长避短,全面发展、不断进步。对于"差生",要予以足够的重视,不断激发他们的求知欲和学习热情,培养他们积极上进,勤奋好学的精神,启发他们自觉地克服缺点,促使他们积极地向优等生转化。有些"差生"学英语态度端正,上课认真听讲、认真记笔记,作业清清楚楚,平时肯花时间,刻苦学习,功夫下了不少。但往往事与愿违,总是事倍功半,考试成绩始终不见提高,他们自己也深感困惑。原因在于学习方法不当。他们只知道苦学,不会巧学。对于这类"差生"要进行科学指导。耐心地教育他们把精力用在点子上,把时间花在刀刃上,教他们学会分析、思考、归纳、记忆,提高他们听课的质量和训练效果,调动他们的智力因素和非智力因素,培养发散性思维,尽量做到举一反三,触类旁通,使之学习方法巧,训练形式活,综合效果好。

四、评改反馈,培养学生英语素质

英语是一门语言学科,需要听、说、读、写能力的共同提高。"题海战术"固不可取,但适量的、有针对性的训练是必不可少的。听说训练,随时可以得到反馈和提高,而读写和基本知识的测验又如何进行反馈呢?我认为教师的评改反馈和学生的评改反馈应该是同等重要的,即教师的主导作用和学生的主体作用是相结合的。

教师评改所进行的反馈是不同时间、不同形式的。我曾经做过每日反馈,每周反馈。如造一个句子、编个故事、两两对话、互问互答等,结果表明,每日反馈更好。当学完一堂新课后,我都要求学生写篇短文,题材不限。或

者让学生续写故事,广泛应用刚学过的知识,有时续写的结果五花八门,却都在情理之中,这样的反馈既调动了学生的积极性和创造性,又培养了他们的自学、思考及运用知识的能力。我在批改时,不是给予简单的 A、B、C、D 之类的等级,而是按照学生所写文章的特点,给予适当的改正,或相称的评语。有时还给学生一些特殊的评语,如" Excellent, Good!" " Good, Work hard!"、"Try to improve it"等等。这样的评改反馈使学生知道了自己的优点和缺点还有努力的方向,增强了学生的学习信心。同时,教学中,我发现学生自己评改作业也是一项积极主动的学习。在完成作业、批改作业、总结作业中,学生的主观能动性又得到了充分的发挥,从而加强了自身英语素质的提高。

此外,在教学中我还采取优差搭配组合,自愿结对等方式,提高了后进生的英语成绩。几年的特长班的英语教学工作,既注重开发学生的智力又注重学生的非智力因素的培养,使智力因素和非智力因素有机地结合起来,使学生对英语学习由乐学之到好学之,从而使英语教学成绩在特长教学中获得大面积的丰收。

多媒体教学在英语课堂上的应用

赵　丹

随着科技的发展,教学手段有了巨大的改变。我们已经由单一的黑板板书教学转换为多媒体教学。在我的课堂上所谓的多媒体教学不是指单一的,完全由多媒体来展示,而是将传统的教学手段与现代的多媒体教育相结合。在这一改革下,英语课堂发生了巨大的转变,课堂焕发出更多的光彩。

一、何谓多媒体教学

多媒体教学是指在教学过程中,根据教学目标和教学对象的特点,通过教学设计,合理选择和运用现代教学媒体,并与传统教学手段有机组合,共同参与教学全过程,以多种媒体信息作用于学生,形成合理的教学过程结构,达到最优化的教学效果。我对多媒体教学的理解是,在传统的教学手段上添加了一种更为直观,更为生动,更为新颖的辅助教学手段。在我的课堂上它并不是课堂的主要传播手段。也没有完全取代黑板板书。它只是在传统教学手段中的合理成分的基础上,恰当地引进现代化的教学手段,使二者有机地结合,各展所长,相辅相成。

二、多媒体教学的背景

我是一名班主任,在我从事教学的这几年当中,我感觉孩子发生学习状况突变的年龄越来越偏小,这与社会的大环境是密不可分的。但是,还有一方面原因也绝对存在:教学手段20年如一日,犹如一潭死水。而社会的娱乐设施则每年在更新,也就是说在我们这样的郊区学校当中教学手段与技术发展相脱节。那么,我们在课堂上能不能焕发出新的光彩呢? 就在这时多媒体教学出现了。它填补了这方面的空白,让我们的教学手段也上了一个

新的台阶。

三、多媒体教学的优点

（一）有利于激发学习兴趣

多媒体教学克服了传统教学的弊端，使得教学形式更加新颖，也使得目前的课堂真正地达到了有"声音"有"色彩"的"声情并茂"。在人教版八年级上册 Unit 1 中，介绍了迪士尼乐园的历史及其发展现状，我在课前导入环节先是给学生播放了一个《Mickey Mouse and Donald Duck》动画片，一下子就将孩子们的注意力吸引过来了。整节课将多媒体作为教学的辅助手段，使得孩子们更加喜欢上了这种课。从而活跃课堂气氛，激发学生的学习兴趣，提高课堂效率，实现了有效教学。兴趣是孩子最好的老师，调动孩子的兴趣，是使孩子变被动的听为主动的学的最佳手段。

（二）有利于突出重点，突破难点

多媒体教学能使学科教学更加突出重点，突破难点。众所周知，利用多媒体技术，只要使用鼠标、键盘简单操作就有无限资源可以使用，教师在课堂上可以加大课堂容量。并且，可以将许多抽象的知识立体地直观地呈现于课堂。在英语课堂上经常会根据本节课内容做习题，在原有的教学手段上我们只能将习题以板书的形式呈现，既费时又费力。往往许多重难点需要多节课程才能体现出来，但现在利用多媒体手段可以呈现更多的知识点，占用更少的时间。彻底地将教师从粉笔灰中解放出来了。

（三）有利于体现分层次教学

在日常教学中，每个班级、每个课堂上都会出现学生差异现象。针对这种现象一直都没有有效的弥补手段。根据这种差异我们可以因材施教，让优异的学生吃得"饱"，让学困的学生听得懂，将所学知识及时消化。英语的写作一直都是个难点，在日常写作训练中我们可以根据学生差异来安排。孩子也可以将教师的课堂课件转存回家慢慢温习，在习题的选择上，由孩子自己做主，告别了课堂听，课下忘的尴尬局面。

四、多媒体教学的缺点

多媒体教学现已经在各个地区的课堂上使用，在许多参赛的大课上，总

有一种情况出现：整个课堂从头到尾都由多媒体体现，完全取代了板书。连所谓的板书设计也只是指课件的版面设计。将课堂变成了展示课。还有的课件过分追求形式，甚至喧宾夺主，在注重活跃课堂气氛的同时，忽视了教学内容，主要的知识点和能力点不突出，学生真正的收获很少，导致多媒体教学陷入华而不实的境地。犹如艳丽的烟花，只是一时绚丽没有长久的影响。

另外，因为多媒体可以大容量集中知识于课堂，所以在课堂教学中，学生一直忙着记笔记，没有反馈、理解的时间，造成了同一知识点反复讲解但孩子却无法掌握的尴尬局面。

还有，现在教学真的很容易。很多教师直接从网络上下载课件，稍微改动就直接上课。那么，就存在一个问题：教师的教学风格与课件设计风格不相符，课件这个辅助教学的手段绑架了教师。

浅谈高中数学教学中
学生抽象思维能力的培养

艾雪洁

抽象思维是借助于概念、判断、推理等思维形式所进行的思考活动,是一种有条件、有步骤、有根据、渐进式的思维方式,是中学生数学能力的核心。因此,在中学数学教学中必须着力培养学生的抽象思维能力。

一、要重视思维过程的组织

要培养学生的逻辑思维能力,就必须把学生组织到对所学数学内容的分析和综合、比较和对照、抽象和概括、判断和推理等思维的过程中来。教学中要重视下列思维过程的组织。

首先,提供感性材料,组织从感性到理性的抽象概括。从具体的感性表象向抽象的理性思考启动,是中学生逻辑思维的显著特征、随着学生对具体材料感知数量的增多、程度的增强,逻辑思维也渐次开始。因此,教学中教师必须为学生提供充分的感性材料,并组织好他们对感性材料从感知到抽象的活动过程,从而帮助他们建立新的概念。例如在学习集合时,可以通过列举学生、班级、学年、学校来形象地比喻元素与集合及集合与集合之间的关系,并能理解构成集合的要素有哪些。这种抽象概括过程的展开,完全依赖于"观察——思考"过程的精密组织。

其次,指导积极迁移,推进旧知向新知转化的过程。数学教学的过程,是学生在教师的指导下系统地学习前人间接知识的过程,而指导学生知识的积极迁移,推进旧知向新知转化的过程,正是学生继承前人经验的一条捷径。中学数学教材各部分内容之间都潜含着共同因素,因而使它们之间有机地联系着:挖掘这种因素,沟通其联系,指导学生将已知迁移到未知、将新知同化到旧知,让学生用已掌握的知识进行推理,再获得新知,从而扩展他们的认知结构。为此,一方面在教学新知时,要注意唤起已学过的有关旧知。例如我们在高二学习的立体几何和空间向量要唤起初中平面几何和高一平面向量有关旧知的重现,另一方面为新知及早铺垫。使学生在此前学习中所掌握的知识,成为"建立新的联系的内部刺激物和推动力"。

再次,强化练习指导,促进从一般到个别的运用。学生学习数学时,了解概念,认识原理,掌握方法,不仅要经历从个别到一般的发展过程,而且要从一般回到个别,即把一般的规律运用于解决个别的问题,这就是伴随思维过程而发生的知识具体化的过程。因此,一要加强基本练习,注重基本原理的理解;二要加强变式练习,使学生在不同的数学意境中实现知识的具体化,进而获得更一般更概括的理解;三要重视练习中的比较,使学生获得更为具体更为精确的认识;四要加强实践操作练习,促进学生"动作思维"。

第四,指导分类、整理,促进思维的系统化。教学中指导学生把所学的知识,按照一定的标准或特点进行梳理、分类、整合,可使学生的认识组成某种序列,形成一定的结构,结成一个整体,从而促进思维的系统化。例如出示各种类型的循环小数,让学生自定标准进行分类,使之在学生头脑中有个"泛化 ——集中"的过程,以达到思维的系统化,获得结构性的认识。

二、要重视寻求正确思维方向的训练

(一)指导学生认识思维的方向问题,抽象思维具有多向性

1.顺向性。这种思维是以问题的某一条件与某一答案的联系为基础进行的,其方向只集中于某一个方面,对问题只寻求一种正确答案。也就是思维时直接利用已有的条件,通过概括和推理得出正确结论的思维方法。

2.逆向性。与顺向性思维方法相反,逆向性思维是从问题出发,寻求与问题相关联的条件,将只从一个方面起作用的单向联想,变为从两个方面起作用的双向联想的思维方法。

3.散向性。这种思维,就是发散思维。它的思维方式与集中思维相反,是从不同的角度、方向和侧面进行思考,因而产生多种的、新颖的设想和答案。

(二)指导学生寻求正确思维方向的方法

培养抽象思维能力,不仅要使学生认识思维的方向性,更要指导学生寻

求正确思维方向的科学方法。

为使学生善于寻求正确的思维方向,教学中应注意以下几点:

1.精心设计思维感性材料。思维的感性材料,就是指以实物直观或具体表象进行思维的材料。培养学生思维能力既要求教师为学生提供丰富的感性材料,又要求教师对大量的感性材料进行精心设计和巧妙安排,从而使学生顺利实现由感知向抽象的转化。例如我们在学习简单多面体的时候就可以通过模型来认识多面体的面、棱、顶点的个数,并从中寻求规律得到欧拉定理。

2.依据基础知识进行思维活动。中学数学基础知识包括概念、公式、定义、定理、法则等。学生依据上述知识思考问题,便可以寻求到正确的思维方向。如在求解二面角时,就要利用二面角的定义在几何图形中构建二面角。

3.联系旧知,进行联想和类比。旧知是思维的基础,思维是通向新知的桥梁。由旧知进行联想和类比,也是寻求正确思维方向的有效途径。联想和类比,就是把两种相近或相似的知识或问题进行比较,找到彼此的联系和区别,进而对所探索的问题找到正确的答案。

4.反复训练,培养思维的多向性。学生思维能力的培养,不是靠一两次的练习、训练所能奏效的,需要反复训练,多次实践才能完成。由于学生思维方向常是单一的,存在某种思维定式,所以不仅需要反复训练,而且注意引导学生从不同的方向去思考问题,培养思维的多向性。

三、要重视对良好思维品质的培养

思维品质如何将直接影响着思维能力的强弱,因此培养学生逻辑思维能力必须重视良好思维品质的培养。

(一)培养思维敏捷性和灵活性

指导学生通过联想和类比,拓宽思路,选择最佳思路,从而培养学生思维的敏捷性和灵活性。

(二)培养思维的广阔性和深刻性

教学中注意沟通知识之间的联系,可以培养思维的广阔性和深刻性。如角的扩充、数的推广。由刚开始的实数扩充到复数,再到后来的复数的推广,实数与复数的区别、复数的几何意义以及复数的运算律。从而使之连成一个整体,不仅培养学生思维的广阔性,也培养了学生思维的深刻性。

(三)培养思维的独立性和创造性

教学中要创造性地使用教材和借助形象思维的参与,培养学生思维的独立性和创造性。例如教材例题中前面的多是为学习新知起指导、铺垫作用的,后面的则是为已获得的知识起巩固、加深作用的。因此,对前面例题教学的重点是使学生对原理理解清楚,对后面例题教学则应侧重于实践,即采取放手让学生自己去思考、去做的方法,以培养他们思维的独立性。教学中要重视从直观形象入手,充分调动他们的各种感官,获取多方面感性认识,并借助于形象思维的参与,加强对知识的理解和思维的发展,培养思维的创造性。

培养学生的抽象思维能力是一个循序渐进的过程,只要教师在教学中给予足够的重视,并不断进行培养和训练,久而久之,学生的抽象思维能力一定会得到发展。

发挥学生主体作用 提高历史教学实效

安洪雪

摘要:随着人类社会的不断进步和发展,新一轮的基础教育改革已经拉开了帷幕。在全面推进素质教育和课程改革的今天,一切为了学生的发展,作为课程改革的基本宗旨被纳入了中心环节。教育实践告诉我们,在历史教学中,学生是学习的主体。若要为了每一位学生的发展,就必须充分发挥教师主导作用以及学生的主体作用,提高学生的学习积极性,切实提高历史课堂教学的实效,让学生真正成为学习的主人。

关键词:发挥;学生主体;提高;历史;教学实效

历史作为中学的一门重要学科,对于广大青年学生全面了解人类社会的历史,逐步形成科学的世界观、价值观,对于弘扬祖国的优秀的历史文化传统,提高全民族的素质起到了非常重要的作用。在教育改革的今天,充分发挥教师的主导作用,提高学生的学习兴趣和积极性,发挥学生的主体地位,已经在教育界达成了共识。就教学要达到的预期目标而言,教师的主导作用固然非常重要,但是学生的主体地位也是不可偏废的。然而,在传统的历史教学中,我们依然可以看到这样的影子,教师讲得津津有味,而学生却听得昏昏欲睡。我们不能否认,传统的讲授制在历史教学中所带来的实效。但是,我们不禁要问,这种传统的讲授方式,是否践行了新课程改革中"一切为了学生的发展"这样的基本理念。事实上,教师的教是为了学生更好的学。正如著名的教育学家苏霍姆林斯基曾经指出的那样,"热烈的学习愿望、明确的学习目的,是学生学习活动的最重要的动因……每一个教师的集体任务,就是要千方百计地培养这种情感,并把它引导到正确的道路上去"①。学生作为学习的主体,他们是

---

① [苏]B. A. 苏霍姆林斯基著,杜殿坤译《给教师的建议》(第二版),教育科学出版社1984年版,第161页

有着强烈的学习动机的,教师的重要任务,就是要充分发挥引导的作用,让学生身上的潜力最大程度地发挥出来。

主体性,是人的全面发展的最重要特征,也是人的能动发展的核心和精神特质。正如有的学者曾经指出的那样:"学生的主体性是指学生在学习教学内容的过程中所表现出来的独立性、主动性和创造性。就是说,学生不仅是能学习的,而且是能'独立、主动和创造'地去学习的。"①发挥学生的主体地位,就是要引导学生自主、探究式的学习,转变学生传统的学习方式,让学生乐学并且会学。那么,如何充分发挥学生的主体地位,切实提高历史课堂的教学实效呢? 笔者认为,应该做到以下几点。

一、发挥学生的主体作用,要善于利用学生资源,鼓励学生进行学习探究

过去,我们认为历史课程资源主要是历史教科书、教学参考书和教师,而事实上,历史课程资源包括很多内容,这其中主要包括"以历史教科书为核心的历史教材、教学设备、图书馆、博物馆、互联网以及历史遗址、遗迹、和文物等物质资源,也包括教师、学生、家长及社会各界人士等人力资源"②。事实上,学生的主体作用的发挥、学习方式的转变,是学生在课程资源中的地位得以充分体现的最重要原因。在新课程的教学中,我们要充分利用学生这个人力资源,充分发挥学生的主体作用。正如有的学者指出的那样,"从学生自身的角度讲,学生已有的经验、兴趣和学生之间的差异都是有效的历史课程资源。因此,在历史课程资源的开发和利用中,不应忽视学生资源的价值"③。实际上,教学是教师的教和学生的学进行的双边活动,在整个历史教学过程中,教师处于教育者和组织者的地位,对学生应负有教导和指导的作用。作为教师,一定要把握整个教学的方向,很好地落实历史教学的目标,控制历史教学的整个过程,并且始终对学生进行指导。学生,作为历史教学活动中认识的主体,他们有一定的学习认知,他们了解自己的学习需求,知道什么是自己喜欢的。正如学者所指出的那样:"学生是历史教学中

---

① 关健:《浅议历史教学的学生主体性》,《教育研究与实践》,2011 年第 8 期
② 《普通高中历史课程标准(实验)》,人民教育出版社 2003 年版,第 32 页
③ 陈辉:《高中历史新课程的理论与实践》,高等教育出版社 2008 年版,第 195 页

认识的主体,学生的认识活动不应该是消极被动的,也不应该是被包办代替的。"①作为教师,我们有责任倡导学生充分发挥他们的主体地位,自主地进行思考和学习探究。在历史教学的过程中,我们可以充分地发挥学生这个资源的价值。比如说,在讲到那些艰涩难懂的历史知识时,我们可以让学生进行课前预习,然后主动搜集资料。学生搜集的课程资源在教师的充分指导下还可以进行进一步的筛选和加工,形成有代表性的历史课程资源,在课堂中加以充分利用,这对于很好的突破历史知识的难点,有非常重要的价值。不仅如此,在学生搜集资料的过程中,他们还可以充分学习与课程相关内容以及他们比较感兴趣的知识,通过主动探索,以及在和同学交流的过程中达到学习的目的。这样的教学,不仅充分发挥了学生的主体地位,而且还进一步满足了学生的知识需求,达到了提高历史教学实效的目的。

二、发挥学生的主体作用,要运用参与体验式教学手段

历史,作为人文基础学科,它的知识本身是非常丰富多彩的。无论是中国历史中的郑和下西洋,还是世界历史中的新航路开辟等内容都带有很多的人文色彩,并且是令人神往和非常着迷的。作为即将从事历史教学的中学历史教师,我们要充分认识到教师在课堂中的主导和学生的主体作用,在学生探求知识的过程中,做好引路人。教师自己在探求知识的过程中要感受乐趣,并且将这种乐趣传授给学生,提高学生的学习兴趣。在教学中,充分地运用体验式教学手段可以很好地调动学生学习的积极性,满足他们的学习需要。正如赵亚夫教授所言:"学生是学习的主人,是学习的主体,所以学生在课堂上不应该处在被统治地位,而应当积极参与教学的全过程。"②

在参与教学的过程中,教师可以利用多媒体网络,教会学生查询一些相关的资料。在学生查询完毕资料以后,让他们展开自主学习,进行体验式学习,真正地领会历史知识的无穷乐趣。当然,在历史教学过程中,还可以设置情景教学,可以经常让学生有准备地对一些重要的历史人物进行即兴扮演。"在学习'重庆谈判'时,先了解重庆谈判的背景,再请学生以'毛泽东'

---

① 叶小兵:《历史教育学》,高等教育出版社,2004年版,第166页
② 赵亚夫:《历史课堂的有效教学》,北京师范大学出版社2007年版,第66页

的身份思考要不要赴重庆谈判。这样设身处地地思考,可以激发学生的学习兴趣,比较投入地进行思维。有说去的,有说不去的,通过讨论,使学生巩固了所学的知识,并且活跃了课堂气氛。"①而且,这样的角色扮演,满足了学生体验历史的学习需要,很好地进行了体验式教学。除此以外,为了让学生更加真实地感受历史,还可以在教学过程中,充分发挥历史文物、历史遗址、遗迹的作用,在教学中,组织学生到这些地区进行参观。比如在讲到辛亥革命时,可以组织学生参观辛亥革命纪念馆,这样的做法,还原了历史的原貌,让学生更加真切地体验并感受到了历史的史实。另外,还可以通过观看历史影片、科学与探索、百家讲坛等历史类节目,让学生学习与历史教学相关的知识。这样的教学方式,不仅很好地拓展了学生的知识,而且也在一定程度上对学生进行了人文教育和情感教育,满足了学生学习的需要,也很好地提高了课堂教学的实效。

三、发挥学生主体作用,要鼓励学生进行自主思考提问

历史知识,具有过去性和时序性的特点。每一个教学目标的达成,都依赖于教师的主导作用和学生的主体作用的有效结合。在历史教学中,学生主体性的发挥,在很大程度上决定着历史教学目标是否能够有效达成。实际上,学生主体地位的发挥,依赖于学生自主学习能力的提高和增强。而这种自主学习能力的增强,在一定程度上取决于教师教学手段的有效利用。这就要求教师,在历史教学的过程中,使学生自主明确学习的目标、自主进行思考探究。在中学的历史教学中,学生对学习目标的明确,不仅能有效地激发学生的学习兴趣,而且也便于学生对学习效果进行检验。在教学中,教师可以通过对历史课程标准以及教材的研读,告诉学生教学的目标,让学生做到心中有数,学习目标明确。比如说,在讲课之前,可以通过运用多媒体技术手段,在教学内容中展现本节课的教学目标和本课重难点,也可以适度地展现课程标准对这一节课的要求。这种教学手段的利用,可以让学生最直观地感受学习的重点,做好自己的听课计划以及学习计划。当遇到自己不理解的知识时,也可以更加便捷地向教师提问。

---

① 刘军:《中学历史教学探究》,人民出版社 2009 年版,第 174 页

另外,教师在讲完一节课的时候,学生可能会遇到一些自己解决不了的疑问。教师可以让学生对自己有疑惑的知识进行自主提问,然后引导全班同学进行讨论。而教师在这一个环节中则起到点拨、引导和启迪的作用。如果遇到多数学生都无法解决的问题,教师可以做重点的讲解。无数的教学实践充分证明,学生自己提出来的问题并且能够搞清楚,在学生的心中会形成很深的印记,这种教学手段的利用,不仅可以激发学生的学习兴趣和积极性,而且还可以起到提高历史课堂教学实效的作用。

四、发挥学生主体作用,要倡导学生做好学习总结

新课程的进一步实施,给教育教学带来了生机和活力。新一轮的基础教育改革,强调要改变课程实施过于强调死记硬背、被动接受的现状。《普通高中历史课程标准》中也这样提到:"普通高中历史课程的设计与实施有利于学生学习方式的转变,倡导学生主动学习……充分发挥学生的主体性、积极性与参与性。"①随着新课程改革的有效展开,新课程的改革者们逐渐认识到,发挥好学生的主体地位和作用,不仅可以更为轻松地进入课程的学习,而且还有助于培养学生的自主学习和主动探究的思维习惯,促进他们的知识和技能的转化和生成。正如学者所指出的那样:"学生主体作用的发挥能够打破传统的学生被动接受知识局限,将学生的学习潜能充分予以施展,便于教学活动的顺利展开。"②可以说,学生主体作用的发挥,不仅有利于教师的教,也有利于学生的学。而学生主体性的发挥,也是时代对于教育改革的呼唤以及教育本质的回归。

然而,在教学的过程中,经常会遭遇这样的情况,教师在讲完一个单元以后,对学生进行知识的检测,可是,学生却显示出对知识的茫然。这一现象,就完全是忽视学生的主体作用所导致的。实际上,学生在学习完一章或者一部分的知识以后,一定会有自己的收获和各自的心得。如果学生能够用自己的语言方式,将这些知识加以总结和反思,不仅能够培养他们的发展创新精神,而且还能够培养他们的综合素质和思维能力。事实证明,学生自

---

① 中华人民共和国教育部:《普通高中历史课程标准(实验)》,人民教育出版社2003年版,第2页
② 杨晓峰《高中历史教学中学生主体作用发挥之谈》,《文理导航》(中旬),2011年2月版

已总结的知识,更有利于学生的理解和记忆。作为教师,我们不仅可以引导学生对已经学过的知识进行概括总结还可以使学生对自己取得的一些学习经验进行总结。除此之外,还可以鼓励学生对自己所学的重难点知识进行尝试和探索。这些教学手段的运用,可以充分地发挥学生的主体作用,提高历史教学的效果。

总之,转变学生的主体地位,不仅需要教师的积极引导,还要求学生进行主动的学习和探究。这就要求"教师在备课中要善于结合学生的实际,正确分析学生可能会出现的一些问题,然后有针对性地去解决"①。实际上,只有学生主体作用得到充分的发挥,我们才能真正地贯彻新教育改革的理念。作为教师,授人以鱼不如授人以渔。我们要激励唤醒学生的主动性并且加以充分的利用,使学生从被动的接受知识,转变为主动学习,主动探索新知。只有学生主体地位的发挥,才能真正地提高教学的时效,让学生成为学习的主动者!

参考文献:

[1] [苏]B. A. 苏霍姆林斯基著,杜殿坤译《给教师的建议》(第二版),教育科学出版社,1984年版

[2] 陈辉:《高中历史新课程的理论与实践》,高等教育出版社,2008年版

[3] 叶小兵:《历史教育学》,高等教育出版社,2004年版

[4] 赵亚夫:《历史课堂的有效教学》,北京师范大学出版社,2007年版

[5] 刘军:《中学历史教学探究》,人民出版社,2009年版

[6] 中华人民共和国教育部:《普通高中历史课程标准(实验)》,人民教育出版社,2003年版

---

① 陈会兰《浅谈高中历史教学如何充分发挥"学生主体作用"》,《新课程》(教师),2010年11月版

浅谈构建高中地理
和谐课堂的策略与方法

郭加英

和谐课堂其实就是在教学中所希望达到的高效课堂,即让学生不仅仅提高地理知识水平,还有利于学生德、智、体、美、劳等方面的发展。

一、构建和谐的师生关系

课堂中的师生关系和谐是教师开展和谐课堂教学的前提条件。在课堂教学过程中,教师应当以平等的身份与学生沟通,让教学活动成为一个"合作的平台",而不是"师传生受"的一种僵硬化教学。所以在构建和谐课堂的过程中,和谐的师生关系是非常重要的。

建立和谐的师生关系首先要树立信任和尊重学生的教学理念,虽然学生在年龄上比教师小,但是教师必须要认清,学生也是有尊严的。当然,并不是说教师不对学生进行打骂或责罚就是尊重了,比如说,本来学生在思考问题、解决问题的时候,教师却主动说出做法或答案,让学生失去思考与探索的乐趣;一方面教师对学生说自己批改作业是多么的辛苦,让学生认真地改正作业,但是另一方面教师却在学生的作业或试卷上潦草地批改;当学生与教师沟通的时候,教师却一边做自己的事情,一边点头敷衍着等。尊重是彼此的,只有互相尊重,才能够实现良好的师生关系。

二、和谐课堂要以学生为主体

《新课程标准》指出:学生是学习地理的主体。因此为了更好地突出学生的主体地位,教师在教学中要开展合作学习,在课堂上引入小组竞争机制,让人人参与课堂,个个踊跃发言,从而形成良好的竞争激励氛围,各小组还要互帮互助,既团结又竞争,在快乐中学习,在竞争中进步。同时,给学生灌输大地理思想,开展各种形式的实践活动,让地理课堂走进生活,走向社会,把课堂有限的时空变成人人参与、个个思考的无限空间,我们要把生活地理和乡土地理引入课堂,给学生提供充分展示自己的机会,让课堂动静结合,张弛有度,新鲜有趣,从而让学生喜欢上地理。教学实践告诉我们,以学生为主体是地理教学的基本出发点,是进行素质教育,提高教学质量的必要条件。课堂教学发挥学生的主体性,是教学改革的必然趋势。只有着力构建学生的主体地位,才能真正把课堂还给学生,使学生成为学习的主人。

三、教师是学生学习的合作者

传统教学中,教师无论是备课还是上课都以自己为中心,在备课时更多的是备教材、备课堂设计、备自己讲的内容;在上课时更多的时候考虑的是自己怎样讲,很少考虑到学生的实际水平、生活基础、接受能力、感悟能力,不能站在"接受者"的角度灵活运用有关的知识。指导学生预习时,应该让学生通过导学案或阅读,或沉思,或讨论,或请教,找重点、析难点;展示时,学生或陈述,或补充,或归纳,或表演,既分工,又合作;反馈时,学生或提问,或反思,或挑战,或总结,成系统,共提高。学生参与了,被肯定了,参与课堂教学的热情空前高涨,大胆质疑、自主探究,学生真正成为了课堂的主人,学习也变得异常快乐和轻松。新课程改革提倡以学生为主的理念。提倡让学生做学习的主人,有句话我觉得很有道理:"谁真正把学生当作学习的主人,学生就会给他更大的回报,他就会有更多更大的成就感,学生就会有更大的收获。"

四、教师是学生学习的评价者

评价在教学的过程中是非常重要的,尤其是对于学生接下来的学习阶段会产生极为重要的影响。在构建和谐课堂的过程中,评价是一项不可忽视的重要因素。当然,对于学生的评价必须要做到有效,而不是盲目的,或者敷衍的评价。评价反馈的目的是:学会提炼规律,学会总结升华。要善于

对地理问题进行归类分析,细心揣摩答题思路,认真解剖思维障碍,精心总结解题规律,从而得出每一类问题的思维方法和解题方法,切实促进学生思维方式的转变和提高。

总之,作为从事高中地理教学的教师要想尽一切办法为学生创建和谐的地理课堂。创建和谐轻松的课堂才能真正发挥学生的潜能,促进学生的全面发展,让学生在正确认识地理知识的基础上形成正确的人生观、价值观。

浅谈高中地理教学

——读图能力的培养

李双喜

摘要:高中地理是一门考查学生综合能力的学科,对学生的未来发展具有重要意义。而地图可以说是地理的第二语言,是学好地理的基础,可见读图能力对学好地理的重要性。

关键词:高中地理;读图能力

从近几年高考题来看,地理学科对学生的观察能力、思维转换能力和逻辑分析能力的要求不断提高,这就要求教师在教学过程中,要学会角色的转变,以学生为主体,在教学过程中要多培养学生的观察能力,而高考试题观察能力的主要考查点在读图,也只有把图读明白以后我们才能分析图中给我们的已知条件和隐性信息,进而才能找到解题的突破口,因此高中地理的读图能力的培养尤为重要。

一、地图在高中地理教学中的地位

地图是高中学习地理不可或缺的教学内容,是学习地理的参考资料,也是学好地理的基石。综合近几年的高考综合题来看,都是以世界地理和中国地理的某个区域地图为载体,考查区域的自然地理特征和人文地理特征,选择题常出现统计图表、地形图较多,几乎每道题都是根据图来解决相关问题,也常常根据读图来评价学生地理知识的掌握情况,学好区域地理的第一步就是学会读图定位,这也是学好区域地理的关键。

二、培养学生读图能力的策略

(一)培养学生的读图习惯

对于部分高中生而言,大部分对材料分析的能力都高于读图能力,也没有平时查图、看图的习惯。这就要求教师在平时的教学过程中加强对学生读图的指导,告诉学生地图的重要性,让学生养成查阅地图的习惯,并且要求学生要把地图印在脑海里。

(二)培养学生动手画图能力

由于我校是特长学校,还有美术班,有一定的美术功底,在教学过程中让学生动手绘画地图,培养学生绘制地图的能力。教师可以先让学生从基础的画图开始,描出经线和纬线,山地、河流和湖泊,这样可以让学生更好地学习区域地理,还可以培养学生的学习兴趣。例如:在学习亚洲地理分区的时候,提前让学生画出亚洲的轮廓,画出经纬线范围,描出典型的山地和湖泊,学生在绘图的同时可以加深学生的地理知识印象。

(三)教学过程中培养学生的读图分析能力

在高中地理教学过程中,要加强培养学生的读图能力,从图中去找到显性条件和隐性条件,找到解决问题的突破口,才能减少错误率。高考中常见的图有等直线图、统计图表、地形图等等,对同类型的图给学生总结规律。例如:在中国人口分布图中,通过观察对比,发现我国人口最为密集的地区为东部沿海地区,引导学生从经济、交通、地势、资源、人文、历史、城市发展等方面思考我国人口的分布状况及原因,让学生掌握地理因素之间的联系性。同时,教师还应帮助学生分析图中存在的隐匿信息,让学生根据地理规律、地理现象及文中数据进行分析,不断提升自身的读图分析能力。

四、结语

地图是地理的第二语言,是高中地理不可分的基础内容。为此,高中的学习过程中培养学生的地理读图能力尤为重要,也是学生提升地理成绩的关键,对学生未来发展有很大的意义,这也就要求教师在教学过程中要注重对学生识图的培养,加强学生读图、识图、分析图的能力,从而加深学生对地理知识的印象,来提高学生对地理的学习能力和成绩。

浅析如何提高
中学数学课堂教学的有效性

张　丹

随着新课改的实施,减轻学生的课业负担,提高学生学习能力成为我们教育工作者首要的任务。所有的补课都取消了,授课时数减少了,同样去面对高考,如何提高课堂的教学有效性是摆在我们面前的首要问题。

可以从两个方面去理解,第一,教师有效地去教学;第二,学生有效地去学习。新课标强调了师生互动、共同发展,教学是双边的活动,只有教师和学生充分配合,才能达到良好的效果。下面我就这两个方面,谈谈我的想法。

我觉得学生是否能学好一个科目,首先在兴趣。通过对很多学生的调查了解,我发现学生之所以不喜欢学习数学是因为数学太枯燥,比起语文、生物、政治这些科目,数学和生活联系太少,学了也没什么用处。所以我在教学中,注重从生活经验出发,设计一些学生感兴趣的素材展现给学生,让他们体会到数学无处不在,生活中处处用到数学,从而提高认识,激发兴趣,进一步了解数学的重要性,积极努力地去学习数学。新教材中,这些生活的实例有所增加,比如涉及个人所得税问题、分期付款问题、出租车计价问题、生产安排最优解问题等等,这充分体现了数学的实用价值,不但丰富了我们的教学内容,也给了我们老师很大的空间去提升、抽象数学问题,创设情境,激发学生的求知欲,有利于学生进行有效的学习。这就要求我们更多地挖掘教学资源,比如,我在讲直线方程的时候,就出过这样一个题目给学生:移动通讯公司开设了两种通讯业务:"全球通"使用者先缴 20 元基础费,然后每通话 1 分钟,再付电话费 0.15 元;"神州行"不缴月基础费,每通话 1 分钟,付话费 0.23 元。若一个人平均每个月使用话费 100 元,则他选取哪种通讯方式较合算？手机是每个学生都用的，平时他们也面临选择业务的问题，所以，他们对此很感兴趣，积极想办法，自己把问题解决了，知识也学到了。

作为教师，我们要熟悉教材，做到心中有数。在设计课堂教学时，围绕着教学目的和要求，注意知识的连贯，重点难点突出，课堂上精讲少讲，避免啰唆。在知识的传授过程中，要循序渐进，要符合学生的认知规律。这里我想说知识的产生过程很重要，很多老师认为这个过程没用，直接开门见山讲授公式，然后强化训练，让学生能够使用完事。我觉得那样会使学生不知道为什么要学习这个内容，它跟前面的联系是什么，学习目的不明确，当然效果也不会很好，所以我觉得讲出知识的来龙去脉是上好课的一个关键环节。另外，对于重点内容老师一定要强调，使学生明确本节课的学习目标。在难点的突破上注意寻求恰当的方法，让学生容易接受，讲得精而有用，切忌教师不管难与简单都讲，让学生抓不住重点难点，简单问题可以让学生去讲，另外注意针对难点的反馈和强化训练，加深理解。教学上，可以让学生讨论、交流，有利于对新课的理解和吸收，慢慢掌握，到最后的熟练应用，形成一种数学思维，变成一种解决问题的能力。平时教学中我提倡一题多解，不局限于现有知识点，充分联系旧知识，采取多种方式解决问题，锻炼学生的思维。例如，我们在解一元二次不等式的时候联想到一元二次方程的根，进而想到二次函数的图像，通过数形结合，看出不等式的解集，这样对学生来说，很好理解。再如，我们讲线性规划问题时，画线性区域时，二元一次不等式表示的区域，想到二元一次方程，也就是一次函数表示的直线上所有的点都满足方程，那么不满足的就是两侧的区域，即不等式表示的区域。还有求最优解时，目标函数为二元一次时，通过变形联想到直线的截距，求出最优解。在不断类比、转化的过程中，学生会逐渐形成自己的数学思想和方法，会解决很多问题，而不是简单的"照葫芦画瓢"，那我想，我们的教学目的就达到了。

课堂教学中，我们要注重对学生的积极评价。对学生的学习态度和取得的成绩给予表扬和肯定，可以让学生产生成就感，会激起他们学习的热情，从而加深他们的对知识的理解。鼓励学生大胆质疑，积极探索，这样才能充分地调动他们的思维，进行思考，达到有效学习的目的。教师要善于发现学生的进步，哪怕是一个小小的问题答对了，学生的解题方法新颖了，作业完成得不错了,都要及时给以表扬,增强他们学习的信心,激励他们表现的欲望。对于基础差的学生,尽量多给机会,让他们也能参与进来,让他们也觉得可以学得会。讲练结合,可以让学生自己出一些题目,互相讨论,解答。使学生思维活跃,精力集中,课堂教学必然会有效。

另外在学习过程中,我采取合作学习的学习方式。将班级分成 4 个大组,每组设有行政组长 1 名和学习组长 2 名。采取小组加分制度,让所有的学生动起来,产生一种争先恐后的课堂氛围,调动了学生的积极性。各小组内部做好课前预习和准备,在课堂上互相帮助,合作学习,对于简单的问题,直接由小组解决,这样不仅调动了学生的学习热情,也会大大地提高课堂效率,同时培养了学生的自主学习能力。

课堂教学是教师与学生双边的活动,要提高教学的有效性,必须以教师为主导,学生为主体,充分调动学生的学习热情,变被动为主动,变"要我学"为"我要学",利用一切资源灵活教学,最终让学生形成自己的知识体系,把数学变成未来学生的一种解决问题的思想和方法,这是我们每个教育者时刻应该思考的问题。

浅谈信息化环境下教师素养的提升

刘家伟

随着科学技术的迅猛发展,人们的生活水平的日益提高,各种各样的新设备进入到了日常生活当中,人们获取信息的方式变得多种多样。从以前的口耳相传、看书看报到现代的看电视,听广播,通过手机、电脑、平板等到网络上去获取信息。除了在日常生活上的改变外,在教育手段和学习方式上也使用了各种先进的现代化辅助设备,多媒体电脑,电子白板、IPAD 平板、手机,还有丰富的教学资源都融入到了现代教学中。

自从现代教育技术融入到教学中后,传统的教学模式逐渐被打破,从而带来了整个教育内容、教学方法、教学手段、教学模式和教学过程的根本转变,对传统教学的教学过程、教学过程、方法和教师学生的角色地位都产生影响。现代教学过程是在传统的教师、学生和教学内容基础上增加了教学媒体这个元素,教学内容上形成集文字、声音、图像、动画、视频等于一体的多媒体信息,教学方法变得灵活多样,教师角色由知识的传授者变成学生学法的指导者,学生由被动的学习变成按照教师的指导和组织安排进行主动的学习,降低了学生在学习上对老师的依赖性。因此在应用现代教育技术的教学中,教师应该根据教学方法、教学内容和教学过程的变化,逐渐调整自己在现代教育技术教学中的作用,完善自己的教学方法,丰富教学过程,提高学生的学习主动性,使教师和学生在教学过程中形成新的师生关系,教学关系,达到和谐统一。那么如何让教师适应自己在现代教育技术教学中的角色,我谈一下自己在教学过程中的一些体会。

一、教师要树立终身学习的信念

面对科学技术的日益发展,人们所受到的教育不再是以往的阶段性教育,而是要进行终身学习的终身教育。终身教育是为了培养具有独立学习能力的人,能够利用各种学习资源进行终身学习的人,根据自己的需要随时调整自己的知识结构,不断地获取新的知识、信息和能力来适应瞬息万变的社会,提高个人在社会上的生存能力。因此传统的教育方式已经不能完全适应现代教育技术教学的需要,必须向学生传授如何学习的方法。只有学会学习才能终生学习,才能不断地更新知识,不断地调整自己的知识结构以适应时代的发展。

教师不光要帮助学生掌握终身学习的能力,自身也要进行终身学习,不断地拓宽自己的知识领域,教师必须先自己学会终身学习,才能教授学生终身学习的方法。教师要根据自己的实际情况和教学需要,本着自己缺什么就学什么的原则进行自学或参加各种培训,补充新知识、新方法、新能力,更新教学观念,掌握新的现代教育技术,适应新形势下的教育发展的需要。

二、教师要提高学生的学习能力

国家正在大力提倡素质教育,这对运用现代教育技术的新课堂提出了新的要求,将教师从传统课堂教学模式中的"填鸭式"教学中解放出来,从知识的传授者改为学习方式的指导者,要改变传统教育中以教师讲授为主的学习方法,让学生更多地自己去动脑想、动手做,提高学生自主学习的能力。教师在教学过程中要将启发的思想和原则贯彻在课堂上,充分调动学生的学习积极性、主动性和创造性。教师要在引导学习上多下功夫,要有意识地引导学生创造性地学习,开发思维,培养学生解决问题的能力和学习兴趣。教师在教学过程中主要的思路是如何引导学生在浩瀚的知识信息里选择自己要学习的知识,如何强化收集和整理知识的能力,如何将学到的知识加入到自己的知识体系结构中,丰富自己的知识宝库。教师在备课和教学中要合理地运用现代教育技术设备,在教学过程中适当地减少教师板书时间和学生记笔记的时间,发挥学生自主学习能力,加快教学进度,给学生留有时间去思考、质疑教学内容,多提"为什么",让学生多问,从根本上提高学生的学习效率。

三、在教学中要善于总结

在现代教育技术教学中经常会用到各种多媒体设备进行教学,在使用

过程中要探索新的教学形势下的教学规律,利用有关的教学工具,及时收集学生反馈的信息,并对自己的教学进行修改和完善。在开发课件过程中,可以加入适当的图形、图像、声音、视频等多媒体元素去吸引学生的注意力,帮助学生理解和掌握教学内容,跟随教师的教学过程完成教学任务。教师还可以将自己做的教学课件,教学测试习题等资源发布到学校的资源网站上,学生可以不受时间和地点的限制,利用零散的课余时间自己做习题、巩固在课上所学的知识,使学生的主动性得到充分发挥,提高学生学习兴趣和学习效率。

四、教师在现代教育技术教学活动中的地位和角色发生根本性的变化

随着现代教育技术教学活动的开展,在新的教学形势下教师的地位和角色有很大的变化,为了适应新的教学要求,教师从传统教学下的"主宰"变成新教学形势下的引导者。这就需要教师适应新的教学形势下对教师提出的新的要求,教师的职能要多元化,除了在课堂上作为组织者和管理者外,还要具有更加丰富的专业知识与现代多媒体技术的运用、操作技能。要求教师在做教学设计的时候,要更多地考虑到有针对性地选择教学媒体,更好地设计教学方案,让学生用最短的时间接触和学会更多的知识,提高课堂效率。学生由传统教育中的被动学习变为主动学习,为了让学生更好地适应现代教育技术教学中对知识容量的提升,要求学生具有更好的学习方法和学习策略,教师要加强对学生学习方法的指导。

五、教师应提升在现代教育技术教学中的能力和素养

教师在现代教育技术教学中除了要进行终身学习,提升自己的学科知识素养外,还应该加强对计算机辅助教学和多媒体技术应用等能力方面的提高,学会用更多的方式和手段来达到传授学科知识的目的,树立现代化的教学思想来适应现代教育技术发展的新形势。现代教育技术教学对教师提出了更高的要求,教师要应用现代化的教育技术授课,就必须提高自身素质,还要更新教学观念,研究新的教学模式,提高教学质量和效率。

六、要完美继承传统教学中好的方法和思路

运用现代教育技术进行教学,不是要完全摒弃传统教学的教育方法和思路,而是要在传统教学方法中加入现代教育技术的新观念、新方法和新思路,将两种教育进行融合,去掉那些不符合时代发展需要的陈旧的教育理念和方法,保留精华部分,整合新的思想和方法。传统教学中的教材知识整理,记课堂笔记,纠错本等方法的运用是学生学习的好方法,是符合学生学习需要的,是不能舍弃的。

总之,随着科技的发展,现代教育技术日益深入到教学中。为了适应新教学形势下对教师的要求,教师必须要改变教学观念,研究新的教学方法,熟练运用现代教育技术,适当使用现代教育技术设备去提高教学的质量和效率,提升学生自主学习能力,紧跟时代发展的需要,成为新一代的好教师。

浅析声乐艺术的"二度创作"

韩明辉

我们都知道,声乐表演是所有音乐表演中最直接抒发表达人类情感的一门艺术。能为观众呈现最真挚,最美好的歌声,是所有声乐表演者追求的崇高目标。因此,对于声乐表演者来说,懂得运用歌唱艺术的表演规律进行声乐艺术的"二度创作"是非常必要的。

什么是声乐艺术的"二度创作",我认为是声乐表演者,将作曲家,作词家合作谱写的声乐作品,变成有声,有字,有情,有形的声乐艺术到舞台上为观众表演。

如何进行有效的声乐艺术"二度创作",这就要求声乐表演者从熟悉作品开始,熟练地将歌曲的词、曲唱好,背熟。继而,进一步对作品的背景,情绪,内容进行分析,加深对整首作品内容的理解。真正理解作品之后,我们要做的工作是将作品进行艺术处理与加工,由声乐表演者通过良好的舞台表演将"字正腔圆,声情并茂"的完整作品呈现给观众。

一、声乐艺术"二度创作"的初级阶段——掌握作品

(一)熟悉作品

对于一位声乐表演者来说,拿到一首新的声乐作品,首先要做的事情就是熟悉作品,将作品的歌词内容和歌曲的旋律熟悉掌握。作品的歌词,主要体现作品将要表达的内容和思想感情。因此,我们首先要做的是,认真朗诵歌词,掌握每句"抑,扬,顿,挫"的声调。根据歌词所表达的思想感情,确定哪句应该扬上去,哪句应该降下来,什么地方语气重一些,什么地方语气柔和一些,真正做到心中有数。

在掌握了歌词之后,我们就应该熟悉旋律了,然后将歌词与旋律结合起

来,一边视谱,一边记忆,反复练习,直至记熟为止。接下来的任务,就是实地演唱,通过放声歌唱,解决发声与咬字,吐字的技巧问题,同时与朗诵时体验的情感表达手法结合,做到情感表达的初步尝试。

（二）分析作品

声乐作品的细致分析,是非常重要的。这里我将声音作品的分析分成两部分。

歌词内容的分析。对于歌词内容的分析,我们要抓住准确的语言意境,从而准确掌握其艺术形象。在分析时,认真体会字里行间的浓厚情感,将干巴巴的文字与作品的艺术情感很好地结合起来,真正将"声情并茂""神形兼备"的歌声表现在声乐艺术表演中。

声乐内容的分析。在关于声乐内容的分析上,我认为我们应该从以下几个方面入手:第一,对声乐曲式的分析,进一步认识和把握不同曲式对比、变化的内容及规律性,以便在艺术歌唱中将这种感情对比,形象对比鲜明表现出来。第二,音乐调试,调性分析,歌唱者通过分析,要根据调式,调性的特点,运用音色变化的技巧,去表现音乐与情感的色彩特征。第三,对音乐形象分析,歌唱者要分析抓住每一个乐句的音乐形象,为音乐的音乐处理找到可靠的依据。同时,为了更加准确地刻画艺术形象,歌唱者就必须充分调动艺术表现手法,运用声音的力度,声音的音色,节拍等表现手段,将音乐艺术形象真实生动地表现出来。

（三）作品的艺术处理

声乐作品的艺术处理是要求声乐表演者,对作品进行处理与加工,使处理加工的声乐作品,能准确表达情感。

处理声乐作品,我常从以下几个方面入手。

1.速度处理

速度是音乐表现方法之一,作曲家所要表现的人物、心情、环境不同,作品的速度就会不同。如果是描绘美丽宁静的草原风光,我们应采用柔和的慢板来表达意境;如果是欢悦活泼的刻画人物的作品,我们应采用适度的中速度来表达意境,等等。由此可见,声乐作品的速度处理,会很准确地表达歌曲的意境,要求我们声乐表演者重视。

2. 力度处理

在音乐表现中,声乐力度的强弱直接真实地反映音乐意境,思想感情,因此,在对声乐作品进行处理时,要恰如其分地掌握其规律。如:表现力量的弱小,细腻,描绘阴暗的意境时,我们应采用弱(mp. p. pp)的力度来表现。如表现强大,震撼等高大形象时,应采用强(mf. f. ff)的力度来表现。

3. 音色处理

音色的表现直接反映的是人的思想感情,如:高兴时音色是明亮的,悦耳的;忧愁时音色暗淡;愤怒时音色粗糙;紧张时音色干涩。这里就要求歌唱者,要利用音色准确表达人物的思想感情,刻画不同的人物性格。

二、声乐"二度创作"的中级阶段——艺术表演

在完成了作品的艺术处理之后,我们要做的事情就是如何提高表演能力,真正达到"字正腔圆,声情并茂"。

(一)强化乐感,提高表演技巧

所谓"乐感"就是演唱者表现音乐的美感,也就是让观众听起来"对味"。对于声乐表演者来说,要提高乐感就要从"音准""节奏"入手,准确掌握歌曲的旋律和节奏。同时加强"旋律感"和"律动感"的表现,让自己的声音随着音乐的进行流动起来,在听觉上带给观众美的享受。

(二)热情投入,真情流露

作为声乐表演者来说,如果没有感情,就不能成为艺术家。那么怎样才能做到"声情并茂"呢?我认为演唱时的热情投入、真情流露是达到"声情并茂"的重要方法之一。首先,声乐表演者要热情投入到唱词的情境中,将歌词的内容、叙述的事物、刻画的心理搞清楚,并熟记心里。其次,在声乐演唱中表演者一定要记住,要想感动别人,先要感动自己。歌唱者在表演时必须要细心体会歌曲思想感情的含义,并完全投入其中,将自己与作品融为一体,真正深入到歌曲的情景中,为其感动、受其感染,真正达到"忘我"的境界。最后一点就是要求歌唱者在表演时能够做到"真情流露",这就需要歌唱者要积累生活经验,从中提炼感情依据。如,笑,需要真实表现高兴时愉悦的心情;哭,就要将悲伤真切地表现出来,只有在演唱时将真实的情感流

露出来,我们的观众才会满意。

三、声乐"二度创作"的高级阶段——舞台表演

一位声乐表演者的舞台表演是非常重要的,它不仅要求表演者要有较好的演唱技巧,更要求表演者具备优美的形体表现和良好的台风。

所谓具备优美的形体表现,无外乎就要从站姿、手势、眼睛、面部表情四方面入手。站姿,就是演唱者站在舞台上要抬头挺胸、神态自然、落落大方,给观众耳目一新的感觉;手势,手势表演能够渲染气氛,所以演唱者站在舞台上要有一定的"气势",要做到"松而不懈""能柔能刚"表演自如;眼睛,眼睛是心灵的窗户,人的感情会通过眼睛表达出来,不同的眼神会反映不同的心态与感情。演唱者要通过眼睛的表达唱出"精气神"来,这样才能感动观众;面部表情,面部表情分为"喜、怒、哀、乐"等,歌唱者在表演时,一定要从面部表情体现情感,是什么情感,就要有什么表情,千万不能表里不一,引起观众反感。

有了优美的形体表演,接下来就是如何拥有良好的台风。台风主要包括演唱者的上场和下台,台风的好与坏直接影响演出效果。

我们先来说一说"上场",演唱者一上台,必须要有精气神,绝不能无精打采,同时要带给观众热情亲切,不卑不亢的感觉,留给观众美的印象!

下场也就是谢幕,这是整个过程中最重要的环节,在下场时,演唱者要有礼貌地向观众鞠躬致意,动作要缓慢,沉稳,同时要沉着,冷静,真正将这个结尾做好。

声乐艺术的"二度创作",对于一位声乐表演者来说至关重要。我们要在不断的实践探索中丰富自己。作为一名教师我要学的东西还有很多,今后,我还会积极努力学习,不断提高自身表演能力,严格要求自己,将最好的方法带给学生,最好的歌声送给观众!

参考文献:

[1]《歌唱学》邹本初著人民音乐出版社

中学男子 100 米速度训练的策略研究

纪青森

速度是百米的灵魂,步频和步长训练一直是短跑训练中的核心问题。现代短跑训练要重视的是最高速度的发挥和保持,以及速度节奏的控制。陈旧的短跑技术和训练理论是影响我国短跑运动员速度的众多原因之一。速度训练包括很多方面,不仅仅是位移速度,还有反应速度和动作速度等等。速度素质发展是一个复杂的过程,必须把速度练习和爆发力、灵敏协调等素质结合起来发展,有针对性地突破"速度障碍"。

一、训练强度对 100 米专项成绩的影响

在速度训练中,决定性的条件是高至极限的动作强度。运动员必须以最大的力量和适合于他们体型的最理想的动作频率及动作幅度,尽力达到和超过目前为止的最高速度,因此速度训练的目的,就在于突破原有的动力定型。训练时应注重质量关,而不是量,其强度为 90% ~ 95% ,有时 100% 。时间在 10 秒之内,距离在 60 米 ~ 80 米之内,发展速度时运动员处于精神集中、体力充沛的时候,效果最好。根据这些特点,在训练中采用了强度训练,认真抓好每次跑的动作质量,同时又相应地减少了训练数量,这样既有效地保持了速度训练的大强度,又减少了疲劳现象的出现。

二、改进跑的技术对提高 100 米速度的影响

运动员的快速能力在很大程度上取决于完善的运动技术,运动员只有掌握与素质相适应的正确合理的技术,使动作的完成达到经济性、实效性,才能充分发挥已有的速度水平。

(一)折叠高抬腿跑练习

要求脚掌下压趴地动作后进行较快速的折叠高抬腿跑的练习,重点体

会两腿快速地折叠摆腿和小腿与脚掌扒地动作。此练习可在跑道上进行，也可以在摆好的标记上进行，如：标记物每个间距1.5米，摆30～50米，有利于在快速跑的过程中改进跑的折叠摆腿技术和提高跑的频率。

（二）加强摆臂技术练习

1.有人说"跑速是摆臂加摆腿"，说明摆臂和摆腿同样重要。美国著名教练温特认为，手臂的动作越快，腿部的动作也就越快，所以无论教师和学生都要注意摆臂技术。练摆臂的方法很多，在训练中我所采用的是原地摆臂练习，方法是两脚前后开立，重心放在前腿上，以肩为轴，肩关节尽量放松，两臂轻松有力地前后摆动，摆臂练习最好采用坐姿，两腿自然伸直朝前，上体保持正直或稍前倾两臂前后有节奏摆动，这样有利于控制肘关节角度，防止肘关节回摆时过大打开。

（三）鞭打扒地练习

练习时大腿高抬后下压，将小腿向前鞭打扒地，小腿放松前摆，以前脚掌快速扒地动作。30m×3～4组，一条腿完成做另一条腿练习。

（四）跨步跑练习

练习时要求上体保持与跑时的姿势一样。蹬伸腿快速蹬地后，迅速放松伸肌，大小腿由自然弯曲到迅速折叠前摆，在大腿积极下压时，小腿和脚向后扒地式落地。落地前脚离地面较低，这不但减少了落地时的冲撞力，而且脚落地后踝、膝关节能做积极缓冲，30m～60m×3～4组。

（五）加强髋部速度力量，提高跑的速度

摆髋带腿是指短跑运动员在快速的跑动中，其摆动腿向前摆动时，以髋部肌群开始发力带动大腿积极向前上方摆动的一个技术动作。根据摆动动作原理，当摆动腿积极向前上方摆出时，髋部肌群开始发力快速地进行收缩，带动髋横轴向蹬地腿一侧迅速转动，从而促进了摆动腿的摆动动作，使摆动腿的摆动速度和摆动幅度增大。可见，摆髋带腿是途中跑技术中非常重要的一个环节，加强这一技术的训练对于运动成绩的提高具有重要的作用。在训练中我所采用的摆髋带腿跑技术的训练方法有：

（六）抗阻绕拦角摆髋练习

这是提高髋关节灵活性和周围肌群力量练习的方法。练习者小腿绑沙袋，将跨栏架升至与髋部同高的位置上，站于栏架的一侧，两手扶固定栏杆，

一腿支撑另一腿,同跨栏起跨腿过栏动作相似进行绕栏角练习。髋关节的灵活性和周围肌群力量是影响摆髋带腿跑技术的重要因素,加强髋关节练习,是进行摆髋带腿技术训练的基础,也是提高摆髋能力的有效途径。

(七)加强髋部肌群强直收缩练习

练习者两手握住栏杆,上体直立,一腿支撑另一腿屈膝后抬小腿,让帮助者握紧脚掌向后牵引并使髋部伸展。当髋部伸展到最大幅度时,髋部肌群再用力收缩,保持数秒钟之后,帮助者突然松手,练习者利用髋部肌群收缩的力量带动大腿快速向前摆动。增大髋关节的伸展幅度,而且还能强化髋部肌群发力,增强肌肉的收缩力量,提高髋部摆动速度。

(八)速度训练应结合学生的实际情况

速度训练一般在学生兴奋性高、欲望强的情况下进行,一般安排在训练课的前半部分。在平时的教学中,教练员应注意观察不同学生的特点,根据学生的实际情况,有针对性地选择适当的训练手段来发展学生的速度素质。

三、建议

1.短跑的速度特点要求练习动作速度快,因此在进行练习时,应经常变换训练手段,采用不同训练法来提高运动员速度。

2.速度练习时采用的动作应该是被练习者熟练掌握的动作。这样,练习者不会浪费太大的精力去研究如何完成动作,而是把精力集中在完成动作的速度上。

3.现代短跑速度训练应重视选择和设计符合短跑技术特征的各种速度训练方法和手段,使训练的观念有各方面的更新,达到改善短跑技术,提高短跑成绩的目的。

浅谈钢琴教学中的几个重要环节

姜　森

钢琴艺术的发展引起了钢琴教学领域的不同凡响,出现了更多的新观念、新内容、各种尝试性的教学技法也应运而生。钢琴教学不同于一般以传授知识为主的学科教学,它是以实践为主的教学,又是一门要求理论与实践高度结合的学科,它的首要任务在于教会学生在正确的思想和方法的指导下,通过自己的练习和演奏实践,去表现音乐的思想情感和内容。由于钢琴教学和演奏具有强烈的个性特点,往往是因人而异的,所以,要对钢琴教学和演奏的普遍规律以科学的标准进行认识和总结,因此作为一名音乐教师,这就要求我们对钢琴教学中的几个重要环节牢牢抓住,并能够针对每个人的具体情况进行教学,教会学生自己去抓这些环节。现试将钢琴教学中的几个重要环节归纳如下。

一、识谱能力的培养

识谱训练是钢琴基础教学中的重要环节,学生识谱能力的提高与否直接影响着钢琴学习的进度以及个人演奏水平的提高。然而,钢琴学生在平时训练中往往只重视弹奏技巧,而对识谱中存在的问题视而不见。那么如何提高识谱能力呢? 我们试从以下几个方面论述。

(一)强化听的感觉

音乐学习的各个方面都涉及听觉的作用,审美主体对于音乐的各种听觉感受能力(节奏感、音高感、旋律感、和声感、结构感、形象感等等)是审美能力的基础。学谱的基础也应该首先放在听觉能力的培养上。听得多了,自然会有一些音高的感觉,有了先入为主的音高再唱谱,学生更容易掌握音准的概念,这也是许多老师提出的先唱歌词再唱谱的原因但一遍一遍的唱

学生很容易分心，也提不起兴趣，所以在听的时候要变化多种形式，在给学生美的感受的同时强化他们听的感觉。

（二）利用创编旋律来提高识谱能力

创造性能力培养应该贯穿于音乐学习的各个环节、整个过程。识谱教学中的各项内容和能力培养，都应该以即兴活动的形式给学生机会，创造性地探索节奏、音响、旋律等音乐基本要素的各种变化和重新组合。

二、如何培养学生良好的乐感和理解力

钢琴教学的首要任务是有意识地去培养学生对音乐的感受力，只有了解了作品的风格、特点及背景才会更好地把握作品，使其更富有感染力、说服力。音乐是不能用语言来解释的，而是靠感觉。所以乐感培养应从小抓起，乐感有先天因素，但主要是在后天的学习生活中培养的，应让学生们多接触，多聆听、多欣赏各类美的音乐以及多听有趣的故事等等来培养乐感。通过较长期地、有目的地聆听音乐，钢琴教学在培养学生的乐感的同时，应当有目的、有系统地培养学生对音乐的理解能力。

三、演奏技巧的全面培养

钢琴演奏技巧绝不只限于弹奏技术。而弹奏技术作为音乐表现的一种手段，也不应当只是机械地理解为能弹得快、弹得响，能弹双音、八度和各种跑动等。

培养钢琴学生，必须注意培养他逐步掌握较全面的弹奏技术。钢琴弹奏技术的分类法是多种多样的。有按弹奏的各种音型来分类的：如音阶式跑动的技术、分解和旋式进行的技术、双音技术、八度技术等；也有按各种演奏方法来分类的：如手指技术、手腕技术、下臂动作技术等。我们应该教会学生掌握较多种的演奏方法。不同风格类型的钢琴弹奏技术，可以通过练习不同的弹奏方法去训练，才能真正具体地学会各种不同风格类型的技术。

四、教材及练习的安排

钢琴教学质量的提高和两方面因素有密切联系：一方面是教学法，另一方面是教材及练习的安排。教材再完备，没有好的教学法和合理的练习安

排,都是不可能提高教学质量的。每一种教材都应当能在钢琴演奏的音乐表现和技术锻炼两个方面起积极的作用,并能作为整个学习过程中一个有机的环节。教材的选用和安排是因人而异的,必须针对每个学生的具体条件、主要问题以及发展的情况来决定。

钢琴教学可分为三大类:基本练习、练习曲和乐曲。这三类教材彼此间有联系,但各有各特殊功能。从练习的角度来看分四点:首先,为了达到事半功倍的效果,练琴时要认真细致地读谱,力求不读错或很快发现并改正错误的(常见的如高,低音谱表;升,降记号;第几线;第几间;数对拍子等),避免弹错。其次,程度适当的乐曲是不会使练习者感到处处困难的。应把乐曲里的特殊音型和难点列为练习重点,做到"单独练习,重点突破",尽量缩短掌握一首乐曲的时间。第三,注意练习与休息交替。尤其年龄小的孩子,精神,体力都不宜练习时间过长。第四,旧曲子,新曲子,难曲子,容易曲子的练习要交替进行,这样可以减轻疲劳,同时针对初高中学生可以采用一些流行乐曲的练习,激发学生学习钢琴的兴趣。

总之,任何事物都有一定的基本原则,任何事物在表面现象的后面都有其产生的根源。如果我们在解决问题时只注意对事物表面现象的解决,不注意解决事物的根源就等于治标不治本,就很难彻底解决问题。所有经常反复出现的问题就是由于没有找到根源造成的,真止地解决问题一定是在根源上彻底地解决。钢琴的技术上也是如此,在手型、手指等技术动作的背后还有情绪、性格、心理、注意力等影响技术能力的根源。这些问题的存在原因就是由于我们长期对钢琴教学理论和教学方法研究的忽视。钢琴教学中涉及的问题很多,要抓住的环节也很多。以上仅就几个重要方面,就一般的原则谈谈我自己的看法。中国钢琴教学经过几代人的艰苦奋斗已逐步开始它的科学化、规范化、系统化的进程。因此,我们要让不同的钢琴教学模式相互批评、竞争、借鉴,发挥各自的功能,使我国钢琴教学的原则与方法更具鲜明的实践性、创新性、科学性和发展性。

浅谈对 400 米放松跑技术的认识

李宏亮

短跑放松跑技术是一种运动技术,而运动技术是指运动员运用自身的身体能力,合理、有效地完成动作的方法,运动技术的经济性、实效性、科学性也反映了短跑放松跑技术的特点。

一、影响 400 米跑成绩的构成因素

400 米是短跑中最长的项目,是速度力量耐力型周期性项目,既要具备 100 米的绝对速度,又要拥有一定的速度耐力与力量耐力。运动成绩可以分解为许多单一的能力及条件,或被理解为由它们所构成,这些单个的因素不能被孤立地看待,而是彼此紧密结合在一起,其结合则是运动成绩本身。

（一）速度是灵魂

苏联拉祖莫科斯基指出:"400 米这个项目要求运动员能快速、勇敢、拼命地从开始跑到最后,而且 400m 跑运动员必须是短跑健将。"400 米跑属于无氧耐力项目,其供能方式主要为 AT P – CP 供能和无氧酵解供能。现代 400 米跑运动成绩的不断提高再次证明它只能是短跑项目,是速度的延伸,运动员 100 米和 200 米速度素质的优劣将直接影响和制约其专项成绩的提高。

（二）耐力是基础

400 米跑是短跑中保持高速度的距离最长的项目,因此对速度耐力的要求就更高。德国著名田径专家威诺尔的研究表明,不同水平、不同性别的优秀 400 米跑运动员,其比赛全程都呈加速阶段、最高速度保持阶段和速度衰减阶段三个阶段,最高速度一般出现在 80 米 ~ 150 米段,最高速度跑只是维持很短一段的距离,而大部分段落属速度衰减阶段,也是运动员拉开差距的阶段。这说明了解决保持速度，使速度尽量不要下降很快的速度耐力是提高 400 米跑成绩的关键。

（三）放松是保证

良好的心理状态是获得神经肌肉放松感和积极心理情绪的前提。心理紧张时，骨骼肌也不由自主地紧张，而当心理放松时骨骼肌也自然放松。运动员具有良好的心理品质是有效发挥技术、战术和机能潜力的保证。为了保证在短跑比赛中动作协调放松，应注意运动员的心理训练，使运动员具有良好的心理品质。

二、建议

1. 教练员正确理解 400 米放松跑技术概念，重视 400 米放松跑技术在提高运动成绩中的作用。

2. 400 米放松跑技术的训练应贯穿于全年训练计划之中。

三、总结

放松能力的获得与放松技术的形成需要一个过程，有其特定的规律，而青少年阶段是运动技能获得的重要时期，所以，放松训练应从青少年时期抓起，从训练的初级阶段就要注重培养。

浅谈中学开展健美操教学的重要性

李少娟

摘要:在进行健美操教学时,如何利用合适的教学方法,有效提升教学效果,是健美操在开展教学活动时所着重关注的问题。在对传统教学模式与理念等方面进行研究以后发现,其具备较大的固定性。因此,基于健美操教学活动,创新教学方法,对健美操教学工作的开展具有很大意义。

关键词:中学;健美操教学;重要性

一、引言

健美操作为初中体育教学的重要科目,自开设以来经过多年发展与完善,已基本形成了完善的教学资源体系,在培养学生健美操技能,促进学生身心健康发展等方面发挥着重要作用,为其可持续发展奠定了一定基础。

二、中学开展健美操教学的重要性

(一)提高学生运动积极性,创新教学思路

健美操在教学内容、教学模式等方面相对于其他理论性课程而言,存在明显的差别。理论性课程会在每一个教学阶段对学生实行目标明确、范围固定的考试,这一种考试模式导致教学内容、模式方面无法随机变动。而健美操课程不同,健美操课程属于户外运动类课程,教学内容没有明确的规定和限制,户外的教学也为教师提供了非常多的发挥空间,这也间接展现了教育的教学作用。

在健美操的教育中,其目标主要是让学生了解并掌握健美操,同时培养参与健美操的兴趣,所以在教学当中需要根据学生的实际情况制订具体的

教学计划。在教学中后期,可以以健美操典型动作为主要教学内容,学习健美操的各种复合动作、步伐的基本转换技巧以及跳跃技术等,并开展中等强度的有氧练习或低强度的力量练习,并根据学生实际体质逐渐增加训练的强度,实现全面发展的目标。

(二)对学生成绩有所助益

传统健美操教学都是利用老师把相关理论口述给学生,这就导致不同老师传递给学生们的理论思想存在一定差异。在网络教学平台建设完成并应用以后,可以帮助老师开展教学活动,对学生理论、创作、编制、技术等方面的能力有很大帮助。尤其是对在短时间内提高健美操技术成绩有明显作用,但是从长时间应用情况来看,成绩差异并不是很大。

三、中学健美操教学优化策略

(一)合理运用网络教学平台

学习者分析是为了满足学习者的需求和个体特点,而不是让学习者来适应传统的教学活动,这也是实现健美操网络建设中主要目标之一。现阶段,在学校中的健美操课程主要针对大一、大二的女生,其学习健美操的主要目的就是为了健身和塑形,但很多人对健美操的了解比较少,大多数都没有接受过有关体育和艺术类的培训和指导。确定学习目标则是健美操教学活动开展的前提,把具有丰富性的动作交给学生,使其通过学习保持良好的身体形态,发展学生自身的灵活性、协调性、柔软性和耐久性等方面。因为网络教学平台内容具有多样化和多元化等特点,所以在网络化健美操教学平台中的教学目标也越来越丰富。

(二)重视对初中健美操教学参与主体的思想教育

一是要求健美操教师在教学中能够灵活运用多种教学方法,向学生传授健美操项目学习优势,提高师生对健美操项目的重视程度。二是提升初中领导对健美操教学工作重要性的认识,从宏观角度制定更多有利于健美操项目发展的规定,在教育经费、师资队伍建设、场馆及配套设施等方面向健美操项目倾斜。三是提升学生家长对健美操学习和锻炼积极意义的重视程度,让家长认识到健美操学习和锻炼能够带给学生更多的乐趣、健康的体魄和心理。尤其是在当今全面健身理念下,健美操作为一种广大民众喜闻乐见的体育健身项目,具有广泛的群众基础,可为未来大众体育、全民健身理念贯彻实施奠定基础。因此,要从思想上加强初中健美操教师、学生及领导、家长等健美操教学参与主体的思想教育,提升其对健美操教学重要性的认识。

(三)趣味与实践结合性教学

在教育中可以借助多媒体技术对教学进行改革。借助多媒体技术构建全新的健美操教学模式,将多媒体教学与健美操教学结合起来,强化教师的引导性作用,突出学生的实践锻炼环节,从而实现对学生能力的培养,提升学生的健美操基本素质、实践性能力。在健美操的教学当中应用多媒体辅助教学方式,解决教师在教学中所存在的口令、节奏以及动作不准确等问题,将优秀的健美操录像作为教学材料,及时纠正学生在动作方面的不准确。另外,借助多媒体技术的交互性,教师可以将教学内容以数字化方式表现出来,传输到学生的手机、电脑等终端上,从而为后续的自主学习与训练提供一定的帮助。

四、结束语

随着新课程教学改革进程的不断推进,健美操也早已成为初中体育教学中的重要课程了。由于各种原因,不管是教师教学,还是学生学习都存在着诸多问题,本文对此进行浅析,并为此提出更具有针对性的策略,也是希望初中健美操课程开展取得较为有效的成绩。

参考文献:

[1]李静.初中健美操开展现状及对策研究[J].宿州教育学院学报,2015(5).

[2]贾美倩,吴晓明.浙江省初中公共健美操课程教学现状及对策分析[J].浙江体育科学,2017(5).

[3]徐文峰.初中学校开设大众健美操课程现状及对策的研究[J].考试周刊,2016(10).

浅谈音乐校本课程的开发和利用

李子鹏

一、音乐校本特长课开设的依据

1.学生通过学习音乐的演唱、演奏等技能,音乐的审美能力和评价、判断能力会得到很大的提高,同时也有利于提高学生音乐综合艺术表现力。

2.以《音乐课程标准》为依据。音乐课程标准指出,"让学生了解音乐,以激发热爱祖国音乐艺术的情感和民族自豪感,增强民族意识和爱国主义情操"。

3.学校现有资源的依据:我校是省示范性高中、黑龙江省艺术基点校,各项设施配套齐全,教育理念先进,重视艺术教育。而且我们学校具有先进标准的艺体教学楼,很有利于学生学习和发展。

二、音乐校本课程开发的方法研究

(一)营造氛围,激发兴趣

兴趣是最好的教师,兴趣可以使学生产生强烈的求知欲,使学生与音乐保持密切联系。要想让学生真正走进音乐的殿堂,感受音乐的真谛,首先应激发他们的兴趣,营造良好的氛围。

1.让学生潜移默化地接受音乐熏陶

在我校的音乐课堂上,我常常带领学生欣赏一些中外著名乐曲,目的是使学生潜移默化的接受音乐的熏陶,感受音乐之美。我带领学生欣赏的著名唢呐独奏《百鸟朝凤》,琵琶曲《十里埋伏》,国外名曲《蓝色多瑙河》等,很受学生欢迎,并且让学生在欣赏的过程初步地了解各种乐器的音色特点、演奏风格、艺术特色。这样学生会根据自己的兴趣选择不同的乐器。学习兴

趣会有很大提高,演奏技能也有很大提高。

2.注重教师的示范作用。我们音乐教师在授课的过程中很重视自身的特长展示。如果有较强综合教学能力,不仅会使学生产生对教师的信任感,还能激发学生的音乐兴趣。我本身十分钟爱钢琴演奏和声乐演唱,能演奏和演唱不同风格的乐曲。在课堂上唱上一段《我爱你中国》,弹奏一曲《肖邦圆舞曲》,既能给学生提供更为直接的示范演奏,感染学生,激发参与学习音乐的兴趣。

(二)开设校本音乐特长课,培养学生音乐技能

1.音乐校本课程教材的编写

我们音乐教师根据我校特色学校的特点和学生的具体情况编写各科教材,主要有音乐基本乐理、声乐教学、钢琴教学、管乐教学等校本教材。为了编好教材,音乐教师在领导的带领和大力支持下,做了大量的准备工作,收集了大量的资料和书刊。教材的编写力求创新,坚持以学生为本;坚持知识性、趣味性、技能性与能力培养相结合,坚持信息化和现代意识相结合,立足学校面向社会,突出时代特点,拓展学生的知识面,能更好地服务于学校教育。我们利用假期和休息时间大家齐心协力,终于完成了校本教材的编写任务。

2.制订音乐特长课授课计划

(1)教学目的要求:学习乐器和声乐的演奏演唱方法及掌握基本音乐理论知识,掌握乐器和声乐的演奏演唱技能和技巧。

(2)授课计划

第一学期:学生掌握基本的演奏演唱姿势,熟悉各种器乐性能,期末时能演奏演唱基本音阶和练习曲。

第二学期:学生在教师的指导下完成校本教材的要求,并能独立完成3、4级的乐曲。

第三学期:学生在教师的指导下继续学习校本教材的内容,能独立完成5、6级的乐曲。同时能够感受不同作品的风格,并在演奏和演唱时,较好地表现出作品所表达的思想情感。

第四学期:学生在教师的指导下继续学习校本教材的内容,能独立完成7、8级的乐曲。同时学生会自己分析作品的风格特点,并且能完整地表现

出来。

第五学期:教师在高考大纲的指导下,将大纲和校本教材相结合,教授所要求的乐曲内容,学生在这一学期里,演奏和演唱能力有很大的巩固和提高,达到高考要求。

(3)我校音乐校本特长课的设置

我校的音乐校本特长课是根据高中、初中不同的情况而设置。高中的音乐特长课的上课时间一般在上午的3、4节课和下午的1、2节课,特长课的教学内容是根据高考大纲的要求和我们自己编定的教学内容为主,自己安排教学计划,并开设键盘、声乐、管乐等不同专业进行教学的。初中的特长课是以学生的兴趣为主,上课时间一般在下午7、8节课,教学内容以兴趣和基础练习为主,上课时是用我们自己编写的教材和教学计划进行教学。通过实践我们学校的校本课取得了很好的成果,通过校本特长课,学生的音乐演奏演唱技巧得到了很大提高,音乐综合素质也得到了很大提高。受到了学生、家长以及社会的好评。

(三)搭起舞台,培养学生的表现意识

人都有一种自我实现的欲望,渴望成功,希望得到别人的赞赏。学生的表现欲很强,我们要尽可能地给学生提供展示的机会。为了更多的人看到音乐特长课的成果,也为了更好地宣传我校的音乐特长课,在每年的"五四"或元旦,让学生上台演出。当优美的琴声和歌声回荡在校园的每个角落时,不仅参与演奏者得到鼓励,自尊心,表演欲获得了满足,更使没有参加的学生看到特长学生有令人羡慕的艺术才能,产生了"我也要学"的强烈欲望。这有利于提高整个学校学生的音乐素质,利于音乐校本课程的正常开发和利用。

三、实践的收获与困惑

通过我校音乐校本课程的开发和利用,我校的音乐特长学生在钢琴演奏、声乐演唱以及其他乐器的演奏上都有了很大的提高,同时学生的音乐鉴赏能力也有大进步。并且取得很好的成绩,其中有一部分学生分别通过了中国音乐学院考级声乐专业和器乐专业的八级和九级的考试。每年参加高考的学生有95%考入音乐院校和部分音乐高校。

　　回顾我这段时间来在音乐课改教学中所做的尝试和实践,感觉自己收获颇多。或许我的很多做法还有待推敲和改进,但我通过自己的尝试和实践更加感受到了一名音乐教师在课程改革中所起到的至关重要的作用。今后我将充分发挥教师的主动性,在新课标精神的指导下主动探索,敢于走出课堂,敢于创新思考,敢于标新立异,敢于创出一套真正有利于学生的新的教学形式,形成自己独特的教学风格。

浅谈体育教师应具备的专业素养

吕健伟

摘要:通过自身从事体育教育12年的经验体会,总结出体育教师应具备的5点基本素质,从而不断激励自己的对体育教育教学的热情,找准自身定位,形成文字与大家分享我的心得体会。

当代体育教师应具备的素质,我总结出以下几个方面。

一、作为一名体育教师,应具备良好的师德师风

2005年毕业参加工作至今,有12个年头了,在反复的教学过程中,已经没有了刚参加工作时候的激情,转而为机械,由最初的"技术工种",现在已经成为"熟练工种"。对学生缺少耐心,对工作缺少激情,我在不断的反思与总结过程中,想要寻找内心最本质的想法,我是个热爱生活,以诚待人,热爱工作的人,但为什么有时会对自己的工作丧失热情呢?原因还得从自己身上找啊!通过向老教师请教和同事之间的交流,得出了结论,那就是要高标准严要求自己,用好习惯来管理自己,用好师德来指导自己。在教与学的过程中,去找到当中的乐趣,这才能使我在教学过程中,不断挑战自己,永远保持积极的工作态度。

如何才能在教师身上体现出良好的师德师风呢?那就是在工作中,不断总结,不断学习,不断丰富自身的文化知识和教育教学的方法,在面对自己的学生的时候,要有爱心,有耐心,有决心。和学生之间建立起平等互信的关系,学会互相尊重,教学相长,"三人行,必有我师",老师也可以向自己的学生学习,不断地充实自己,制定一个适合自己,同时也适合自己学生的教与学的方案,并坚持下去,就会成功。这是一种坚持,让这种坚持成为一

种习惯,这种习惯就会成为你的教学特色,形成自己的风格。这样就会使你在教学过程中,有规可循使自己的教学既简单又实用。

好的师风,就是要你用自己的热情去面对学生,用爱心去呵护学生,用你的耐心去对待学生。和自己的学生交朋友,在学习上给学生以指导,在生活上给学生以指引,在教学过程中,要坚持教师自己的原则,对待学生出现的原则性问题,不能姑息迁就,要给予纠正和辅导,但在生活中,要关心自己的学生,和学生做朋友。本着"学高为师,身正为范"的原则去和学生交流,同时严格要求自己。有这样一个例子,那就是一名合格教师应该具备的素质,就像木匠和医生,木匠可以利用自己的一双巧手,把原材料雕琢成有用之才,这不就像我们教师一样吗,可以运用自身的知识和人格魅力去教育和感染自己的学生,使他们也成为社会有用之才,教师还应像医生一样,这里的医生分为两种,一种是保健医生,为健康人提供预防疾病的方法和指定预防的处方,这也和教师的职业一样,在对学生的教育过程中,与其去纠正学生的错误,不如让学生不犯错,还有一种医生就是中医,中医的医疗方法是望,闻,问,切。就是教师应该具备很好的观察能力,由表及里,及时发现学生的动态和心理活动,并能很好了解学生的本质,可以从学生的外在表现,发现学生的心理活动,这需要教师在工作中不断总结,提升自身的教育教学能力,提高自身的教学魅力。

二、作为一名体育教师,还应该具备很强的专业理论知识

作为当代的体育教师,我们要培养的学生要求在德智体美等多方面全面发展,培养学生良好的体育习惯,增强学生的自我体育锻炼和保健的意识,在体育运动中,不断地磨练自己的意识品质和得到团队合作的乐趣。为学生的终身体育打下良好的基础,这就需要当代的体育教师具备很强的专业理论知识。

体育教师的专业理论知识,首先应具备的是丰富的体育理论知识,包括掌握各个体育项目的理论知识,体育专业主要分为田径,球类,游泳,体操,游泳,冬季项目等几个大项。需要我们体育教师对一些普及项目专业的体育理论知识包括各个项目的动作要领,动作的重点难点,比赛规则,教学方法等有个基本的了解,对于一些平时学校体育教学不常见的项目有一个简单的了解。其次,应该具备在教育教学过程中,针对不同层次的学生采用不同教学方法的能力,以达到最佳的教学效果。

体育专业理论知识还包括体育的保健,康复以及运动后的恢复等,这些知识也需要当代体育教师有个基本的掌握,在指导学生进行体育运动时,注重运动中的保健,以防意外伤害的出现,在学生出现一些伤病的情况下,可以给学生进行简单的处置和制订合理的运动康复计划。在学生运动后,能够很好地指导并教会学生进行运动后的放松与恢复。往往这些知识都会与医疗保健有所联系,这就要求体育教师对运动医学方面的知识有所了解。

体育专业的理论知识还包括指导学生鉴赏体育比赛,培养学生观赏体育赛事的兴趣,了解基本的比赛规则,赛事的组织形式,通过教师理论知识的传授,使学生能够看懂比赛,了解比赛进程,了解相关比赛的历史,从而增强学生的观赏兴趣,能够欣赏到不同比赛项目之间的差异等。

三、作为一名体育教师,应该具备很强的实践,示范能力

体育的教学往往与实践相结合,既要有言传,更要有身教。这就需要体育教师具备很好的实践和示范的能力。教师的示范教学,可以使学生在学习过程中更直观的体会到该技术动作的形式和运动轨迹,便于学生更好地掌握所学的运动项目。一个准确的优美的示范,可以更加激发学生的学习兴趣。为了更好的具备这样能力,就需要体育教师在教学和教研过程中,不断地钻研自身的业务水平,保持良好的运动能力。

给自己制订一个合理的训练计划,保持自己的运动能力也很重要,有很多的技术动作,对于教师的运动能力有很高的要求,要想给学生做好示范课,就要求教师首先对相应的技术动作有所体验并能很好地完成该技术动作,在这个过程中就需要有很好的体能做支撑。所以教师要利用工作和业余时间来不断的磨炼自己的技术动作。

四、作为一名体育教师,要有很好的学习能力

这个时代是知识飞速发展的时代,体育教师要想与时俱进,就要在自己的教育教学过程中,不断地充实自己,不断地进行学习。

互联网时代的到来,使更多的知识和资源得到共享,电脑,手机等终端

的存在使我们更容易获取更多的知识，这就需要体育教师有很好的运用相关工具的能力，学习更为先进的教育教学方法和手段，学高为师，只有自己掌握了，才能很好地教会学生，所以，需要教师不断学习，努力跟上时代发展的步伐。

五、作为一名当代体育教师，应该具备很好的资源整合的能力

教育教学过程中，体育教师应该有能力整合课程资源，把相关的书本知识与网络资源整合起来，为我所用。包括相关的文字资料，视频，图片等资源的整合，这就需要体育教师具备很好的文字分析，计算机运用，视频音频剪辑，图片处理等相关的能力。

综上所述，作为一名当代的体育教师，不仅要具备很好的师德师风和相关的体育知识，还要有很强的学习能力，动手的同时还要动脑，这样才能做到与时俱进，才能称得上是一名合格的当代体育教师。

浅谈如何在高中钢琴
教学中培养学生的音乐素养

任广鑫

钢琴演奏艺术是音乐艺术中最常见的,它能刻画出人们的思想感情,传递人们的内心思想,在演奏过程中体现出来的情感将审美与实践合理地联系在一起,为了满足演奏者与欣赏者内心对美的需求,学生音乐理解能力、音乐感知能力等综合能力的培养很关键,钢琴演奏中技能素养、乐理素养的培养更是钢琴演奏中需要培养的关键。

一、技能素养的培养

学生对音乐的审美能力及音乐的表现力决定了其个人素养的高低,其中学生的读谱能力、个人的演奏风格、音色的审美能力、音色的控制及演奏技巧等都是个人技术素养应该具备的条件。

（一）学生读谱能力的培养

培养学生们的音乐素养要从乐曲的构思、乐曲的设计及明确创作目的做起。另外,在创新发展钢琴作品过程中,对乐谱的要求是越来越高了,这就需要增强读谱训练,使钢琴作品更加出色,而且娓娓动人。目前,如双声部复杂织体、复合节奏节拍、声与现代意识思维等,读谱技能的训练是每一位钢琴教师应该重点关注的话题,通过采纳音乐中优秀的训练手段来进行练习,有助于提高学生对作品的读谱能力,如单拍子八分音符的练习、分解与整个的小拍子及有关钢琴演奏的节奏稳定性的练习等。

（二）提高学生音色的审美与控制能力

学生技能素养的培养,音色的审美与控制能力提高是非常重要的,能培养学生独具特色的演奏风格。音色从物理学的角度而言,属于听觉类型,物

体之间震动所产生的声音就是音色,从乐曲这方面来讲,不一样的乐器,用的材料也就不同,且结构也是有很大差异的,由此,不同的地方音区产生的声音也就不一样。学生能在一定的基础上控制好钢琴的音色,说明这位学生有很强的听觉感知力和对声音变化的敏感度,主要是钢琴在音区方面范围很广泛,而且它的每个音区产生的声音特点都不同。要想学生用钢琴带有感情的演奏,那么,就得让学生了解什么样作品有什么样的声音出现,要明确理解感觉到什么样音色能表达出什么样的思想感情和音乐意境,如此,教师加强学生对钢琴的音区认知的培养是非常重要的。

二、乐理素养的培养

音乐感知能力中的节奏节拍、调式调性、声音高低的变化、音乐风格形象、音乐结构形式、音色的冷暖明暗等感知能力的综合都属于乐感。要想让学生在进行钢琴演奏的时候,用心地感受演奏所出现的声音和整个演奏,合理控制调节音色与节奏,并有感情地把作品演奏出来,那么,在进行钢琴教学的时候,培养学生较强的乐感是很关键的。

(一)重视乐感早期的培养

重视早期乐感的培养,首先,从第一节课就开始对学生的乐感素养的培养。之所以高中学生的乐感存在着差异,是因为每位学生的乐感先天条件不同。乐感较强的一般都是喜欢音乐,乐器演奏和经常参与演唱的学生,而乐感较弱的一般都是对音乐不是很喜欢,但是又得把音乐演奏和演唱作为特长来练习的学生。如此,就说明了乐感强弱不仅与后天的练习与引导有关,而且还与先天的因素有关系。教师要把自己引导的作用充分发挥出来,在第一节课的时候要让学生知道乐感对学习钢琴有多重要,引导他们对乐感组成有个基本的认识,通过教师的讲解与演示,来带动学生演奏的热情,并加强学生对作品感情的分析,要想学生演奏出自己心中的音乐,那么,就得在学生心中埋下乐感的种子。

(二)重视音乐欣赏与艺术实践

高中学生在进行钢琴学习的时候,教师要重视艺术实践与音乐欣赏的培养。要想使学生提升音乐的感知能力,那么就得让学生了解感知音乐作品与音乐思想感情的关系,如作品中的音调高低、音色冷暖和节奏快慢等,要把音乐欣赏的作用充分展现出来。教师进行钢琴课堂教学的时候，要时常讲些著名的音乐作曲家生平的故事，放些国内外优美的名曲，让学生讲讲自己对音乐作品的理解和感受，以此来丰富学生的音乐知识及音乐素养。教师在教学的时候，通过播放学生与音乐家演奏的同一首音乐，来带动学生去感知两者之间技巧与表现力的差异，从而使学生了解钢琴作品演奏中乐感的重要意义。

（三）重视学生感情演奏能力

教师可以鼓励学生多听些不同类型的音乐演奏会与演唱会，让他们感受下音乐会现场的气氛与大师级演奏的表现力，有助于他们在自己的钢琴演奏中产生灵感。总而言之，要想培养学生的审美能力和扩展学生的见识，那么就得对大师级的音乐作品多多接触了解，要经常欣赏感知音乐作品。要使学生对音乐的感知能力得以提高，就得在艺术实践这方面，把艺术实践与音乐欣赏结合起来，让学生在艺术实践的时候把欣赏音乐所得到的灵感应用起来，并在实践中不断地改进完善。要锻炼学生的感情演奏能力，在高中进行钢琴教学的时候，教师通过锻炼学生的合奏、独奏和重奏的方式来促进学生的演奏能力提升，一些课外或学校组织的音乐会演奏，教师可以鼓动学生参加，促进学生感情演奏能力经验的积累。

总的来讲，作为教师要积极发挥引导与鼓励的作用，来促进学生乐感素养的培养。教师要从两个方面来培养学生：第一，学生能否迈出课堂，走上舞台，主要是靠教师来引导学生勇敢走出这一步，来实行开放式的带有感情的演奏。教师要重视那些害怕走上舞台，害怕出现在人们面前演奏以及演奏时只注重技术，不重视感情的高中学生，他们因为经验少以及课堂教学本身存在的不足，造成他们没有信心，因此，教师要更加有耐心地去引导。在钢琴教学的时候，教师安排学生在课堂上独自演奏，引导学生通过观看收听播放的旋律和视频增强乐感。第二，教师要经常对学生的演奏加以鼓励，带动学生去追求音乐美的热情，促进学生建立自信，并发挥自身的优势，从而使自身音乐素养不断地提高。在学生演奏的时候，教师首先要鼓励他们，让学生在演奏作品时自然而然带有感情演奏，再在适当的时候提出意见，帮助指引他们在改进，教师在积极评价的同时要善意引导，少批评，多鼓励。

浅谈美术课堂中学生自主学习的策略

温敬东

摘要：传统美术课堂教学手段陈旧，模式化知识难以引发学生兴趣，学生被动式学习效率低下；学生自主学习，又容易存在课堂纪律散漫无序、老师难以掌控学生的思维和学习速度及质量的问题。本文总结个人实际经验，从创设情境激发兴趣、教学任务分解、及时评价三方面谈学生自主学习中的管理策略。

关键词：自主学习；兴趣培养；任务分解；及时评价

一、创设情境，激发兴趣

想要让每一节美术课有良好的效果，要通过课前的精心准备，课堂的情景创设、环节安排、个性辅导、多样评价以及课后的反思等等来构建，每一个环节都需要美术老师认真下功夫来思考、推敲。美术课的课前准备，绝不仅仅是教具的准备，它要有更广泛更吸引学生兴趣的内容。比如我在讲校本专业课《色彩中的复色》一课时，用最近让国人为之疯狂的"国宝档案"中的《千里江山图》导入：一位18岁的天才少年，得皇帝宋徽宗的亲自传授，用半年时间，绘就一幅《千里江山图》而名留后世。此画被称为"中国十大传世名画"之一。此画为何有如此高的地位？今天我们从色彩角度为大家解析各种奥秘。学生们的兴趣顿时被调动起来，我深深地感到，富于时代气息的信息最能调动学生的学习兴趣。同时我充分利用新媒体，各种软件如：FLASH、绘图软件等微课手段，对教学内容进行精心制作，使其完美融合，或提前准备一些学生自己制作的视频在课前播放及表演一些与本节课相关的节目，这些在课堂气氛的烘托上起了很大作用，学生很快进入学习情境，有效地提高了学习效率。在校本专业课《色彩中的复色》一课中,我提前布置预习,有一小组利用三支高脚杯为大家表演了一个魔术,不同的颜色相加产生了复色效果,精彩表演过后,本节课难点显而易见不攻自破。

二、分解任务,人人有责

如何解决学生自主创作时容易出现的纪律散漫无序、老师难以掌控学生的思维和学习速度及质量的问题?课堂教学的有组织性是上好课的保证,这是大多数教师认可的原则,但有些类型的美术课往往不需要学生规规矩矩端端正正地听讲,比如一些绘画实践课,需要几个同学合作把静物摆设完成,同学凑在一起难免会各抒己见,不会像成人那样有克制力,这样势必造成纪律不好。还有一些速写课为了更好地调动学生的积极性及适应高考的要求,加入了运动、舞蹈等活泼的行式,课堂也会显得杂乱,但这种表面的"乱"又很有必要,关键是如何乱而有效。为此,我采取了任务分解、人人有责的课堂管理模式。首先给学生分组(分组有很多需要注意的地方,如学生水平、性格、男女等因素都要考虑到),然后分解任务。四个组按指定位置各摆一处静物,定时完成;每组每个人都有一个安排好的角度做画,定时完成,然后四个组同角度的同学的作品进行互评,每个人都参与评价,气氛很好。这比单一的老师讲评效果要好得多,可以四组同时讲评。根据金字塔理论,讲给别人听最后的知识留存率可达90%。最主要的是每个人都在一节课内得到发言的机会,把教学任务分解给学生,人人有责,每个人都很忙碌,能力锻炼也很全面。

三、及时评价,鞭策鼓励

及时评价是课堂教学不可忽视的环节,人性好逸恶劳,大多数学生自律性不强,需要及时的鼓励或鞭策。没有评价的课堂会让学生像温水里的青蛙,惬意却失去斗志。评价可以是结果性的,更多的是过程性的。如我给学生分好学习小组,各小组采取积分评比制,比如摆静物、做画、小组讲评我都根据内容和学生的实际情况明确时间和质量要求,达标和拖延都有相应的分数累积,根据需要,或一节课或一周总结一次,奖优罚懒。拖延的小组要给大家表演节目或者下课为大家打扫卫生。这种办法很见效,学生们能互相督促,摆放静物或做画或讲评都比较有效率,如此较好地解决了学生自由创作时散漫的问题。

四、结束语

综上所述,在中学美术课堂开展有效的自主学习,离不开教师课前精心的设计,创设情境,激发兴趣,让学生主动并且兴致盎然地及时地进入学习状态;课中教师用任务分解法赋予每个人以责任,不仅自己学、画,还要当老师讲评,学习过程紧凑,参与度高,保证学生长时间学习不懈怠,节奏不拖沓,能力锻炼全面。及时的评价和总结再一次给学生以持续性的动能。当这种课堂节奏形成习惯,学生学习的自主性、紧凑性便有效保证了学习的效率。

参考文献:

[1]初中美术教学中开展师生合作学习的策略,庞念庆,中国科教创新导刊2014年12期

[2]在美术教学中培养学生的动手能力,钟平,现代中小学教育2012年20期

[3]美术教育新的课堂教学模式探索——对"个性化"教学的实施[J].集美大学学报(教育科学版)2011年2月

色彩静物阶段式教学法初探

吴　艳

摘要：为了使学生能够更好地掌握色彩静物的理论知识、观察方法、表现技法，改变旧的教学模式，创建一种有秩序、有目标、有成效的教学模式是很必要的，本文阐述了学习色彩静物的五个阶段，循序渐进、层层深入。

关键词：阶段式；化整为零；分离；高效

在高中色彩静物教学中，以往旧的教学模式是不管学生的基础如何，教师都按照习惯的教学方法，急于将色彩理论、观察方法、表现技法等等全盘托出，学生很难理解，更不能很好掌握、运用。久而久之，便会使学生对色彩产生厌烦，以至于兴趣全无。为了能更好、更有效地使不同程度的学生在接受一段时间训练后，绘画水平得到很快提高，在教学过程中结合校本教材，试着运用阶段式的教学方法，让学生能步调统一、稳扎稳打、迅速提高。

所谓的"阶段式教学法"就是把学生最终要达到的总体目标化整为零、由浅入深、循序渐进地分离为几个不同的教学阶段，每个阶段解决几个相应的问题，最后达到总体目标和要求。

一、静物写生的单色训练（可用一种颜色，加以黑白调整；也可是同一色系中的同类色）

单色水粉画的训练，是从素描向色彩过渡的阶段，我所教的学生绘画层次不一，一些学生素描的基础较弱，一些学生又没有画过色彩，通过本阶段的练习，可以使学生对素描中的知识进行进一步的梳理，也可以使学生们在实践中体会水粉的特性，掌握水粉工具的特点，把握水分多少和笔触的运用，帮助学生从"认识——观察——表现"等多方面转换。鼓励学生进行大胆的尝试,激发学生的绘画热情,为色彩的下一阶段教学打好基础。

二、基础知识的讲解与局部色彩临摹相结合的训练

这个阶段是学生认识色彩的阶段,我会利用多媒体、实物进行演示实验,引导学生通过多个感官感受色彩的丰富变化,深入浅出地讲解色彩的理论知识,如色彩的三要素、色性、色调、环境色、固有色、光源色、色彩感受等,使这些原本抽象的色彩概念变得易懂而又充满神秘感,有利于激起学生的求知欲,保持着不断学习、探究的心理是一种好现象,对接下来的理论指导实践有很重要的作用。但从了解到表现仍是有距离的,也是一个漫长的过程,临摹是学习和进步的有效途径,引导学生在临摹中体会色彩的变化,由于学生照顾不到太多的因素,可选择单个物体临摹,如一个罐子,或是一个水果、一块衬布,运用所学的理论知识来分析、理解和表现,在临摹中体会色形结合和笔触的运用,引导学生色彩入门。

三、小色稿的色调练习

经过一段时间的临摹,学生对物体的塑造能力肯定有所提高,为了避免学生陷入局部误区,要及时调整课程,插入小色稿的练习,训练学生对色彩的敏感度和及时捕捉的能力,抛开形体塑造因素,利用大一点的笔触,采用平涂的简单技法,有利于把握整体的色调,同时注意空间的表现和色彩的冷暖、微差,锻炼学生的调色能力。小色稿画幅小,见效快,利于激发学生的学习兴趣,调动学生的学习热情,在画的同时还要注重及时讲评,发现的问题及时解决,以便使学生掌握正确的做画步骤,养成良好的绘画习惯。对于作业完成好的学生要给予表扬,以增强学生的信心,每幅作品都贴到展板上,提高学生的学习兴趣。在讲评的过程中表扬进步、总结不足,以使学生能自觉地加强薄弱环节的练习,体会不同色调的感觉和不同色彩的合理搭配。

四、完整的色彩写生训练

经过一个阶段的小色稿的练习后,学生基本能掌握大色调、大色块的处理,以及色彩空间关系及物体之间的环境色的运用。在此基础之上,可以摆放一些简单的、有主题的静物给学生练习,引导学生把先前的单个物体临摹

和小色稿中色调的练习联系起来,为写生服务,学生在写生的过程中,不能把先前学的知识融会贯通,这是很正常的现象,要引导学生按照正确的绘画步骤进行,不要急于求成,忌焦忌躁,绘画时要学会思考,避免出现大面积的颜色反复覆盖和总也画不完的现象。发挥教师的演示作用,从"构图——起稿——小色稿——画面的色彩关系——深入刻画——调整统一",让学生了解做画的全过程,对于学生做画时经常出现的问题,要及时给予讲解,避免画得遍数过多,出现粉、脏、灰、花、火等毛病。可以让学生自己检查亮的是否亮起来了,暗的是否暗下去了,形色配合得怎样,来检验自己的画面,逐步提升绘画能力。

五、计时性高效作业训练阶段

所谓的计时性高效作业:就是指学生在规定的时间内,完成一张有质量的作品,在作品中能体现作画者具有很扎实的基本功和很高的色彩品味的综合素养。根据历年美术高考的色彩写生评分的五个标准:即构图完整妥帖;形体塑造准确概括;画面色调明确;主次、前后空间关系正确;各类物体质感鲜明。前四个问题在前面的阶段性训练中基本得到解决,为了使学生的作品更具有个性特点,更能适应高考的需要,因此在教学的过程中,我设立了主题式的训练方案,如以水果类为主的、以玻璃器皿为主的、以花卉类为主的,以玩具类为主的等等不同主题、不同质感的静物,并让学生参与或直接动手摆出自己喜欢的静物,布置画面,锻炼学生构图、色调等能力,鼓励学生勇于挑战难度较大的静物写生练习,注意质感的表现。为了提高学生的鉴赏力,利用多媒体让学生欣赏一些不同风格的大师作品,组织学生进行风景写生,培养学生对艺术的感受力和创造力。

浅淡初一美术素描教学的几点做法

吴兆玉

摘要:本文从美术生班素描入门来谈素描教学,完全是以个人教学心得论述。

关键词:观察方法;结构素描;比例透视;速写

美术特长班是教育改革中的一个创举,是素描教育的一部分。它不同于普通初中学生学习的美术课,也不同于专业美术班的教学,它是文化课加特长课,这就要比普通初中美术班知识内容视野宽一些,深一些。不同于专业美术班那样专业化。它是一个值得教师去探索的领域。本文是个人的一些心得,仅供大家参考。

一、确立正确的观察、绘画方法

初中一年级的学生小学所受的美术课训练不多,一些学校因为种种原因不能开全课程甚至砍掉美术课,许多家长为让孩子成才加入了社会上的各种美术辅导班,由于辅导教师的水平参差不齐,辅导学生绘画的方法各异,形成了很多弊病,最重要的就是缺乏正确的观察方法和绘画步骤。

有人指出:会不会画,首先是会不会看,所说的看就是观察,只有学会如何看待客观世界,才能去表现它,尤其是对初学者而言,学习正确的观察方法才是学习绘画的首要通道,观察又不是普通的看,指用立体的、整体的方法去看待事物并寻找出它的特征:例如:画立方体不但要学生看到它的正面,也要看到它侧面、背面,透视所看到的里面,这样才能上下、左右、内外地联系比较,更科学地把握对象形体结构和整体关系。绘画的观察与其他观察不同,要经过大脑去分析绘画对象的特征,去找出形体结构的本形。如方形、圆柱、球体等把复杂的物体概括出上述的基本形体,借助这些基本形体去认识实物的形状,把握物体的结构。如茶杯是圆柱形,书是长方形。二是绘画对象的长宽比例,掌握物体的形体结构。具体的对象都有自己的结构,呈现出一定的长、宽比例关系,比例变了实物的形也就变了,可以通过结构比例的不同来认识对象的形状特点,实物的长度,宽度的比例,分析对象的外形和内在结构达到观察的目的。教给学生观察还要强调人的作用是第一位的。绘画的对象是相对稳定的客观事物,而人是充满创造性的,重视人思维的作用,捕捉第一印象,在此基础上不断加强、深化、丰富第一印象,是观察→感受→认识的过程。在观察中不断比较掌握正确的观察方法。

有了正确的观察方法还要有正确的绘画步骤。中国人受自身传统文化艺术的影响,有着自己的思维方法,从绘画看习惯于一次就把所要画的物象画完。从画人来看先从头开始,画出轮廓,鼻子眼睛嘴耳朵头发,再画身子加上胳脖腿,从上到下一次完成,暂时叫作一次成形吧。这种做法与外国传入我国的素描截然相反,素描分步骤循序渐进逐步完成,可以说是反复成形。它的原则是整体—局部—整体,学生中很多人受传统文化的影响,不习惯素描的画法,总是局部进行,一个一个物体地去画,最后拼成一幅。个别学生学过很长一段时间还会重蹈覆辙又从局部画起,因此在教学中我特别强调整体进行的原则,不论你采用结构素描,明暗调子素描都必须遵循这一原则,实行观察→感受→认识→表达的方法,培养学生的观察能力、感受能力、认识能力、表现能力。

二、结构素描奠定基础

素描是造型艺术训练的基本方法。要学好美术,就必须学习素描,素描基础如何,直接关系到美术学习的发展与深入。随着改革开放的进程,我们也放弃了过去单一的苏联契斯斯恰科夫的教学模式,素描的不同表现形式得以运用。所说的不同形式,就是表现在各自通过不同的绘画语言——点、线、面明暗等手段来描写物象,达到训练艺术造型的目的。在各素描教学方法中,我认为结构素描,特别适合初中一年级的学生,他们应当在掌握正确的观察方法和绘画方法的基础上,着重训练造型能力,结构素描以简洁、明

了的线为主要表现形式，着重训练学生对形体的组合和理解能力，要求学生认识到结构的重要性，并通过线表现出来，因而在教学中对学生进行了严格的训练，培养学生立体观察、严谨分析、正确表现，艺术处理对象的能力。我们曾说过素描有多种表现形式，学生接触最多的其实是明暗素描，也叫调子素描。许多学生是很喜欢这种素描的，但是它有一个缺点，基础不好形体找不准的学生上调会造成两个严重后果：一、调子会掩盖形体的不准确。二、大量的上调子浪费了时间。为此我在教学中强调结构素描的意义，并指出明暗素描今后的教学中我们也要学到。为适合学生的习惯也可以让他们对明暗的规律有所感受和理解，便于向明暗素描过渡。简单的明暗也好把握，画出来的物体更写实，从而提高学生学习的兴趣，为下一步发展奠定基础。

三、打轮廓、找比例

我们虽说是美术特长班，学生毕竟是初中生，不是大专院校的美术学生，他们将来的前途不一定就是美术专业，文化课与其他学生一样一点不能减少，并且要学好，这样学特长美术的时间就不多了，结构素描以线为主的造型手段去掉明暗调子重点放在造型的培养，主要是把握能力、概括能力、表达能力，而不是更多地表现丰富的明暗调子，如果过多地去画明暗，他们会忽视对形体的观察描绘，本质的东西学得少，可谓事半功倍。

四、速定的作用

美术特长班学生文化课重，特长课少。要想培养出人才，除了在40分钟的课堂教学中精讲多练把握重点外，课余时间也要有效利用。这里决不是办业余辅导班额外增加学生负担，而是充分利用另一种为广大美术学者喜欢的造型训练方法——速写。速写概括地说就是简练概括地快速描写对象的一种绘画表现形式。它作为造型基础训练的手段，无论是对美术家还是初学的学生都是必须经常锻炼和努力掌握的一门重要基本功。特长班的学生多数能画卡通、简笔画，所以我结合卡通画、简笔画讲起，让学生看到简笔画、卡通和速写的共同点是以线造型，也注意到与素描教学相联系，内容上先静物、后场景然后是人物、再组合场面，通过静到动、由慢到快的训练使学生学习的课题不断深化，逐步由简到繁，不断加强观察、理解对象的能力。方法上以线为主，可以像素描那样分步进行，对少数基础好的则另外指点，对个别无功底的学生，先指导他们临摹、再画速写。形成分对象、分层次，分阶段的速写训练。为不影响其他科学习，我鼓励学生课余回家画，速写本随身带，随时随地画起来，对学生作业定数量，按期取回检查，随时间的推移慢慢地就看出了效果，对提高教学质量有着不可估量的作用。

初中一年级的学生不能要求太高，但基础训练却要严，正因为如此我们强调学生科学正规的训练，从观察到绘画方法都要正确，使之走正路，为今后的发展铺平前进的大道。教师不能图清闲自在，对学生放任自流，任其乱画，误人子弟。当然这样要求必然增加教师的工作量。例如速写的批阅就是教学计划外的负担，我想任何一个热爱教育事业的人民老师都会愿意为教育做出自己的奉献。

在讲授素描时不论哪种形式、构图、透视等知识都是必不可少的，贯穿在教学中，学生只有全面理解这些基础知识才能画出好的素描。

参考文献：

《素描表现技法》《初中素描教学》

试论素描应回归到它的本质

涂志刚

　　高中美术特长生对素描并不陌生,这种不陌生的感觉对于我们研究它很难有更大的发现和探索。作为老师,我每天看着学生手里拿着绘画的铅笔,心情压抑地坐在那里的时候,我开始琢磨、反思,这种压抑不能强加给孩子们,要让他们懂得一些道理,让学生们富有朝气,充满活力。

一、素描写生要求轮廓正确

　　也就是形要准,要与对象相似,这是画者必须具备的条件,决不能马虎和三心二意。我刚学画时,看了很多大师素描的书,他们有许多画都是变化的,本人也以为大师绘画必须要变形的,现实中基础练习时也不太注意形,为后期做变形预存空间。现在觉得这种想法是错误的,变形有两种,一是画面形象与对象有明显的区别,和对象不完全一样的情况有多种的因素,西方大师塑造人物形象,用模特当参照,在模特的身上去发现探索,搜集一些合乎现实美的特点,画面与对象比较就是变形,现代肖像用几何图形拼接,把多个观察角度的效果拼在一起,就是变形。装饰画需要刻意地变形,模特只是画者表现风格的参照和启迪。

　　通过以上几方面可知,广义的变形是避免不了的。在实际教学时变形另有理由,那就是画不像。比如:有的学生造型差,却一味地去追求自己风格是不可行的。

　　形和变形二者是练习与表现的关系。表现与练习都是相对的,所以素描写生与变形之间,就不是一个复杂的关系,基础练习排斥变形。例如:为了画纸的大小而改变对象,可能会有艺术效果,但素描练习上是不行的;去刻意表现模特的特点,突出局部,为了加强整体特点,我们不应该提倡。

要求作业轮廓形准,造型与对象相似比例均匀,并且是准确的。对作业开始起稿阶段,也有严格的要求。不能为了好看,而留下形的缺点,我们初学者都急于画明暗,而把轮廓留着有时间再画。轮廓是造型的脊梁,无论在任何时候它都应该是完整的。

基本练习时学生画准形,在练习中,眼和手得到训练,一是观察的训练,是眼睛、手、观察的协调统一,养成严谨的造型习惯,不难发现,在缺乏这种严格训练而一步滑入各种风格的作品中,含混敷衍与琐琐碎碎的问题普遍存在。与此相反各类风格的大师们,在早期的基本训练里坚持形准,作业的面貌看起来与成熟的风格相距甚远。但是他们的基本联系并不是一段弯路。作为教师我们既然已经思考到这些,就应该在教学中贯彻"形准"的原则,不能让学生抄近道。

二、素描写生要求就是立体塑造

立体塑造包含两个层次,一是实现画面的充分立体感;二是塑造出物象的完整结构,它的整体的空间构造。

以前我对立体感的要求是不以为然的。我在学画之初特别在意结构素描,以至于对光影嗤之以鼻,认为苏联的全因素素描已经过时了,欧洲的大师都是画结构,现在想来是错了。这也是一种认识的提高和转变。以为用线也可以造成画面的立体感,就忽略了明暗的重要性。后来画油画了才感觉出问题来,油画的整幅画面,无论是哪个角落你都要用油彩填满,你不能画油画结构,这戏剧性的问题促使我进一步地思考了明暗的重要性。想要做立体塑造就要彻底地研究明暗,强调光影和结构的联系,研究光的魅力。当然我们的弯路也是走过的,初学时不得法的明暗教学很多,例如一个苹果分成 56 个面等等。

有的老师特别怕画明暗而失去结构,现在明白这是对明暗的造型手法不足,使用不当所致。明暗法所能达到的立体造型的浑厚与细腻是线描所不能比拟的。在素描基本训练中,排斥明暗,单纯用线其实并不是所谓"结构法"。它只能通过一定的中介——或明暗、或线条,才能表述出来。因此结构只是立体塑造的一个"目标",是明暗手法或者线描手法都要达到的一个目标。因此,对于明暗来说,结构并不在明暗之外,对于线条来说,结构并

不含在其中,而关键在于画者,在于教师,在于作画的过程中头脑是不是真的想到了结构。

在基本训练当中,坚持以充分的明暗手法来塑造形体,不仅训练了明暗手法本身,更重要的是逐步养成了全面立体观察、立体感受的习惯。习惯于形体结构与明暗关系的转变,习惯于对造型的细致丰富的感受方式。这些习惯的养成,就会潜移默化地渗透到未来任何手法风格的造型之中,成为一种可贵的素质。

三、素描写生要求"整体性"

在我们画素描的过程总会出现怎样统一,怎样求得整体感的疑问,有时甚至故意做得灰点,或者做局部的加减法以求得统一。这样"做"出来的整体感是缺乏真切感受的整体感,是一种错误的倾向。在素描教学中整体性是不能脱离前两项要求的,我们要在精确的造型和生动的表现基础上去画出整体感,也就是整体感是绘画感觉的连贯性。

从"轮廓正确"到"立体塑造"到"整体性"是素描写生基础练习中对造型的要求。我自己从艺术学院到多年的教学,历经磨炼和思考。做了一次转变和回归,也就是回归到素描的本质上来,才不致误人子弟。

新教改下对美术特长生的几点教学建议

张 彬

美术特长生是中学教育中的一个特殊群体——他们既要学习文化课程,又要学习专业课程;既要参加文化高考,又要参加专业高考,二者之间不可偏废,任何一个出现问题都会使学生失去成功的可能。在新教学改革的大环境下美术特长生的教育要紧跟时代步伐,才能培养出适应新时代要求的优秀艺术人才。

一、教学中出现的问题

1.专业课教学当中观念的偏差,这主要体现在专业教学中只强调专业技能的训练,而忽视创造能力的培养。

2.在教学当中,强调具体的技法训练,忽视学生能动性的培养,最终教学结果是失去学生的个性化和主观能动性。

3.重视学生绘画技能与技法,忽视的学生自主学习能力、探索能力、合作意识等。

二、针对出现的问题谈几点教学建议

1.专业课教学是以造型技能训练为主要内容进行的。通过训练使学生掌握正确的观察方法和表现技巧。其中的表现方法可以引申为两种含义,一种是表现物体的技能;一种是运用所学的绘画技法去表现思想情感的能力,也就是创作的能力。而在传统的专业教学当中却忽视了美术专业教学的最终目的即学生的创造力的培养和训练,这样造成的教学后果是学生只能掌握对物象在不同光线、明暗、色彩变化下的塑造能力。教师衡量学生学习程度好与坏也是以"恰当、准确"为标准进行的。如果要求学生运用所学

的艺术语言去表达自己的思想感情,就显得力不从心,甚至是无能为力。

强调对绘画技能以外的艺术知识、评鉴艺术的能力的重视,使美术教育的价值功能得以全面的体现。这种强调受教育者掌握综合的文化素养和审美能力的主张,对于高中阶段的学生,培养他们的创造力首先应该注意加强绘画以外知识的补充,要求他们有相当水平的艺术理论,相应的审美能力以及文史知识,同时更重要的是对身边生活的感悟能力。只有构架起这样合理的知识结构,学生才能具备创作的基本能力。因此,我们在创作课的设置上从高一的下学期开始就应该以与专业课同步进行的方式开设,课程主要内容有高一开设速写、构图;高二开设创作、欣赏。速写作为提高学生的观察能力和表现技巧的重要手段既属于专业课的范畴,也可以为创作课积累素材。在高一开设构图、速写课,这样就为高二讲授创作课时做了准备。创作的源泉是人们对生活的感悟与理解,这种感悟也可能是来自对人生经历的一种体验,也可能是来自对社会对自然的理解。为了使学生拓宽他们的视野,平时积极鼓励他们多看中外文学名著,提高对人生的感悟能力。每学期都应该用二个星期天带学生到户外写生。通过上述措施使学生的思维异常活跃,同时也更进一步培养了他们爱美的天性。除了学校开设的课程以外,有的同学还喜欢上了摄影并且摄影作品先后发表。有的同学在参加市的画展时上交的作品不再是以往的习作、静物、头像,而是自己独立创作出来的作品。艺术作品最最珍贵的就是创造力,那么发掘学生的创作潜力就是我们在完成专业教学的另一项重要任务。

2. 在专业课教学当中,学生模式化的学习产生的主要原因,是教师在传授知识时,往往带有较强的个体审美意识和审美情趣以及审美创作经验。教师往往给予学生的是模式化的重复。艺术与科学不同,艺术更崇尚个性,艺术作品的魅力与意义是其他东西都无法取代的,以其特有的方式唤起人们的感受,并在这种感受的过程中开拓人的精神境界。艺术作品的个性化不仅是思想内容的个性化,在表现形式上也应该是有差别的。我们说画家的作品风格是通过具体技法、色彩、线条等艺术语言所体现的,个性化的表现是体现作品风格的重要方面。我们在教学当中单为了提高学习效率而在教学当中过细的要求学生具体的表现技法,学生自然就会按照教师的模式走,从而失去学生个性发展的机会。因此,我们在教学当中应在个体表现上和调动学生的主观能力上下功夫。在高一阶段由于是打基础,以示范为主,但更主要的是教给学生怎样去观察。如在素描静物教学中介绍物体的明暗规律、相互之间的比例规律,至于学生在明白这些规律后怎样去表现,是用直线还是曲线那是学生自己的事,教师的任务应该是指导学生如何将自己喜欢的表现形式表现得更完美,最终形成一种适合自己的表现方法。充分调动学生在学习过程的主观能动性,不是放任自流,而是在充分了解学生的情况下,认真研究开课的内容,针对学生在学习过程的具体情况,及时调整课时安排,教学内容也是多样化的。我们将学生按基础好、中、差分为第一、二、三组,每一组练习的内容、难度、要求的作业形式都不同,比如第一组基础比较好,在素描训练当中,要求对画面进行完整性的处理;第二组强调塑造物体的能力,注意物体的空间的处理;第三组要求对物体的结构、形体比例要表现准确。用不同的训练方法进行教学,最终效果应该是一致的,就是使学生的专业课整体入门。

3. 注重培养学生自主探究能力,培养合作学习的意识,就要让学生能按照教学的要求,独立思考,解决问题,并学会通过各种途径学习、收集信息,整理信息,同时梳理自己的困惑,以便保证课上学习的有效性。对于有难度的问题,可以通过小组内的合作学习解决,有利于学生之间的交流,同时扩大学生的知识含量,刺激学生对问题的思考,促进学生提出问题、分析问题、解决问题能力的提升。自己会的问题,勇于讲给别人听,更能加深学生对问题的认识和理解,自私的学生少了,讲题的学生多了,偷着学的少了,比着学的多了,被动学习的少了,主动问题的多了,学生会了,愿意表现了,在交流展示中,反复锻炼,使学生多种能力都得到提升,这些都是学生自信的能源,随着学生知识储备的不断增加,学生提出的问题越来越有价值,在讨论质疑中,学生参与的面扩大了,凸显了学生的探究能力。

美术特长生的教育有它的特殊性,正是因为他们的特殊,我们就更应该注重他们的个性差异,相信他们,给他们信心,大胆地去尝试、去创造、去探究,通过实践经验的积累,不断进取才能有所成就。这样才能培养出适应这个时代需要的艺术人才。

趣味田径教学法在
中学体育实践教学中的应用

张忠利

摘要:趣味田径教学的大力普及,使得中学体育教学模式迎来新的变革。不仅丰富了教学方法,也让更多的学生乐于接受体育锻炼。在中学阶段大力提倡趣味田径,有利于提高学生的身体素质,由此可见,趣味性体育教学的普及具有积极的意义。

关键词:趣味田径教学法;中学体育教学;实验应用

一、引言

趣味田径教学法是一种有效的体育教学手段,强调在教学过程中以青少年身体及心理为设计基础,创新传统田径项目,在田径项目教学中融入趣味性、娱乐性的内容,使得学生在体育游戏中对体育学习产生兴趣,进而增强学生体质。

二、趣味性教学法在小学田径教学中应用的可行性

(一)和目前新课改属性相吻合

目前,小学体育课程结构整体不够完善,课内外不能进行有效的联系,而且学校所开设的相关课程,很难适应学生的多元化需求。趣味性教学法则是以学生作为学习核心,教师通过观察学生的相关兴趣和态度,对体育教学的课程结构进行相应的调整,这样就能够有效提升学生的学习积极性,对培养综合素质人才起到重要作用。由此可见,此教学法和新改革的目标及属性是一致的。

（二）符合体育和健康课程新标准

中小学体育和健康课程新的教学内容主要有：身体和心理的健康、社会适应及运动技能和参与等。在体育教学中，必须要不断提升他们的身心健康水平、社会适应和运动技能等。趣味性教学法，十分重视学生的实践能力，促进学生进行相互合作学习，引导学生进行思维创新，并使之应用到体育教学中。

（三）适应学校体育教学的基本任务

提升学生的体质，增强他们的身心健康水平是当前小学体育教学的基本任务。在小学阶段，通常每周会有两次体育课，因为学生自身体育素养有着显著差异，所以他们的体育需求也不尽相同，很难达成任务标准。在体育教学上应用趣味性法，能让体育教学变得更加灵活，在具体教学过程中，教师可以根据班级具体情况细分成不同小组，一方面要促进组内合作，另一方面要开展组间竞争，这样就能让每个学生个体都得到锻炼，进而更好地适应体育教学基本任务。

三、趣味田径教学法在中学体育实践教学中的应用

（一）借助普通场地

趣味田径教学法对于场地的要求并不高，只需要确保其具有足够的面积即可。当然场地条件越好，相应也能提高趣味田径体育教学的质量。例如：在近 2 000 平方米的平坦宽敞场地中，教师可以组织学生进行迎面接力跑、跨栏等障碍接力跑练习。借助废旧的鞍马、轮胎等，或者专业的跨栏，都可以满足障碍跑学习的基本要素。同时也改变了原本单调的跑步训练。如果场地较为狭窄，教师可以组织学生进行两人三足、绑腿跑等趣味项目，体验体育训练的乐趣。

（二）丰富体育器材

体育器材是体育活动顺利开展的基础教学设施，多样性的体育器材能够吸引学生的兴趣。对于初中学生而言，体育器材应是辅助学生开展体育锻炼活动的辅助性设施。开展教学时，教师应根据中学生的身心条件，针对性地研发适合中学生的器材。例如：造型比赛，在场地上画两条距离在 15 ～ 20 米的平行线，将学生进行分组，每组平均分配小垫子、沙包、体操棍等体育器材若干，让各组学生讨论所要设计的造型，然后构建造型的先后顺序。听到教师发布号令后,每组学生按照顺序出发到指定地点进行造型,造型主体明确且有创意的小组获胜。

（三）趣味游戏教学

在引用趣味田径教学时,教师可以积极地将游戏和体育活动进行结合。这需要教师根据学生的能力水平研发一些能够吸引学生兴趣的游戏,在田径教学中充分发挥其辅助性作用。例如:排头抓排尾,学生站成单行并用双手抱住前一个同学的腰部,教师发出口令后,排头学生要尽力去抓排尾的学生,后半部的人则要努力帮助排尾不让排头抓到。

（四）将趣味田径同竞赛结合

初中学生处于青少年阶段,往往具有强烈竞争愿望,在趣味田径教学中,如果将田径教学同竞赛结合,不但可以吸引学生参与体育锻炼,还能够显著提升教学质量及教学效率,这样对学生总结田径运动经验,振奋精神以及提高学习兴趣有重要帮助。

比如,在中学体育田径教学中,教师就可以举行"篮球带球跑"趣味体育比赛,之后组织学生进行800米带球跑训练。具体的设计上,主要让学生平均分成若干小组,每间隔100米站一人,将篮球作为接力棒让学生运球跑,最后教师以谁最先到达终点、谁犯规的次数最少作为评判标准,判定最终哪个小组获胜,通过这种趣味的田径教学,可以大大激发学生竞争意识,提高学生参与的积极性。

四、结束语

总之,趣味性体育教学的应用能够有效地提升中学生的体育能力,对体育教学方面的改革也有重大的意义。尤其在当前倡导全民运动的发展背景下,更是中学体育教学的必经之路。

参考文献:

[1]于成林.趣味田径教学法在大专体育教学中的运用[J].现代职业教育,2015,(27):56.

[2]付丽.浅谈在中学体育教学中运用趣味田径教学法的实践研究[J].留学生,2015,(09):168.

浅析贝多芬《降 A 大调
钢琴奏鸣曲第三十一首》第一乐章

孙 哲

路德维希·凡·贝多芬(Ludwig van Beethoven)出生于德国波恩,是世界音乐史上最伟大的作曲家之一。他一生共创作三十二首奏鸣曲,每一首作品都反映了他对音乐的执着,是他当时的内心写照。其中《降 A 大调钢琴奏鸣曲第三十一首》是他晚期作品之一,这首充满着宁静与安详的音乐作品蕴含着贝多芬极其精湛的创作技巧,表现了他极为丰富的个人情感,是一首值得人们深思的艺术作品。

本文将从三个方面来简析《降 A 大调钢琴奏鸣曲第三十一首》第一乐章的音乐内容,体会贝多芬的创作情感、分析他的创作手法并结合自己在演奏方面的心得体会,力求能够更完整地展现该乐章的艺术特点。

一、创作背景与情感

贝多芬的音乐创作分为三个时期,早期(1770—1802 年)、中期(1803—1814 年)、晚期(1816—1827 年)。其中《降 A 大调钢琴奏鸣曲第三十一首》创作完成于 1821 年,是他晚期的极具代表性的作品之一。在当时充满战争的腐朽环境下,贝多芬依然用音乐表达着对家园、对国家的守护之心,他仍然相信社会有充满光明的一面,然而,随着他耳聋的病情加剧,导致无法再举办音乐会,同时拿破仑的复辟打击着他的精神意志,此时穷困潦倒的他对生活不再抱有幻想,在创作方面更多体现的是自己内心的真实想法。

二、曲式结构分析

《降 A 大调钢琴奏鸣曲第三十一首》第一乐章是富有表情的如歌中板

(Moderato cantabile,molto espressivo），是一首四三拍的降 A 大调奏鸣曲，本乐章由呈示部、展开部、再现部及尾声构成。呈示部(1~37)小节，以降 A 大调开始，1~4 小节为引子，全部主题旋律温婉优美，副部主题旋律跌宕起伏，既展现了高音旋律的轻巧灵动，又凸显低声部的温柔委婉；展开部(38~55)小节，其中 38、39 小节是过渡的两小节，起到了连接的作用，在展开部中运用了呈示部主部的主题，并以转调模进的创作手法不断推动着音乐的发展；再现部(56~105)小节，调性转回降 A 大调，在展现呈示部音乐特点的基础上，加以延伸逐渐进入尾声；尾声(105~116)小节，以轻巧欢快的旋律完成了第一乐章的创作。

三、演奏技巧分析

第一乐章以弱奏开始，在第一小节中出现 con amabilita 为亲切的、可爱的，在演奏四小节的引子时，要突出最上面的主旋律声部，其他三声部起到了辅助的作用，结合踏板，在第四小节处可以加以延长音，用来引出本乐章主题。

谱例 1

谱例 1 为该乐章的主题，右手的旋律在演奏时要充满歌唱性，左手为明亮、欢快的十六分音符，在第八小节至第十小节加以渐强处理，最后以 *sf* 最强音落在第 11 小节处，达到一个小高潮，随后以 leggiermente 弱奏轻巧的进入三十二分音符的旋律演奏中。右手在演奏时应注意均匀并具有颗粒性，虽然在谱例上有跳音标注，但在演奏过程不用过分夸张跳音的奏法，一带而

过以整体的旋律线条为主。演奏者在此部分练习中应以慢速来加强手指的独立性,不宜高抬指,贴键跑动即可,而左手的和弦应饱满、整齐,不用弹得过于沉重,注意柱式和弦与休止符的衔接,得当地运用踏板来烘托音乐的走向。

在第 20 小节右手与左手的声部交替要以 molto legato 很连奏的方式来演奏,且要准确地控制左手的休止符,不宜将音符弹得过于粘连;25 小节处右手附点四分音符要把音弹实,装饰音弹奏清晰,左手颤音音量不可高于右手,整个乐句做渐强处理;28 小节左手要演奏出半连音的感觉,整体以强奏为基调,与 31 小节后形成鲜明的对比。

在第 40 小节后,右手不再以单音旋律为主,加入了多声部和声织体,要求演奏者能够准确地抓住和声内隐藏的旋律线条;自 56 小节后,再现了呈示部的主题,左手三十二分音符的跑动与之前右手的演奏一样,保持声部旋律清晰,上行旋律渐强,下行旋律减弱;在 100 小节双手以整齐的和弦出现,根据连线的起伏,双手做落提处理。

谱例 2

从 105 小节至第一乐章结束,这部分前面是右手的三十二分音符快速跑动,结尾处又变成十六分音符(谱例 2),在演奏过程中要注意音符时值的转换,切忌忽快忽慢,速度保持统一。

贝多芬的这首《降 A 大调钢琴奏鸣曲第三十一首》改变了以往他固有的奏鸣曲风格特点,更多地描绘了贝多芬的内心世界,是他为数不多以安静基调为主的作品。在研究过程中,我深刻体会他的音乐,也为我日后对第二、三乐章的研究奠定了扎实的基础。

教学篇

之教学个案与反思

自信——使她更美丽

修桂君

爱默生说:"自信是成功的第一秘诀。"可见,拥有自信对于一个人的发展是多么重要啊!

新初一开学第一天,我就注意到了她——舒××。那天的英语课上,我和学生们在进行了简单的交流后,开始跟随视频学习《英文字母歌》。欢快的旋律伴随着孩子们嘹亮的歌声在班级里回荡。学生们兴奋极了,只有她沉默地坐在那里,紧闭着嘴,眼睛低垂,不敢与我有眼神的交流。我悄悄地走过去对她进行询问时,还没等站起来,她就涨得满脸通红。站起来之后,她更是手足无措,只字不答。僵持了一小会儿,我只好让她先坐下认真观看视频,仔细体会字母发音。

不知不觉下课了,我走出了教室。课间我找到了她,尝试着和她交流,她竟然有些颤抖,马上就会哭了似的。我只能重新再想办法。

经过几天的观察,我发现她只有在英语课上才会缩成一团,其他的时候她就像一只出笼的小鸟,机灵活泼,上课虽不积极但也会发言,下课和别的同学说笑、游戏,怎么会这样? 英语是一门语言学科,听、说、读、写,缺一不可,怎么能改变这种状况呢?

首先,我得找到病因。于是,我积极找班主任、家长和学生们进行了解。原来,她家以前住在农村,小学也是在农村上的,她在那儿学习成绩很突出,但是从来没学过英语,而我们班的学生都是本地上的小学,他们早早就学了一部分英语,更有假期补完初一课程的同学。相比之下,各方面都很优秀的她在英语学科上可以用一窍不通来形容,自尊心超强的她就产生了自卑的心理,对自己的英语极其不自信,就觉得自己学不会,不愿开口说英语,生怕自己遭到同学们的嘲笑。再者,她还觉得我很严厉,不如小学老师和蔼可

亲,生怕她有什么错处,在课堂上被我批评。

　　既然找到了病根,我就要寻找解决问题的方法。当务之急是培养她的自信,让她获得成功的体验。培养自信的方法很多,但对于低年段的学生来说,还是需要老师的呵护、鼓励、给其创设成功的机会,让其体验成功,才能使学生正确地看待自己的长处与不足,坦然地面对成功与失败,拥有永不言败、积极进取的强大的自信心。

　　为此,我开始试着和她交流,引导她正确地看待自己的不足。课间,我经常找她谈心,细心询问她当天的学习有什么困难,虽然她还是"默默无闻",但是她慢慢地用眼神与我交流了,平时上课凡是齐读,她就参与,一旦由"齐唱"变为"独唱",她就不张嘴了。于是,我就又找她商量,为她找了一个英语小"老师",通过和班主任协调,给她们串到了一座儿,结成了帮扶对子。刚开始,我让"师傅"带着她在课间到办公室展示学习成果,后来,在我和同学们的不断鼓励和等待下,终于有一天,她在英语课上终于小声地说了几个单词,很多同学都不由自主地鼓起掌来。借着这个契机我大大表扬了她,同时在班主任的配合下,在班级的家长微群里进行了"广而告之",让家长和同学们都为她喝彩。慢慢地在我的不停鼓励和她的不懈努力下,她一点点地自信起来,越来越流利的英语从她口中说出,越来越好的英语成绩使她在我的课堂上终于活跃起来。现在的她经常是抢着发言,争着答题,整个儿像换了个人似的。一个聪明的孩子找到了一份从未有过的自信心,这是多么让人高兴的事呀!

　　阳光下,她自信的微笑一直在脸上绽放,那么动人,那么灿烂,那么美丽!

教学中不放弃任何一名学生

张照华

　　为给学生一个足够的空间，充分体现他们的主体地位，不断挖掘学生的潜力，把课堂真正还给学生，让他们在学习中获得成功的快乐，我们不断改变自己的教育教学观念，进行课堂改革。随着教学行为转变的不断探究，教师和学生每天都在发生着各种各样的故事，下面就是我和一个潜能生之间的故事。

　　他是一名体育特长生，进入我校时中考成绩刚刚200多分。在开学初的一段时间里，我发现他上课经常趴桌子，作业不能按时完成。面对这种情况，我曾很严厉地斥责过他，甚至让他站着上课，可是收效不大。也曾多次与他交流，经过交谈得知：他上课跟不上，对学习不感兴趣，但体育术科成绩较好，经过交流与分析发现孩子还算比较懂事，训练很刻苦，对上大学也比较渴望，也有要进步的想法，只是成绩太差。虽然经过耐心谈心，他有所改变，可是起色不大。再找他谈话，他虽保证今后会努力，可是仍然没有明显效果。

　　也许是缺少一个好切入点来激起他内心中的激情。我们班级实行"小组评价式"管理，他表现出极大的兴趣，我立刻抓住机会，找他耐心的谈话，希望他能担任行政小组组长，协助老师管理本组，组织本组同学互助学习，进而提高学习成绩。他却信心不足，有点犹豫地说"试试"，我鼓励他说"你一定行"。他果然发生很大变化，首先是上课能管住自己，不再趴桌子、说话，而是和他所在的小组一起讨论问题，当然经常是他不明白其他学生给他讲；其次，不但自己遵守纪律了，同组其他同学说话时他还能悄悄阻止。更令我吃惊的是，上课还能回答问题了，虽然一般是同组学生告诉他答案，由他来说。可是和以前相比，真是天壤之别呀。

可是好景不长,他刚坚持了一个星期就开始有些懈怠了,不只是不注意听讲,有时还上课说话。我立刻找到他交流,一问才知道,他说学习太累了,要放松放松。我故意激他说:"是呀,你本来就放松惯了,一下子用功受不了的,因为你本来就缺少恒心。"他听了,立刻不高兴了:"谁说的?谁说我缺少恒心。我只不过是……是有点事。"我趁热打铁:"好呀,看你表现了。"有时请将不如激将。谈完话后,他果然和上星期一样用心了。我在上课的时候就更加注意他的表现,尽量给他创造机会来展示自己,让他找到成功的自信,感到学习不是想象中的那么难。

经过一段时间的学习,其间,他有好几次反复,我都及时发现并找他谈心,他一点一点地习惯了学习,不再那么散漫了。有时竟然独立完成一些简单的问题,甚至稍难一些的问题他也能做出来,虽然不全面。可这已经让人刮目相看了。所以我不失时机地在班会及课堂上表扬他,让他更有学习的兴趣和信心。

这个学生今后我还会持续关注,关注他在高中成长过程中的表现。虽然我不能保证他一定能考上大学,但起码他转变了,变得有目标、有想法,变得更自信了,通过这个同学的转变,让我有了很多感悟。教学行为的转变势在必行,只有这样才能让每个同学充满自信,改变自己,以饱满的热情面对未来。

以改促变,以变促趣,以趣促学,以学促能,为学生今后的人生道路铺下平坦的大道,打下坚实的基础。如果没有这次课堂教学的改变,他会有这样的转变吗?他会管住自己吗?他会主动站起来回答问题吗?他会主动解决学习中的问题吗?有时对学生而言一次成功的展示,给学习带来的推动力远远胜过老师的说教。因此我相信教学行为的转变,让他找到了成功的自信,也一定会让更多的学生感受到学习的快乐。

一节不一样的音乐鉴赏课

林　伟

　　曾经的音乐课不过是"说唱课"，而今的音乐课我和学生一起体验课改带来的喜悦。

　　我在高一三班上了一节音乐课。这节课是人教版高中音乐必修——第二单元第三节《独特的民族风》，本节课根据学校提出的"目标导航，双主高效"的课堂教学模式，通过"出示目标——呈现新知——合作探究——检测问效——总结提升"几个环节，充分发挥教师主导，学生主体的作用，改变传统教学模式，我在课堂上设计了学生小组合作学习和学习成果展示，尽可能地突出和强调学生的主体地位，在培养学生的音乐鉴赏能力的同时，激发学生学习音乐的兴趣，提高学生的参与度，让学生真正走进音乐，亲身感受音乐的魅力。实践证明，本节课学生自学成果显著，课堂上积极参加音乐活动，小组互助学习目标明确，组内能够合作完成音乐作品，通过展示和检测基本完成了本节课的学习任务。

　　上完课后总是有一些遗憾，就这些遗憾我进行了反思。

　　首先是教学内容的设定局限了音乐的发展，我主要以教材提供的音乐为主，这些音乐远离学生的生活实际，加深了学生体会探究的难度，如果加入一些现代民族音乐和学生熟悉的民族乐器和乐曲，可以让学生更好地掌握和理解，更容易参与进来，音乐内容的增加也使学生的学习不停留于文字表述，而是生动地直观地感受音乐，鉴赏音乐。《草原之夜》让孩子们聆听到草原的篝火旁传来维吾尔族战士们歌唱劳动和爱情的悠扬歌声；《远方的客人请你留下来》撒尼风格的曲调，姑娘们追赶着白色的羊群，踏着晚霞放牧归来，远方的客人今晚请你住下吧，为了祖国的明天共同欢唱；《乌苏里船歌》唱出了赫哲族人过上幸福生活，欢快，甜美，心情格外开朗。其次小组合

作学习,学生参与的积极性不同,所以在小组的设定上,要考虑学生的性格特点,学习特点,充分发挥小组的作用,降低难度,做到全员参与,积极合作,探究学习,提高学生的表达能力,以达到预期的学习目标。例如:可以让学生学唱比较容易接受的民族歌曲,一首唱不完整可以小组分配,每个成员学唱几句,练精几句,通过小组合作完整的演唱歌曲,这样降低了学习难度,学生可以完成,也愿意参与,提高了学生的参与度,增加了学习兴趣,合作完成也培养了学生团队精神。

新课改强调教师主导学生主体,改变了我多年的授课模式,但旧时的影像总是不时地闪现想让我做主角,导致主导过多担心学生做不好,一节课的实践证明,学生的潜力是无限的,他们有能力做得更好,学得更多。在音乐片段节奏练习环节,我的设计是只要能完整的打击节奏就可以,本课中提供的音乐节奏不知是过于简单还是学生喜欢,学生很快就接受了,学会了这个音乐节奏片段,还演练出了新的打击方式,使学生的学习兴趣有了很大的提高,课堂教学取得了很好的效果。这使我深深地感觉到学生的学习潜力是无限的,真的不能小看了我们的学生。

通过这节音乐鉴赏课使我深知作为一名教师一定要善于在课堂中发现问题,并有解决问题的能力。课堂上还要积极开发学生的潜能,提高学生的学习兴趣,争取在教学上取得好的教学效果,这样才能做到让领导和家长满意。

一节音乐课留给我的不仅仅是回忆,更多的是教学上的收获,相信这些收获会使我在以后的教学中不断提高和丰富自己。

浅谈音乐教学中主动精神的培养

所艳艳

摘要:培养主动精神和创新能力目前是音乐教学过程中的首要任务,本人在音乐教学过程中,根据音乐教学的特点,阐述了在音乐教学中怎样培养主动精神和创新能力。

关键词:质疑、机念、碰撞、动机

教育是一门艺术,更是一门学问。科学技术迅猛发展的今天,迫切要求教育教学观念的发展和更新。因此在音乐教学中培养学生的主动精神和创新能力就尤为重要。

要培养学生的创新精神和创新能力,把学习的主动权还给学生,就必须充分发挥他们的主动性和能动性,学生能说的尽量让学生说;学生能做的,尽量让学生做;学生能思考的,尽量让学生思考;学生能归纳的,尽量让学生归纳;学生能推导的,尽量让学生推导。教师既不能喂学生吃,也不能抱着学生走,只能牵线搭桥、给"猎枪",把学习的主动权还给学生。为学生插上创新的翅膀。以下是我在教学中的几点心得体会。

一、培养学生质疑问题的习惯

创新的前提是善于发现问题和敢于提出问题。为了培养学生质疑问题的习惯,教师们根据教材内容启发学生自主提问与质疑,并不失良机地引导学生寻找解疑的钥匙。形成"学生自我发现问题——主动质疑——讨论解释——教师指导"的教学模式。例如在欣赏《码头工人歌》中,同学们主动提出为什么主题片段反复出现四次,对作品表现有什么作用? 通过教师的引导,同学们再次欣赏作品时就能感受到,作品表现的是码头工人沉重的劳动及工人们内心蕴藏着的巨大愤怒和反抗的力量。

二、优化课堂教学激发学生主动求知

培养学生的创新精神还必须激发学生主动求知。我们十分注意课堂教学技能的设计与运用。灵活多样、生动有趣的教学方式方法,可以提高课堂教学的趣味性、有效性和学生参与性,激发学生学习的积极性。例如,在音乐课堂上,注意学生的创造能力的培养和个性的发展,课堂上以打节奏,律动表演等趣味性的节奏游戏,来激发学生求知的欲望。培养学生对音乐的感受、理解和表达能力,在课堂中尽可能创造轻松、愉快的课堂气氛,尽可能多给学生以自主的空间,让学生在游戏中学,在合作中学,积极主动地参与到学习当中,使学生觉得学习音乐是件乐事,是一种享受。

三、诱发学生自主探索的动机

教师通过课堂表演、音乐、设置、情景提出问题和让学生主动寻找答案等形式诱发学生自主探索的动机。例如,在音乐欣赏课,学生以听、看、说、唱为主线,通过欣赏歌曲、图片并且运用已掌握的知识分析歌曲、感受情绪及音乐形象和作品的风格和时代背景。或者用舞蹈这一肢体语言,把不同风格、不同内容形式、不同情绪的作品自己编排表演出来,生动形象,深入主题把作品表现得淋漓尽致。

四、构建合作学习的教学形式

现代社会的创新成果多是集体智慧的结晶,疑难问题的解决常需要多个个体的协作。在教学过程中构建合作学习的教学形式,其目的是使每个学生都有主动参与,自我表现的机会,为学生寻求答案,解决问题提供舞台。例如,在音乐课堂上,进行创作练习时,把学生分成几个小组,在创作时同学们充分发挥集体创作的优势,而学生之间的思维碰撞,更激发学生的创作灵感,张开想象的翅膀,促进学生创作出更理想的音乐作品。还有在音乐特长课上,无论是合唱训练,还是舞蹈的编排,无一不需要集体的合作精神,在合作中互相学习、互相指点、互相进步,只有这样才有饱满的精神状态,表演出更精彩的节目。

五、兴趣导致创新

杨振宇教授说："个人要出成果，因素之一就是要顺乎自己的兴趣，然后再结合社会的需要来发展自己的特长，有了兴趣苦就不是苦，而是乐。"凡杰出人才，创新大师都有异乎寻常的强烈兴趣，爱因斯坦就是学习成绩不好。但早在五岁第一次看到指南针时，他感到非常惊奇，觉得有一种看不见，摸不着的力量在起作用。这种惊奇、引导、决定了他所从事的事业。可见兴趣在培养创新人才中起关键作用。这就需要在教学过程中把怎样发现，发展学生的兴趣，好奇心，探索精神放在特别重要的地位，兴趣是求知的动力，是创新的先导，只有培养了兴趣、求知欲才旺盛，学生才会思考，才会去实践，才能有创新的火花迸发。在音乐教学过程中，把培养学生学习音乐的兴趣放在首要位置，从而培养学生学习的积极性与兴趣。例如，在音乐课堂上，为了让学生唱好每一首歌、演奏好每一首曲子，根据学生的兴趣爱好分成小组，进行歌唱、演奏的表演比赛，再把爱好舞蹈的学生组织起来，随着音乐伴舞，这样音乐课就在轻松、愉快的氛围中进行。除了课堂教学，还要在课外活动、文娱演出、各种竞赛等活动中体现出来，使之"长知须于课堂之外，受教育于娱乐活动之中"。

总之，音乐教学过程是一个伴着歌声与笑声的过程。在教学过程中培养学生主动精神和创新能力是每一位音乐教师的首要任务，要培养学生的创新精神，教师应根据创新发展的三个层面——创新意识的提高、创新精神的形成、创新能力的积累，来设计自己的教学活动，让学生参与教学活动，主动学习、独立思考，让你的课堂迸发出创新的火花。

参考文献：

《中小学生整体改革简报》《黑龙江教育》

教学篇

之教学经验与心得

以交流促进提升

李振辉

新的教学理念教学方法在神州大地上,正紧锣密鼓地进行着,过去老师讲学生听的教育观念逐渐退出历史的舞台。因为新理念更适合新时代的学生,现在的学生表现欲强,更喜欢别人关注自己,更喜欢去展示自己的风采,更喜欢表达自己想法,而不是规规矩矩坐着听老师的讲解。所以,新的教学理念提倡、鼓励学生互相交流、展示自己,"秀"出自我风采。

现在的课堂由学生来主导来交流,老师变成组织者服务者(为学生学习而做好各项服务工作的人)。这样,以交流促进师生的改变,以交流促进兴趣的提高,以交流促进提升,为学生今后的人生道路铺下平坦的大道,打下坚实的基础。

一、以交流促进师生的改变

老师由主导者变成组织者和辅导者,组织正常上课,纪律,辅助学生学习,准备好上课时的用品,如导学案、多媒体课件、各种上课需要的工具,解决学生不会的疑难问题等。况且所有的事情必须有一个过程,由生疏到熟练。老师都在探索中,更何况学生呢? 做什么,说什么,有什么动作,有什么表情,语言怎样组织、怎样表达,甚至谁说什么问题,答案怎样说等等,都要一一教学生,一次一次练习。我是深有感触,为了一次交流课,中午、课间、下午自习都要领着学生练习,不是一天两天,尤其是低年段的学生,你得领着练习好多次才行。有的时候,到了展示时,学生却蔫了,你在下面,不断提示,干着急却没办法。你说不提前准备好,不练习好怎么能行? 只有这样学生们熟练了,以后再交流的时候才能收放自如;也只有由开始的"假戏"才能到后来的"真做"。所以说,通过交流,来促进老师和学生的变化。

二、以交流促进兴趣的提高

兴趣是最好的老师。学生们对歌星、影星等都很感兴趣,你要他们说说有名的科学家、文学家,他们可能说不出,可让他们说说这些歌星、影星,他们可是一清二楚、说得头头是道。让学生们去展示去表演,这回可让他们过了回演员的瘾,圆了好多学生的梦。虽然开始时,难免错误不断,可是经过训练之后,小演员们很快就进入角色,展示得比老师都好。所以说,通过交流调动学生的积极性、主动性要比过去的严厉呵斥强得多,老师也"省事"不少。

在讲《乡愁》一课中,我知道学生们对台湾问题非常感兴趣,抓住这一点,在讲这一节课时,我说,台湾必须统一,如果你是执政者,你会选择什么方式解决台湾问题,你的理由是什么? 结果,学生们争论得脸红脖子粗,谁也不让谁,学生们让我评论看是哪派胜利了。学生们也有他们的兴趣就看你如何去把握。因此,在今后的教育教学中我们真该好好研究自己给学生们出的问题,使他们有兴趣,才能继续学习。

三、以交流促进提升

通过交流,让学生学会动脑、动嘴,培养学生的实际操作能力,培养学生的理论联系实际的能力,培养学生语言表达能力,为他们在以后的人生道路上能更加顺利,为他们能更加融入这个社会做好准备。我们不能再培养高才低能书呆子式的人才。第一次体会到交流教学的魅力是一次偶然的经历,有一篇小说《爸爸的花落了》。在这以前我从来没有试过让学生通过展示诵读来学习。在课上,通过几个同学的合作展示诵读,营造了感人的氛围,学生深受感动和教育,我趁热打铁,很多当时认为会很棘手的问题提出来也很顺利的答出,很多同学积极发言,提高了自己的能力。激活了课堂的教学气氛。

路漫漫其修远兮,吾将上下而求索。探索的道路不是一帆风顺的,不是一天修成的,做好准备,铲除险阻,勇往直前。

学好数学,从初一开始

林淑波

授人以鱼不如授人以渔,新时代的教育要求我们教师不仅要传授知识,有时还要交给学生学习方法。教学效果好与不好,很大程度上取决于学生的学习方法,特别是初一年级学生,在小学阶段学习科目少、知识内容浅,学生所需要的学习方法简单。进入中学后,老师的授课方式有所改变,科目增加、内容拓宽、一节课换一个老师,有的学生就很难适应。尤其是数学从具体发展到抽象,从文字发展到符号,对学生认知结构产生很大的冲击。有的学生因不会学习或学不得法而成绩逐渐下降。因此我们必须重视对初一学生数学学习方法的指导。

学生学习有以下几个环节:预习、听课、复习巩固与作业、总结。我们要从这几个环节出发,从宏观上对学生的学习方法分层次、分步骤指导。一旦形成模式后具有普遍性,也可适用其他学科,学生会终生受益。

一、从预习角度的指导

在指导学生预习时我要求学生按以下步骤进行:首先粗读,先粗略浏览教材的有关内容,掌握本节知识的概貌。然后细读,对重要概念、公式、法则、定理反复阅读、体会、思考,对难以理解的概念做出记号,带着疑问去听课,这样听课的时候才会有重点。我们可以引导学生随课预习或单元预习,几年来的教学实践证明,督促学生养成良好的预习习惯,能使学生变被动学习为主动学习,逐渐培养学生的自学能力,同时也为我们能更好地进行课堂教学做了准备工作。

二、对学生听课方法的指导

在听课方法上,我们要指导学生处理好"听""思""记"的关系。

　　"听"是直接用感官接受知识，应引导学生在听的过程中注意：听每节课的学习要求、听知识引入及知识形成过程、听懂重点、难点剖析尤其是预习中的疑点、听例题解法的思路和数学思想方法的体现、听课后小结。我们在讲课的时候也要注意做到重点突出，层次分明，要注意防止"注入式""满堂灌"，一定掌握最佳讲授时间，使学生听之有效。

　　"思"是指学生思维。没有思维，就发挥不了学生的主体作用。在进行思维方法指导时，应该让学生形成以下几个习惯：多思、勤思、深思、善思、反思。勤思即随听随思。深思即追根溯源地思考，同时要善于大胆提出问题。善思即由听和观察去联想、猜想、归纳。最后要引领学生树立批判意识，学会反思。"听"是"思"的基础和关键，"思"是"听"的深化，是学习方法的核心和本质的内容，会思维才会学习。

　　"记"是指学生上课要记的课堂笔记。初一学生一般存在两种情况一种情况是写字速度慢，记不下来笔记。另一种情况是不会记笔记，通常是教师黑板上写什么学生就抄什么，用"记"代替"听"和"思"，有的时候笔记虽然记得很全，但收效甚微。因此在指导学生做笔记时应要求学生做到：记笔记服从听讲，掌握记录时机；记要点、记疑问、记解题思路和方法；记小结、记课后思考题。使学生明确"记"是为"听"和"思"服务的，要掌握好这三者的关系。

三、对课后复习巩固及完成作业方法的指导

　　初一学生课后往往急于完成书面作业，忽视必要的巩固、记忆、复习过程。这样就会出现照例题模仿、套公式解题的现象，造成为交作业而做作业，起不到练习巩固、深化理解知识的应有作用。在这个环节指导上应要求学生每天先阅读教材，结合笔记记录的重点、难点，回顾课堂讲授的知识、方法，同时记忆公式、定理。再独立完成作业，解题后再反思。在作业书写方面也应注意，书写格式要规范、条理要清楚。其实初一学生做到这点很不容易。我们应教会学生如何将文字语言转化为符号语言；如何将推理思考过程用文字书写表达；正确地由条件画出图形。教师要先进行示范，有意让学生模仿，然后训练，逐步使学生养成良好的书写习惯。

四、指导学生如何做学习总结

从初一开始就应培养学生学会自己总结,在指导时可给出复习总结的方法。即:看书、看笔记、看习题。通过看,回忆、熟悉所学内容,列出相关的知识点,标出重点、难点,列出各知识点之间的关系,也就是写出总结要点,然后在此基础上有目的、有重点、有选择地练习一些各种档次、类型的习题,通过解题来发现问题,查漏补缺,最后归纳出体现所学知识的各种题型及解题方法。学会总结就说明学生的学习方法达到了一个层次。

对学生学习方法的指导是长期艰巨的任务,初一年级是中学的起始阶段,抓好学生的学习方法,使学生掌握有效的学习方法会使其受益终生,这也正是我们教育的目的。

数学中的概念教学

张 玲

数学概念是对数学本质的概括,是数学的基础,在初中数学中占有很重要的地位。一堂好的概念课能让学生深刻理解并应用概念。我们在上数学概念课时应注意引导学生,理解概念的产生和内涵,而不能直接把它拿出来抛给学生。下面我就说说我在上概念课时的一些做法。

一、概念的引入要采用恰当的生活实例,是概念教学的一个重要环节

人们对事物的认识都是先从表象再到本质的,学生对概念的认识也是先从表面有个初步的感受,通过教师的引导和思考,寻找内在的规律和本质属性。恰当的生活实例能让学生很直观的感受概念。如我在讲立方根时是这样引入的:咱班牛淼明天要过生日啦,我给她买了个生日礼物,体积有729立方厘米,我得买多大的包装盒? 学生马上来了兴致:这是知道了体积要求棱长,教师顺势引出立方根的概念,学生很自然地知道了立方根的本质属性是研究已知一个数的立方,求这个数的问题。

二、概括概念的特点要准确

一般的,数学概念都有其抽象的特点,学生即使知道了概念产生的背景和前提,但是很难深刻的理解和记忆,这就需要我们对概念的剖析要准确,如在分析概括立方根的概念时,类比平方根的概念,是已知什么求什么的问题。学生把握住这三个字就很容易记住立方根的定义。

三、概念的巩固要灵活多样

数学概念要在不断地应用中加以巩固,在巩固概念时我们要把握几个原则:一是尽量体现学习有用的数学,数学来源于生活,也要应用于生活。二是选择的练习要有层次性,先从直观的或直接利用概念的习题入手,再慢慢地深入。三是练习的方式要灵活多样。如我在巩固算数平方根的概念时是这样设计练习题的:

1.求 100 的算数平方根

2.求的算数平方根

3.已知 x 算数平方根是 14,求 x

4.已知 的算数平方根是 14,求 x

总之,数学中的概念教学不可忽视,我们要不断地探索新的的概念教学方式和方法,为学生的终生发展服务。

《函数单调性》教学反思三则

陈桂平

数学概念是数学的逻辑起点,是进行数学推理、判断的依据,是建立数学定理、法则、公式的基础,也是形成数学思想方法的出发点,因此数学概念在数学学习与教学中具有重要地位。"函数单调性"是高一数学第二章《函数》的重要内容,它是函数的基本性质之一,在高中数学里占有相当重要的地位。我从教十四年来,已经上过"函数的单调性"这一课四遍了。四遍课之后都记录下了我的课后反思。

2004 年 9 月 25 日

初登讲台的我有种初生牛犊不怕虎的精神,觉得什么问题都很简单,学校要求新教师在本月进行新教师汇报课,我觉得函数的单调性比较好讲,有条理,就选择了这一节,授课之后自感觉还不错,学生配合得也很好。由于教学经验尚浅,对于教材理解不深,匆匆忙忙地在一堂课时间里将内容照本宣科讲完,自以为是地提了自己以为的重点,又把课本例题全部讲解好。当时自我感觉良好,但是课后第二天交上来的作业显示,教学目的没有达到,学生反映对于这节内容感觉好像都听得懂,但是真的说学了些什么好像模模糊糊,上课效果和自己看书也没有多大的区别。这引起了我的反思,问题出在哪里呢?

1. 学生上课听教师讲概念,推导定理、公式,分析解题思路,课后完成作业。

2. 从事大量的机械性、重复性的练习之后,逐步形成了单一的、被动的学习方式,使学生缺乏自主探索、合作学习、独立获取知识的机会,仅以解题练习为主要形式,造成"投入多,产出少",学习效率低下,抑制了创造性思维能力的发展。

2006 年 10 月 19 日

"函数单调性"是高一数学第二章《函数》的重要内容,它是函数的基本性质之一,在高中数学里占有相当重要的地位。是高考的重点也是难点。

这次我吸取了高一的教训,上课不贪图进度和难度。也没有只是把内容简单地和大家复习一遍,而是按照大纲要求重新按照新课的过程又给学生讲了一遍,弥补自己上次的疏漏。将概念引入、讲解、重点分析、举例巩固、课后练习。这堂课无论是自己或者学生都反映良好,概念清晰,学生在完成课后作业的时候准确率也较高。但是,在后来的综合做题中,问题还是暴露出来,学生对于单调性的概念由于时间关系已经模糊了,产生了类似于 $x_1 < x_2$ 则 $f(x_1) < f(x_2)$,即可以得到函数 $f(x)$ 是增函数的错误结论。已经忽略了自变量取值的任意性这一基本要求,概念不清;更有甚者,连"对于任意的 $x_1 < x_2$ 有 $f(x_1) < f(x_2)$,则函数 $f(x)$ 是增函数还是减函数"都混淆不清。课后反思:产生这一现象的原因我想除了学生自身对知识的遗忘,很大程度上与我没有交代清楚"函数的单调性"概念本质密切相关,学生只是对知识有了表面的理解,这种理解是表象的、肤浅的,随着时间的流逝很容易就会消失。课堂是学生获取知识的主要场所,但许多数学知识仅凭课堂专心听讲是难以真正做到理解和掌握的,还必须经过反思这一环节加以消化、吸收。

2016 年 10 月 1 日经历了四届的高三教学,函数的单调性这节课也上了很多遍了,再次讲解这节课前,我翻查以前的教学反思记录,面对前几次的"函数的单调性"的执教记录唤起了我的回忆。完成教学任务已不足以满足我的要求,我思考的是如何利用有限的课堂教学时间,使学生在准确理解"函数的单调性"的有关概念的基础上,掌握数形结合的思想方法,加深对概念的认识,为进一步的转化为程序性知识做铺垫。前两次的教学我采用的都是利用课本的引例,即利用二次函数和三次函数的图像,让学生直观地看到"单调递增"或"单调递减"的现象,然后就单刀直入地提出了"函数的单调性"这个概念,解释一下要点"任意""都有""定义域""区间",就结束了,直接进入应用概念的阶段。好处是节约时间,直接明了,条理清楚;缺点是

学生对于概念的本质认识模糊,很容易随着时间的流逝将其遗忘,特别是在处理一些概念性较强的证明题时尤为明显。

为了让学生对概念理解得更透彻,后续学习更加顺利,我在这一次的教授过程中做了适当的调整。引入部分还是采用了二次函数,并加入了一次函数和反比例函数。这两个特例,前者是课本证明题例2;后者既是例3又承担着概念辨析的重要职责。这样的安排,一方面是考虑到学生实际情况(直观现象容易为其所接受),一方面也是尽最大可能地利用课本承前启后。学生在描述上述三个函数图像的时候较为顺利,此时我引导学生观察一次函数 $y = x$ 的图像,描述其特征:从左往右图像上升。然后顺势提出让学生观察其余两个函数的图像,是否有类似的现象。学生1:二次函数 $y = x_2$ 图像上升;学生2:二次函数图像下降;学生3:二次函数图像下降后上升。各执一词。学生1和学生2在学生3回答后感觉自己似乎错了,但又说不清理由。此时,教师指出:在同一个观察任务中必须按照一定的标准,观察的顺序应沿 x 轴的正方向即"从左向右",即可得到正确答案。学生在理解错误原因过程中亦得到了正确的研究方法。通过观察,大家发现了上述三个函数存在从左往右看图像上升或下降的现象,及时提出课题"函数的单调性",并指出以上函数的单调性及增减函数的名词。直观上承认这一性质以后,我放弃了以前直奔主题的做法,编制了本地9月份的气温变化图。由学生仿照刚才的分析,解释图像的"单调"特征。继而提出:图像特征如何转化为数学语言?经过思考,经过图像直观的影响,教师的启发,学生4终于提出了:取遍所有的 x ,总有 $f(x_1) < f(x_2)$,则函数 $f(x)$ 为增函数。到此,学生通过自身的探索终于接近目的地,自己给出了"增函数"的定义。我让学生打开书本,与书上的定义进行比较,肯定他们的成果,并提示采用书本更为精确的用语。这个定义的给出,与以往我生硬地将课本定义直接给出大相径庭,由学生容易接受的直观图像开始,先形成"单调性"是函数的一种现象、"增(减)函数"是什么样的这样的印象,由学生自主探索接近、得到定义,学生对此印象深刻,理解深入,而且激发了学生的自信心:原来自己也可以写数学定义。兴奋点启动以后,后续的学习就顺利多了,"减函数""单调区间"的定义很快给出。最后指出"函数的单调性"本质上反映了函数随自变量的变化函数值相应地发生变化的性质。这个结论的提出,在一定的高度上对"函数的单调

性"做出了最本质的概括,学生深受触发。这堂课到此已经花了 25 分钟时间,剩余时间,我利用"气温图"让学生回答"单调区间"和"增、减函数"的划分,课本例 1 弃之不用;例 2 对一次函数 单调性的证明,由于概念掌握较好,指出自变量取值 在单调区间内的"任意"性时,学生很快接受,利用函数单调性的定义证明函数的单调性的步骤也由学生自己归纳,满足其成功感;例 3 的证明由于时间关系由学生口述,教师加以补充修正完成。当堂课由于时间关系未能将函数 的单调性讲解透彻是最大的遗憾,但是课后反思,如果以教学进度来换取学生对这堂课的满足感的话,那将是得不偿失的。课后反思:回顾整堂课,概念引入和深化占了大半节课时间,反而淡化了以前我个人认为最重要的"单调性的证明"这个环节,但是这样做的目的不是抛弃单调性的证明,而是强化这节概念课的主题,最基本的还是将概念理解透彻,概念不清楚,后面的学习将流于表面和机械,对于学生的后续学习是极为不利的,因此我采用了以上的做法,将"函数的单调性"的第一堂概念课还给"函数的单调性"的定义。

以上是我对同一堂课三次授课的反思记录。通过长期的教学反思,对于教材的理解逐次加深,教学方法也在反思的推动下不断创新,而教与学的改进也引发了新一轮的反思,两者互为相长。

浅谈如何提高地理教学效率

樊丽丽

不知不觉中已参加工作十余年,一直在教学一线从事地理教学工作,在教学工作过程中一直尝试着不断地改变教学方法,使学生喜欢上地理课,有句话说得好"教育的艺术不在传授,而在于鼓舞与唤醒"。兴趣是最好的老师,要使学生对所学的学科有兴趣,教师就要不断地提高教学的趣味性,一旦学生对某一学科产生兴趣,就会主动的学习这门学科。地理的学习离不开地图,所以我加强对学生看图、读图及绘图能力的训练,要求学生自己动手绘图,特别是美术特长班的学生,他们更具备这样的优势条件,每个寒暑假在作业布置上都留若干个图形,并配有相应的文字说明。这使学生将一幅幅地图变成"心图",在头脑中形成,有利于学生读图能力和解图能力的提高,还可以培养学生的空间概念和想象能力。依照高中生特点,激发学生学习地理的兴趣,加深学生对地理知识的理解和记忆,为此在地理教学中,我进行了对学生几种描绘技能的培养。

一、彩绘训练

利用课本插图,让学生用彩色笔绘出所要掌握的地理要素,使图上反映的地理事物简明扼要、表现力强。例如:在学习"我国冬季气温的分布特点"时,让学生在"我国1月平均气温分布图"上,用彩色笔描绘出"0摄氏度"的等温线,突出我国冬季南北温差大的特点,以及秦岭—淮河这一南北重要的地理分界线,起到"画龙点睛"的作用。

二、描摹训练

依照课本插图或地图进行描绘,指导学生边描边熟悉地理位置、范围、名称、特点等,通过多次勾绘,学生对区域的轮廓、海陆位置、海岸线状况就有了深刻记忆,使头脑中的地图更形象、更准确,利于帮助学生建立正确的空间概念。例如:学习"中国政区"时,将 23 个省、5 个自治区、4 个直辖市、2个特别行政区和台湾,然后教师逐一指图读名,让学生借助地图依次摹绘出各省、自治区、直辖市等区域轮廓,就图形特征做形象比喻,使学生产生浓厚的兴趣,留下深刻的印象。如:四川省形似蛤蟆、广东省似大象鼻子、海南省类似鸡蛋……再让学生勾出北回归线、长江、黄河,提醒学生注意:北回归线穿过我国哪些省区? 长江、黄河各流经我国哪些省、自治区、直辖市? 还可以让学生标出各省级行政单位的行政中心及其简称等。

三、转绘训练

即将文学转化为图像。事实证明,图像信息比文字信息容易直接记忆与展现,所以在平时教学中,除了运用各种现成的图像外,还应结合教材创造性地将文字转化成图像进行教学,使"文"转"形"更直观化。例如:在讲"长江"时,教师在黑板上用蓝色粉笔画出长江干流图后,就可以边讲边填,其发源地、注入的海、流经的省级行政单位的简称等。总之,尽量使每一知识点的出现,都在图上落实,以图解文,图文结合。

四、补绘训练

就是对课本原插图加注一定的符号、文字,以补充说明,从而突出重点,加深学生对有关知识的理解和记忆。

另外,我还布置一些绘图练习,使学生养成随手画图的习惯。例如,让学生根据当地各月气温、降水量资料,自己动手绘出当地的气温曲线、降水柱状图,使学生进一步了解当地的气候特征。

总之,通过以上方法的训练,我总是有意无意地将一幅图像输入学生大脑中去,使学生的识图、读图能力得到提高,也通过绘图技能的培养,提高孩子们的空间想象能力,促进学生动手,激发地理教学在课堂中的活力。

论如何上好信息技术课

宫喜姝

摘要:中学信息技术是一门面向未来、面向世界的现代化课程,是培养学生信息意识、普及信息技术、提高信息素养的重要途径。为培养学生的创新意识、良好的上机习惯、扎实的实践操作能力和良好的信息素养,上课过程中我觉得应明确认识任务驱动中"任务"的特定含义,使用中要注意任务的情境性和可操作性;要坚持科学、民主、平等、高效的原则;任务大小要适当、要求要详细具体、各任务层层递进,由基础到探究提升,以便学生去巩固和学习知识、教师能顺利实现教学目标。

关键词:信息技术 任务驱动 课堂教学 自主学习

当今科学技术发展迅猛,从 1946 年冯·诺依曼发明第一台计算机起,时间已经过去了 70 年。这期间计算机对人们来说从陌生到离不开,互联网已走进了千家万户,教育在这个时代里也发生了巨大变化。信息技术特别是互联网正在融入基础教育,并在此基础上催生出为信息社会服务的新教育,信息化教育也就是现代教育。新课程教育改革可以说是教育为了适应经济、社会迅猛发展的要求及学生自身发展提出的。其根本目的是充分发展学生各方面的能力,使其能够更好地适应未来社会的发展。这就要求信息技术教师不能只顾眼前,而要全面衡量面向未来,把握社会需要,为学生更好的学习科学文化知识打好基础。信息技术教师应着眼于新课程改革,积极思考和改进教育理念,从自身信息素养的提高出发,以增强学生适应未来的能力,实现新课程教育改革为使命,更好地为自己的教育教学工作增添力量。"一块黑板,一支粉笔,一张嘴巴,一本教科书"已不能满足现在高速发展的信息时代的需要。中学信息技术已成为一项面向未来、面向世界的现代化教育,是培养学生信息技术意识、普及信息技术知识、提高信息素养的重要途径。为培养学生的创新意识、良好的上机习惯、扎实的实践操作能力和良好的信息素养,上课过程中我觉得应明确认识任务驱动中"任务"的特定含义,使用中要注意任务的情境性和可操作性;要坚持科学、民主、平等、高效的原则;任务大小要适当、要求要详细具体、各任务层层递进,由基础到探究提升,以便学生去巩固和学习知识、教师能顺利实现教学目标。

下面我就将我的一些理解和观点总结如下,希望各位评委老师给予指导。

一、信息技术教师应该积极主动的学习新课标,转变传统教育观念

近几年我市及我校都组织了各种培训活动,如:各学期开学前的通识培训、继续教育培训、电子白板使用培训、翻转课堂学习等,我都积极主动地参加,并主动向领导、专家和同事请教,坚持自学《课程标准解读》,这期间我最大的感触就是信息教师应尽快转变教育观念,应尽早认识到:新课程标准下教师是学生学习的合作者、参与者和引导者。21世纪是信息网络时代,学生很容易从学校外部资源中获得信息和知识,信息技术教师绝不再是主要的信息和相关知识的传播者、讲授者,而是引导学生获取正确有效信息及知识的合作者;帮助学生确立适合的学习目标、引导学生形成良好的学习习惯、为学生学习提供服务的引导者;建立良好融洽、民主和谐的课堂氛围的推动者。那么在课堂教学实施过程中,信息技术教师应主动与学生分享自己的想法,和学生一道探寻真知,能够敢于承认自己的过失和不足;作为实施教学活动的引导者,应鼓励学生积极主动思考和独立解决问题。作为学生学习的推动者,要以发现式、探究式、评价式来开展教学,以"任务驱动"来促进教学,从而激发学生无限的潜能。信息技术教师只有找准了自己的位置,才能适应新课改形势下的教学工作,更好地为学生的终身学习能力的养成服务。

二、实践课教学可以主要采用"任务驱动"式

目前,信息技术教学尚未纳入高考之列,因此,绝大多数高中生都不会强制自己去学习,他们对信息技术的学习完全是凭兴趣。这就给我们信息

技术老师出了一个难题：如果我们在信息技术的教学中不能找到学生感兴趣的触点，不能引发他们学习的兴趣，我们的教学就将会是失败的。所以我认为信息技术教学应以努力激发学生的学习兴趣为主。那么如何能激发学生的学习兴趣呢？这就要看信息技术教师的"任务"设置得怎么样了，"驱动"得是否有效了。所谓"任务驱动"，我认为就是指在教学全过程中，以若干个具体任务为中心，借助现代化教育提供的良好的教学手段和教学环境，采用启迪学生的思维，培养学生兴趣的方法，来介绍和学习基本知识和技能，从而完成任务的一个过程。因此，在教学过程中，我将"启迪学生的思维，培养学生的学习兴趣"作为我的首要教学目标。我的教学不再局限于"学生学会了什么"的问题，而是要学生明确"我可以解决什么，如何去学习"。这样通过"任务驱动"的模式，将被动学习直接转化为主动学习，调动学生学习的学习兴趣，激发了学生的学习动力。比如，我在高一介绍 Word、Excel、PowerPoint 这些应用程序时，大部分同学都认为这是他们从小学到初中一直都在学习的东西没什么可学的，也太枯燥乏味了吧！但是他们很关心信息技术的题怎么出如何答？针对这种情况，我按照职业高考的形式给同学们设置了一些上机实践题，并在题的后面标明分值总共是 100 分，让同学们利用学生机做，并把做好的题目保存在教师机共享的文件夹中，然后教师依次阅卷评分，并给予较专业的评价和指导。最后，把题目所涉及的知识点依次介绍给同学们，获得的效果是同学们很认真的听讲和主动要求再出一些题目，这样使学生原本很厌烦的情绪很好的转换成了谦虚爱学的情绪，达到了我预期的目标。这说明我设置的任务是有效的，触动了学生的兴趣，激发了学生的学习欲望。

三、在信息技术课堂教学中重视培养学生创新能力，提高学生实践能力

信息技术课是一门知识性与技能性相结合的基础工具性学科，在课堂中，课程的授受知识大体包括三个方面：教科书及教学参考书提供的知识；教师个人所掌握的知识；师生互动产生的新知识。由于信息技术又是一门实践性很强的学科，在整个教学过程中，学生上机操作课时不能少于总学时的70%，因此，应重视在课堂上培养学生的创新能力，同时也一定要提高学生的实践能力。

（一）培养学生的创新意识和创新能力

创新意识不是与生俱来的，而是通过后天有目的地培养获得的。创新能力的培养，主要是把学习的思想和方法介绍给学生，以使他们掌握创新的钥匙，开启每一扇问题之门。在信息技术教学中强调的是操作过程及实践新知，是能创造性解决问题激发学生的探索欲望，而不是简单地获得结果。例如，在学习"Word"的过程中学生学会了基本图形的画法，教师适时的在此基础上出示一幅正弦函数曲线图，鼓励学生去尝试怎样把它画出来，这个任务布置后，学生自己通过独立思考、小组探究合作、师生讨论就能达到自主学会的目的——任务完成。在这样实施授课的过程中，既提高了学生使用绘图工具栏画图的能力，又培养了学生的创新精神，提高了积极参与并自主创新的能力。

（二）提高学生的实践能力

实践能力的培养与掌握信息技术知识是相辅相成的。信息技术教师要从思想上重视和加强实践教学的地位和作用，在教学中只有有机地将二者密切联系，才能使其发挥其最大的效能，这对学生实践能力的培养起着决定性的作用。

1. 要充分发挥教师的演示作用，指导学生进行上机实践

教师的演示对学生起着潜移默化的直接示范作用。比如说：在课堂上信息技术教师和学生同时在固定时间内做一个用幻灯片来展示图片的PPT比赛，结果要在全班学生面前展示。学生心中潜在的竞争意识就被很好的激发出来，学生会不自觉地要超过老师，"我要做得好，赶得上我们的教师或超过我们的老师"的想法就会付诸实践，达到理想的教学效果。学生通过比赛努力创新实践，不乏是一种较好的实践课的做法，只要学生能主动地动手实践，那么他个人及团队的能力提高，就有了好的基础，就可以达到在课堂中实践创新学习的目的。这样做也更能激发学生学习的积极性，使教育教学向有利的方向发展。

2. 要重点强调操作的规范性，培养学生良好的操作习惯

在上机实践课上，只有采用了正确的操作方法，才能起到事半功倍的作用。比如，在指法训练中，必须保证学生采用了正确操作方法，才能真正达到盲打，为学生今后的学习和生活奠定坚实基础。只有使学生养成了良好

的操作习惯,学到了方法,才能终身受益无穷。

3.每次上机操作后,师生须共同做课堂小结

通过做课堂小结,可以把上机操作中涉及的知识进行归纳总结反思;可以对在课上实践任务操作过程中,表现较为突出的小组及个人给予表扬;可以把课上学生的易犯错误及时纠正;可以预留下节课的具体操作任务,供同学们课下构思。这样,才能更好地提高学生实践操作能力。

当今时代,信息技术知识在不断更新,并且以更快的速度发展。今天学的东西说不定明天就不适合了。所以,学习这方面的知识一定要紧跟时代,跟紧潮流。信息技术具有内容浩瀚、广博、瞬息万变的特点,决定了信息技术教师只能以引导、辅助学生学习信息技术的方式方法,教会学生终身学习的本领,才能让学生在这样一个信息时代永不落伍。信息技术教师在实际教学中的任务是为学生学习知识创设情境,良好地运用"任务驱动"这一教学方式,做到"教师主导"与"学生主体"相结合,让学生学得主动、高效。信息技术教师要善于发现学生学习的兴趣点,培养学生持之以恒的学习习惯,才能在提高学生信息素养的同时,达到培养学生终身学习的教学目的。

参考文献:

[1]《信息技术教学导论》电子工业出版社出版杨威、史春秀、巩进生著。

[2]《信息技术与教学创新》中国轻工业出版社出版 Prisciua Norton 著。

[3]《中小学信息技术教育》北京师范大学出版社出版潘慰德著。

[4]《信息技术基础》上海科技教育出版社。

浅谈高中作文兴趣的培养

靳大钊

高中阶段,在高考的试卷中,语文作文的分数占了整张卷面的五分之二,所以能否很好很快地写出一篇美文就成了语文高考的关键。

高一入学时,很多学生的成绩都很低,作文素养基本没有,所以不能够以常规的方法来要求他们写作文,子曰:"因材施教",在教学的时候,对于这部分阅读量都很少的学生不能要求整篇,更不能要求文采,只要先能写出几句话就好。所以针对现在学生的现状,我采用"三步"兴趣培养法。

首先,让阅读成为学生写作文的美味早餐。语文课堂中,让学生大量地夫阅读,可以默读,也可以大声地朗读,在品读中去思考,在品读中去感悟,更重要的是,我指定他们朗读的篇目很多都必须背下来,做到胸中有万卷书,才能下笔有千言。在阅读中,更要让学生有"要我读"到"我要读"的一个转变。子曰:"知之者不如好之者,好之者不如乐知者。"在课堂教学中,身为语文教师,引经据典,创设情境,让学生沉醉在你为他们创设的美好的意境之中,针对文章,创设讨论点和突破点,利用现代化多媒体手段,演示图片,播放视频,激发学生的阅读兴趣。如在《祝福》一课中,我在分析人物的时候,就用投影给出了祥林嫂的图片,并且给学生布置任务,让他们在文中找出刻画祥林嫂形象的句子,包括心理、动作、外貌等方面,任务布置完之后,同学们马上来了精神,目光在文中快速地浏览,先不说问题答得如何,就这种阅读的劲头就着实让人觉得欣慰了。此外,还要培养学生良好的阅读习惯,教师指导学生制订个人阅读计划,并附带考察监督机制,先督促,再养成。计划可以根据实际情况定期变动,比如可以这个月每天晚上读一小时,下个月增加到两小时,这样,学生既不会感到任务重、乏味,也会在循序渐进中体会到阅读的乐趣。再者,教师在学生朗读书籍的内容方面要加以指导,

多读好书,读一些对学生身心有益的书籍,如中外名著,科幻读物、作文选、现当代少儿文学作品,也可以是历史人物、风景名胜、地理环境等读物、安全防范知识、卫生保健知识,体裁多样,内容全面。当然,这里面也不排除漫画。我经常给学生们推荐中外名著,如《巴黎圣母院》《战争与和平》《三言二拍》《挪威的森林》,当然也包括一些时下流行期刊,如《读者》《意林》《青年文摘》,既让他们有文化底蕴,又让他们接地气,尽可能多地让学生接触类型多样的文学作品,这样才能更大程度上激发他们的阅读热情,而不要这也不行那也不行,必须读和学习有关的这种做法会极大地伤害学生的阅读兴趣,起到相反的效果。阅读就像吃饭,要营养均衡,就要广泛摄入各种食材,否则就会营养不良。吃好这阅读第一餐很重要。

让小段练笔成为写好作文的重要午餐。当学生有了一定的阅读量的时候,这时就可以尝试写一些小段的文字。学生苦于写作是因为有的教师动辄要求学生大篇幅写作,800抑或1 000字,让学生心生负担,既然写不到那么多字,很多学生索性就不写了,更谈不上什么兴趣了,反之,按片段来写,就可以减轻学生的心理负担,使他们心情放松,心情放松就更容易写出精彩的文字来。在学生写作之前,教师一定要做好细致的指导工作。如可以先讲一下细节描写,举两个细节文段描写的例子,然后让学生指出哪个地方是细节描写,之后让学生按照这个细节描写再仿写一个段子,可以语言不华丽,也可以语言不多,但是一定要先迈出第一步。例如在高一的第一节作文课,题目是《心音共鸣——写触动心灵的人和事》,在这节课上,我先和同学们一起欣赏了"哑巴母亲"和《背影》中的两个片段,在欣赏的时候我让一名同学声情并茂的把文章朗诵出来,有的同学的眼眶就湿润了,趁着这个时候,我让同学们找出感动他们的句子,并说一说生活中你有没有被感动的瞬间,并且以"感动"为话题写一小段文字,同学们说:"老师,又写作文啊?"看着都是一副痛苦的表情,我笑着说,"同学们,别紧张,今天我们只写100~200字,写出让你感动的瞬间就好",这下,同学们都来了劲头,纷纷拿起笔开始思考,不一会儿,好几名同学就举手示意我写完了,更有好多同学一直在奋笔疾书,我问他们,"200字难写吗?"有的同学笑着说,"老师,没有压力,现在倒是能够写得多了起来"。有一名平时不爱学习的女同学突然举手要求读自己写父亲的文段,读着读着,情不自禁地流下泪来,看着孩子们一个一个"感动"的文段，我心里由衷地高兴。没有压力的真情流露，简短文段的认真摹写，让同学们对写作也逐渐有了很大的兴趣。从记叙文介入，从生活点滴开始观察，逐渐培养他们的写作兴趣，可以规定命题，也可以自己命题，可以观察到什么就写点什么，也可以把每天的点滴以记日记的方式呈现出来，只要是能够用心观察生活了，写作就已经开始了。因为是高中，所以在记叙文之外，还要练习议论文和散文，在写议论文的时候，我仍然采用分步教学法，先练习"分析论点"，再练习"论据分析"，最后练习"整合文段，谋段成篇"，这样做既让同学们将每个知识点都能牢靠掌握，又能够不让同学们产生厌学情绪，从而达到事半功倍的效果。我国先秦时期的荀子说过，"不积小流无以成江海，不积跬步无以至千里"。说的就是量变达到质变的关系，小文段练习就是量变，练习多了，自然就能够成就大文章的质变。最后，就能让学生的作文有一个质的飞跃。

喝好一碗"环境熏陶"的晚餐鸡汤。在培养兴趣方面，除了学生自身的努力之外，教师要努力为学生创设读书的环境，例如班级的图书角，读报栏，也要在班级自己或者让班委多组织"读书交流会""朗诵大会"等活动，增强班级的读书氛围，让同学们置身于书香墨色的良好氛围内，这样的话，不想读书都很难，在各种活动中，要充分调动同学们的积极性，可以让同学们去组织，去评比，去放飞他们的天赋，让他们自由地在文学的天空中翱翔，那么写好作文还会远吗？

综上所述，人要健康就一定要吃好一日三餐，培养学生对作文的兴趣不能着急，要小火慢炖，从阅读、小文段和环境上下功夫，让学生从内到外喜欢写，这样才能在语文作文的这条路上越走越远！

浅谈如何成为学生最喜欢的教师

巨艳秋

俗话说,亲其师,则信其道;信其道,则循其步。所以做学生最喜欢的老师,让学生最喜欢我教的学科是我所追求的目标,在工作中,我尝试着、努力着做一名学生最喜欢的老师。那么,如何成为学生最喜欢的老师呢?

一、上学生喜欢的课

做一名学生喜欢的老师,就要精心上好自己的每一堂课,让自己的课堂充满生机和活力。1.采用灵活多样的教学方法,如栩栩如生的多媒体教学、身临其境的现场教学、引人入胜的情境教学、生动具体的演示教学,往往能有效地调动学生的学习积极性。2.要结合每一课的内容想方设法去设置课堂情境,这样才能更好地上好课,学生才乐于接受老师的课堂教学。3.尽量精讲多练,让更多的学生有发言的机会。课上,努力关注每一个学生,在提问时,把难度比较低的问题留给基础比较差或不敢举手的学生,多用鼓励性的语言,让他们更多地体会成功的喜悦,树立自信心。4.要有足够的知识储备与经验,因为现在的孩子有自己的思想,会判断老师的水平。所以要想做一名好老师,就要不断地增长自己的知识!一个教师最能吸引学生的是他的教学艺术,教师的教学艺术风格最能体现教师的个性魅力。在课堂上,教师既要恰当发挥自己的才智,又要尊重学生,做到以学生为主体,才能使学生更喜欢你。

二、教师要真心的爱学生

把学生当作自己的孩子,善待每一个学生。做一名学生喜欢的老师,就要放下架子,把学生放在心上;就要以平等、博爱的态度对待每一位学生,教师要做到严而有爱、爱而从严,只要老师充满爱,学生们一定会喜欢。做学生喜欢的教师,师生双方才会有愉快的情感体验。一个教师,只有当他受到学生喜爱时,才能真正实现自己的最大价值。

在这一方面应注意从以下几点去做:

1.尽力了解学生。采取多种形式,有意识和学生接触以及侧面了解,掌握学生的家庭情况、生活环境、学习条件、思想情况、学习情况以及个性特点、心理特点,了解他们所做、所急、所需,走进学生的心灵世界。例如高二一班张×同学是我的课代表,经了解她父母离异,不在身边,周末有时只能住寝室。我经常鼓励她努力学习,考河北的大学,回到母亲的身边。一提到这事她就劲头十足,脸上洋溢着幸福的微笑。

2.理解、尊重学生。教师成功的秘密在于尊重学生。每个学生(哪怕双差生)都希望自己是老师喜欢的学生,都不希望自己是老师"讨厌的人",希望得到老师的表扬。作为教师应该理解学生这一纯真的愿望,抓住这一"闪光点"。不论学生在什么情况下都应该动之以情、晓之以理,绝不能挖苦、讽刺、体罚学生,应该耐心地帮助学生认识错误、克服缺点,鼓励学生勇于战胜困难,激励学生努力进取。

3.学生喜欢朋友式的老师,喜欢能主动与他们沟通的老师。我校个别学生思想道德品质不良、行为习惯无规律、学习成绩不佳、不思进取等。课堂上不免发生矛盾,若针锋相对、激化矛盾,只能两败俱伤。此时课下沟通显得尤为重要,沟通让心与心彼此相近,化对抗为合作,化封闭为开放,化回避为靠近,化冷淡为亲热。

4.宽容对待每一个学生

苏霍姆林斯基说过:"有时宽容引起的道德震动,比惩罚更强烈。"特别是做了母亲之后,我对这句话的理解更为透彻。教师要学会宽容,宽容学生的错误和过失,宽容学生一时没有取得很大的进步、学生最关心的是教师对他的看法如何,最大的愿望是受老师的关心和喜爱,当我们面对学生时,尤其是那些似乎充满缺点的学生时,如果能尽量发现他们的优点,然后真诚地慷慨地去赞赏他们,就会激发他们内心深处的希望和信心,鼓励他们奋发向上。一位优秀教师说过这样一句话:打着灯笼寻找学生的优点,用显微镜来观察学生的"闪光点",尽可能地创造条件让学生有展示自我的机会,满腔热

忧地欢迎每个学生的微小进步.注意在课堂上尽量不批评学生,即使批评也要注意批评的方法,讲究艺术性,让学生在微笑中接受批评。

5.与学生分享人生经历。每位教师都是从学生时代走过来的,在思想、生活、学习等方面都有宝贵经验,我们可以讲出来同学生分享。对处于成长阶段的学生一定具有启发意义。

总之,我们面对学生要少一点架子,多一点尊重和真诚;少一点尖酸刻薄,多一点赏识和信赖;少一些冷漠,多一点热情和交流。师生之间只有互相了解,互相沟通,互相平等,学生才会打心眼里喜欢你,到那时候,"亲其师而信其道",你的一言一行都是学生的榜样,你才是学生心目中的"偶像"!

对化学平衡常数教学的反思

李 翠

摘要:随着科学的发展,人们对量的认识越来越深刻,对一门学科从定性到定量的认识才标志着这门学科达到了比较成熟的阶段,化学学科也是如此。在化学教学中,有效地引导学生用定量思维来思考问题、分析问题、解决问题,可以促进学生对化学研究方法的理解,也有助于提升学生的定量研究能力。同时,对于学生的化学基本观念形成、科学素养提高均有重要的意义。[①]

高中化学课程以"进一步提高学生科学素养"为宗旨,在充分体现基础性的前提下,也实现了选择性。"化学反应原理"就是为对其感兴趣的学生而开设的选修模块。与之前版本的高中化学教材相比较,在这一个模块新增的内容中,化学平衡常数是很重要的知识内容。

运用热力学理论解决化学反应问题是化学平衡常数的重要思想。化学平衡常数有严谨的理论依据,尤其是在化学科研的实践中发挥着举足轻重的作用。根据化学平衡常数来判断平衡移动的方向,不管是开放体系或是封闭体系,无论是单个因素改变或是多个因素改变都适用。因此可以说,化学平衡常数能够解决的问题很广泛。[②]

关键词:化学平衡常数;教师;定量

化学平衡常数是对可逆反应的一种定量描述,也是从定量的角度来对可逆反应进程的一种规律性的表达。

---

① 田长明.谈初中学生如何构建定性和定量的概念模型[J].化学教与学,2012(2).
② 张茜,正确的看待定性与定量[J].文理导航,2012(3):31.

新版本化学教材对于化学平衡常数的编排是紧紧抓住了化学平衡常数的概念,将化学平衡常数作为讨论平衡相关问题的重要线索,运用化学平衡常数定量描述平衡时的状态,根据化学平衡常数分析化学平衡的移动问题,同时把平衡的转化率作为定量描述平衡状态的补充。①

一、对化学平衡常数属性的认识

在一定条件下,可逆反应达到平衡时,各个产物的浓度系数的次幂连乘积和各个反应物的浓度的系数的次幂连乘积成正比,我们把这个比值称作化学平衡常数。对于任何一个可逆反应:$mA(g) + nB(g) pC(g) + qD(g)$,平衡浓度的比值都是符合如下关系, K_c 是定值。化学平衡常数在物化和分析化学中有很重要的理论意义。

对化学平衡常数的属性认识集中于定义以及定义中的量与量之间的认识,即反应物与生成物的浓度的系数次幂相比较。对于化学平衡常数的公式以及单位的理解只是基于应试教育下的教给学生只要能记住公式、会应用就可以,这样就导致了教师自身对化学平衡常数的一些较深入的或者说是本质的东西的缺失。

二、化学平衡常数是经验平衡常数

我们高中化学教材中的化学平衡常数是经验平衡常数,是有量纲的。但是在实际教学中存在这样一个问题,有些教师对于化学平衡常数的单位写还是不写的问题模糊,对化学平衡常数的历史不够了解,鉴于此,笔者认为,虽然近年来对化学平衡常数的研究有很多,但是没有一个标准去衡量它,这是导致有些时候教师说不会教了的问题,这也正是新课改后有一些新知识被引入,有时存在争议的问题,这就需要我们化学教育工作者不断地探究,不断地思考这些问题。

三、化学平衡常数有很大的价值

化学平衡常数对化学平衡是具有一定的指导意义的,对后续学习其他

① 吴霞. 对化学平衡常数教学的一点反思[J]. 中学生数理化学研版,2011(1):66.

平衡有很大的帮助;让学生更好地理解理论联系实际的重要性,更重要的是让学生从量的角度来更好的理解化学平衡。

(一)化学平衡常数的物理意义

1. 化学平衡常数是化学反应的特性常数,对于一定的反应,只要温度一定,化学平衡常数就是定值。

2. 化学平衡常数是客观存在的,在一定温度下,任何一个可逆反应都对应着一个平衡常数,化学平衡常数是可以通过实验的方法测定出来的。

3. 化学平衡常数与化学反应的本性有关,也就是说不同的可逆反应有不同的化学平衡常数。

(二)学习化学平衡常数的意义

理解化学平衡状态的涵义,也就是浓度商等于该温度下的化学平衡常数,改变化学平衡状态的途径有:当化学平衡常数不改变时,所参加反应的某组分的浓度改变,会导致平衡向着重新满足这种浓度关系的方向移动;当化学平衡常数改变(即温度发生改变)时,也会导致平衡向着重新满足这种浓度关系的方向移动。当学生明确了这两点,在使用化学平衡常数时思路会更清晰。用化学平衡常数来描述可逆反应进行程度。化学平衡常数可以用来表示一个可逆反应的进行程度,可以用来判断一个反应是否达到了平衡状态,也可以用化学平衡常数进行相关计算。

化学平衡常数是无机化学教学中的重点,是在一定条件下,可逆反应达到动态平衡的标志。利用化学平衡常数可以将化学平衡理论、盐类水解平衡理论、电离平衡理论更好的联系起来,保证概念教学的科学性;抓住化学平衡常数便于从本质上来理解平衡移动的规律。因此,无论是教学中还是教师本身,要从多角度来分析化学平衡常数。

四、反思

对于化学平衡常数的教学的思考,比方说对化学平衡常数的单位的来源以及写还是不写的问题、对于化学平衡常数的历史的问题。我们很多教师对化学史的问题了解很少甚至是不了解,我们讲对事物要溯本求源,讲求追求最本质的、内在的。在知识浮华的当今社会,人们更应该意识到追求历史的、本质的才能保持对知识的真实性。

平衡常数在教学中是易被忽视的内容,无论是教师或是学生,会习惯把教学和学习的重点放在利用勒夏特列原理分析和解释平衡移动方向问题上。鉴于应试教学的前提下,这样的处理是可行的,但是基于培养学生的科学素养来说,这样的教学和学习对学生来说是不能很好地领会化学平衡常数内涵的,而且也没有很好地利用科学探究与解决化学平衡移动问题的手段。所以,笔者建议,教师在今后的教学中,应将化学平衡常数内容进行深度剖析,与勒夏特列原理相结合,并进行比较分析,能够让学生很好的体会从定性与定量角度来解决问题的方法,真正地认识和理解化学平衡常数。

参考文献:

[1]田长明.谈初中学生如何构建定性和定量的概念模型[J].化学教与学,2012(2).

[2]张茜,正确的看待定性与定量[J].文理导航,2012(3):31.

[3]吴霞.对化学平衡常数教学的一点反思[J].中学生数理化学研版,2011(1):66.

[4]王秀红,刘钧照,李艳梅.化学教育,2012,33(11):69~82.

[5]陈向明.教师如何质的研究[M].北京:教育科学出版社,2010.69.

[6]张翠菊.关于《分子结构与性质》中教师落实学科思想方法的质性研究

思想政治教学反思初探

李吉媛

中学思想政治课作为德育、智育培养的主要学科,随着社会经济的快速发展,呈现出了多元化、多样性的特点,思想政治课既要教会学生做人、学会处事、学学会学习,又担负着提高认识社会、适应社会、融入社会的功能。自2002年从教至今,我教思想政治已有多年,反思过去,我感觉到如果要做好一名优秀的思想政治教师就必须经常在教学思想、教学观念上进行反思,从而推进教学发展。现结合自己的教学,浅谈几点反思体会。

一、强化学习,增强教师自身的科学文化修养

一个合格、优秀的思想政治教师必须要具备高尚的人格、过硬的教学基本功、渊博的文化知识,而要做到这些不是一朝一夕的事情,这是要靠经年累月不断的努力得来的。

(一)坚持学习

时代在发展,学生在进步,教学内容及教育观念在更新,评价教师和教学的标准也在提高,"要给学生一碗水,那么教师必须要具有一桶水",教师的知识必须要远远超过他所讲授的内容,因此,教师必须努力学习和提高,尽快接受新观念,在教学中吸取优秀的教学方法,掌握丰富的知识,扬弃不合学生情况的经验,积极主动地去迎接新挑战,努力提高自身能力,才能做到融会贯通、触类旁通,做到对学生负责,对社会负责。在教学中,我经常思考如何挤出时间,在激发学生的学习兴趣的同时,调动学生求知的欲望,使教学生行动有章、学习有力、游刃有余,使他们养成良好的学习习惯。但是,面对社会的快速发展,书本教材内容与现实存在着一定的滞后性,因此,作为思想品德教师必须要树立终身学习观念,不断吸取新知识,丰富其他学科

知识,跟上时代的节拍。

(二)经常反思

作为教师不但要有渊博、丰富的文化知识,更要具有不断地在教学中反思的智慧和勇气,要不断地改进教学中的不足和失误,总结教育教学成功和不足之处,不断地更正教学中前进的航标,只有这样才能不断提高自己的业务能力,让学生乐于接受并爱于接受。反思是需要智慧和勇气的,这就要求教师结合实际、结合时事、因地制宜、经常总结,摸索教育教学中存在的规律,探索能够激发学生兴趣的方法,提高教育教学质量。工作中,我单独准备了一个反思本,每节课后,我都进行细细地反思,反思教学环节中出现的问题,反思如何在下次教学中有效地解决这些问题。通过不断反思,总结经验不足,使学生学得轻松愉快,我讲解得也能得心应手了,大大提高了授课质量。

(三)为人师表

"德高为师、身正为范",讲的就是要在道德上、在修身上、在品质上、在言行上都要为学生做出表率、做出榜样,成为楷模,让学生能够尊重、敬佩老师,在这样的基础上,教师的教育才能让学生信服,让学生遵守,并逐步养成良好的学习、生活习惯。要做到为人师表,就要在日常及学校的讲话、授课中,有高度的责任感,既要对国家、社会负责,又要对学生的发展负责。由于学生处于青少年阶段,他们的人生观、世界观、价值观还没有完全形成,思想还比较稚嫩,这就要求教师要从积极的方面正确地引导学生看待社会,对学生提出的不同看法要正确地予以引导,不能信口开河,发表一些不合时宜的言论,以免误导学生。在行为举止上,思想政治课教师要十分重视自己的一言一行,要时时刻刻约束自己,要牢记人民教师的特殊身份,不能对学生表面说一套、背后做一套,要用自己的言传身教感染学生,让他们知道什么是正确的,什么是不该去做的,从而在道德观、价值观、人生观方面全面影响学生,促进他们健康、积极向上的成长。

(四)尊重学生

新课程改革倡导师生平等,教师要充分地尊重学生,这对于始终处于强势地位的教师主体来说必须要进行转变,俗语说:"亲其师,信其道",说的就是只有学生与教师建立了良好、和谐、民主、亲近的师生关系,才能让学生愉快地接受、学习教师传授的知识。那么如何让学生亲近教师呢,这就要求教师放下架子,调整心态,面对学生要经常保持微笑,话语轻柔,富有耐心,发自内心地爱护学生,才能赢得学生的尊重和亲近,进而建立起和谐、平等、民主的师生关系,在气氛融洽、关系和谐中推进教学发展。

二、强化教学,发挥课堂教学阵地作用

面对课程改革,作为思想政治学科教师,如何在学校有效的时间将知识传授给学生,我认为应该充分发挥课堂教学主阵地作用。根据平时的教学实际,利用好、发挥好课堂的最佳效益是提高教育教学效果的关键。这就要求我们在日常教学中进行充分的反思,要立足学情,循序渐进,提高学生学习兴趣,言简意赅,深入浅出地将难点进行讲解。因此,通过多年来教学中的反思总结,我认为高效的课堂教学就是要求教师从教学方法入手,提高学习效果。应变能力是课堂高效的重要保障,也是体现教师素质和能力最好的检验方法,那么如何提高自己的课堂应变能力呢?我认为课后进行教学反思是最重要的一环。反思的内容包括课堂教学的细节、学生的兴奋点、有效的教学方式;反思教学不成功的地方,反思学生回答不好、问题较多之处,由此改进教法,提高工作效率,只要长久坚持,必然会提升教学水平。45分钟课堂是有起伏的课堂,无论老师还是学生不可能始终保持高度注意力。所以,根据教材知识点的要求,可以把整节课分为几部分,每部分确定一个目标,一个目标的完成就是一个亮点,一节课就不能只有一个亮点了。课堂教学方式是学生接受知识的主要方式和途径,做好课堂教学需要创新、需要反思、需要探索的精神,只要我们立足于发挥好课堂教学主阵地作用,努力去创造高效的课堂教学就一定能够提高教育教学效果。

三、强化实践,做好与社会相结合工作

新课程标准规定:"理论联系实际,也就是学校小课堂要与社会大课堂结合,是思想品德课教学任务的重要工作。"如何才能让学校的小课堂与社会的大课堂有机结合,提高学生的素质能力呢?通过在教学中边实践、边总结、边反思,我的做法就是在学习到与社会相关知识的时候,组织学生开展社会调查采访,在调查采访中加深学生对所学知识的理解,可以有效地开阔

学生的视野,使学生加深对社会的认知。在社会调查后,再在课堂上进行讨论分析,写出调查小论文。通过这种教学方法,使学习与实践相结合,课本上所学的知识在社会上得到检验,得到升华,加深了学生对所学知识的认识和理解,提高了他们了解社会的能力和素质,有助于学生形成正确的道德观和人生观、价值观。

通过教学中的反思为我带来的收获颇丰,在思想政治课教法百花齐放的大好形势下,我们只有在课后进行认真的反思,分析课堂上的成功与不足,才能对学生的教育起到事半功倍的作用,才能不断地提高思想政治课教育教学水平。

浅谈如何提高课堂教学效率

满忠斌

随着新课程改革的推进与实践,新的教育理念深深地扎根广大教育工作者心中。新的教育理念表明学生是现代课堂上的主人,所有的教学活动都应围绕学生来展开,教师之前是课堂的主宰者和掌控着,但随着教育理念的改变,教师现在的角色演变成学生学习过程中的组织者与引导者,教师如何在单位时间内,完成学生核心素养的提升呢?我个人认为学生个体的全面发展就是验证教学成果的最好标准。下面我就如何提高课堂教学效率,谈几点粗浅看法。

一、创设和谐的学习氛围

苏联教育家捷尔任斯基说:"谁爱孩子,孩子就爱他,只有爱孩子的人,他才能教育孩子。"学生在成长过程中,难免会出现一些问题,这是很正常的,教师应以宽容的态度和正确的方法去处理。在课堂上,心情紧张的学生,只需教师一个友爱的眼神,学生会信心百倍;学生回答出错,只需教师一道谅解的目光,学生会更加勤奋和严谨;学生讨论时思维天马行空,只需教师一句正确引导的话,会让学生思路顿开……在和谐的学习氛围中,学生就会在友好的师生交流中茁壮成长。

学生难免犯错误,在教育犯错误的学生时,我认为教师也应以宽容的态度和正确的方法去处理。教师要从爱的角度去看待一个犯错误的孩子,委婉而坦诚指出他的错误所在,并用爱心引导学生,让他知道老师多么期待他进步,让学生从矫正错误中获得健康发展的驱动力,而不应是一味地讽刺、训斥孩子,让师生关系走向死胡同。在教育犯错误的学生时,教师以和蔼可亲的态度,了解事情发生的原委,交换对事情的不同见解,并以自身高尚的人文情怀去温暖学生的心灵,培养亲善友好的意识,并与之共行。俗话说,

"亲其师,信其道",教师应坚持与学生一起学习、活动,来拉近教师与学生的距离,使有问题的学生愿意与教师交朋友,敢于说出自己的真实想法。

因此友好、理解是建立良好师生关系的前提,师生互相尊重是基础。教师应当具有高尚的师德,豁达博爱的胸怀,为学生创造一个和谐、轻松、愉悦的学习氛围,而不是居高临下地训斥学生,那么这样具有和谐氛围的课堂就会成为一个充满灵性、充满情感的课堂。

二、培养学生良好的学习习惯

在新课程改革的理念下,培养学生良好的行为习惯和学习习惯,是为了塑造每一位学生发展的价值取向,是人生选择的定位问题。通俗地讲,学生没有良好的行为习惯和学习习惯,教师是难以达到"教书育人"的目的的。在新的思维模式下,我们是应该严格管理还是放手发展学生的个性呢?有人认为这是"鱼和熊掌不可兼得",但我认为这不是相互对立的两个问题,"圈养"的是行为习惯,培养学习品质集体观念。"散养"的是发散思维,让学生敢于思考敢于质疑。也就是说我们教师不但要规范学生良好的行为习惯和学习习惯,更要培养学生的发散思维,提高创新能力。

随着课程改革的深入,我们在课堂上更重视学生的动手动脑的锻炼,却弱化了教师的讲解,一节课学生收获多少与否,恰恰是由学生良好的学习习惯所决定的。学生只听不思、只想不议、主动参与问题的积极性不高,最后导致学无所获。因此,学习习惯的养成是学生发展是否全面的重要内容,这种学习习惯的养成,蕴含着教育的成效,没有良好的学习习惯,培养核心素养就是一句空话,新课程改革与教师的角色转变是相对应的,而学生良好学习习惯的形成,这不但是课程改革的保证,更是为了教就是为了不教的前提打基础。所以,我们进行教学改革的同时,也要通过课堂及教学活动去推进学生良好的行为习惯和学习习惯的形成。

三、构建科学的课堂教学结构

教育家钱梦龙说:"我反对程式化,但是并不反对一定的模式。"这也是我们对现在课堂教学模式的一种重新认知。这表明,我们要打破原有的课堂教学模式和结构对师生教学活动的束缚,同时又建构了新课堂下的新模式。所以,我们应该本着使师生间互动提高教学活动的有效性的原则构建新的更加能满足师生发展要求的模式。科学的课堂教学结构是构建以学生为主体,突出学生感悟,培养学生能力的教学模式。因此,我校建立了"目标导航,双主高效"课堂教学模式,规范了新授课、复习课、试卷讲评课、习题课等模式,从中感悟新课改理念,使教师教学思想更加活跃,加速了教师个性化发展,又衍生出不同教师不同背景下的教学手法,让课堂更加生动活泼。

如:创设情境。课前导入环节为创设优美的学科学习情境,可以诱发学生的好奇心,激发学生的学习积极性,鼓励学生大胆尝试和体验。无论是美丽优雅的学习生态环境,还是激发学生求知欲望的问题情境,诱发学生表达的交际情境,引导学生黄钟大吕的音乐情境,都可以激发学生主动参与学习的热情,营造学生亲身体验的氛围,这都是以人为本的体现。只有明确教学目标,才能让课堂教学活动有的放矢。叶圣陶先生说过:"教材无非是个例子,凭借这个例子教学生掌握这个工具,形成良好的学习习惯,达到不需要教的目的。"著名教育家这一段精辟的论述,阐述了教者、学者、教材之间的辩证关系。既然教材只是受教育者的一个蓝本,那么教者在实施教学的过程中,首先必须呈现明确的学习目标,这些学习目标的制定,是教者根据教材,教学情境,教学对象等整合教学资源,去粗取精,从杂乱无章的诸多知识点、能力点中,提取的一节课或某一课的学习目标,使它具有多元性,科学性的特点。教师呈现出教学目标,能良好地让求知者凝聚思考的目光,咀嚼知识的蓝本,让"疑难问题"的飓风,卷过学生平静的心海,造成生生互动,合作探索的合作共赢课堂局面。

四、做好课堂教学设计

课堂教学设计是教师教学环节的关键一环,要真正把新课程的教学理念转化为实践。教学设计直接体现教师的教学理念和这种理念转化为具体教学实践的能力。可以说课堂教学设计的恰当与否直接决定了这堂课的教学效果,也很大程度上决定了新课程的理念能否付诸实施。与传统的备课相比,教学设计更注意理论和实践的结合,更强调教学情境的策划和教学手段的运用,使课堂教学更具有灵活性和创造性。所以新课程的教学设计应以学生为中心,从学生的实际出发,强调学生的自主学习、自我构建知识。教师要在进行教学设计时把可资利用的教学资源当作一个有机的整体来考虑,以达到教学效果的最优化。

　　教学设计要与时俱进,满足新时代学生的发展要求。教师要根据新课改的理论和教学设计理论,对不同的课型进行设计。教师教学设计最终要在课堂教学中加以落实,教师在教学设计时一定要充分考虑各种情况,如:班级的人数,学生的习惯,学生原有文化基础,时间的安排等。教学设计不是写教案,是以一定的教学思想、教学观念、教学理论为指导,以分析教学需求为基础,以确立解决教学问题的步骤为目的,对教学的系统规划及其教学方法的设计。教师要在教学之前,做出如何最有效地向学生传播基础知识、培养基本能力、指导学生学会学习的正确方法、养成学生良好情感态度价值观,并从一节课中有所收获的整体设计。

　　教学设计是要重点说明为什么这样设计,要设计出一堂好的课,不容易。要把每节课都这样每个步骤认真地去设计,需要全组老师在一起不断地商讨,共同努力,从重难点的确定、突破方法,从课的导入、目标的达成,从找资料、到制作等等,都经过几次集体反反复复的讨论、修改,是大家智慧的结晶。集体备课有利于发挥集体的智慧,弥补个人在备课过程中的不足,取长补短,提高教学的整体水平,在集体备课中,教师之间相互合作,从集体中获取知识,汲取力量,大家可以畅所欲言,既彼此交流了情感,又能引发参与者的智慧,从而提高教育教学效果。

　　教学设计要以学生为主体。评价一堂课好不好,其实是不可能有一个统一的标准的,因为评价标准可以随学校、教师、学生、学科、教材等情况的不同而不同。我校高中学生分为普理、普文、艺术、理体、文体等不同类型,所以更加不可能是同一个标准。以往在实际工作中,往往要学生按照自己的设计进行,牵着学生走,让学生配合自己的教学设计,大多数情况都是教师问学生答,没有体现出所设计的很多理念。因此,我校教师在进行教学设计时本着"降低难度,提高要求"的思路去进行设计,根据所教班级学生特点,确立应知应会的知识,要求学生掌握,对学有余力的同学再多补充拔高知识,让他们在学科上有所突破。这样的教学设计是建立在充分了解学情基础上的,教学设计理念自然就达成了。

　　总之,在班级授课制形式下的教学,本着"以学生为本"的思路,一定能提高我们课堂教学的效率。

例谈课堂教学中的教学方法

孟庆颖

数学作为一个基础学科,数学教学是教育的一个重要的组成部分,在对人的智力发展和完善人的思维品质方面,甚至是促进社会的进步中起重要作用。数学课程标准中明确规定:"数学课程其基本出发点是促进学生全面、持续、和谐地发展。它不仅要考虑从数学自身的特殊经验出发,让学生亲身经历将实际问题抽象成数学模型并进行解释与应用的过程,进而使学生获得对数学理解的同时,在思维能力、情感态度与价值观等多方面得到进步和发展。"数学课堂教学中教师要掌握并且灵活地应用有效的教学方法,才能激活学生们的思维,达到最佳教学效果,从而提高教学质量。

一、根据课文所学内容,创设情境

在现实生活中,运动的东西更加能够吸引人们的注意。我发现在学习中也是一样的,动态的视频或者是 ppt 加上音乐,营造一种情景再现的氛围,让学生如闻其声,如见其人,吸引学生的注意力,创设情境增加学生对所学知识的兴趣,激发学生的探索欲望。例如在《椭圆及其标准方程》的教学中,在课前引入的部分对传媒生可以采用学生课前播报动态图片的形式进行,而普生可以采用视频引入新课的方式进行。根据不同学生的特点,创设情境,在新课引入时使用情景教学法不仅可以激发学生的学习兴趣引发探究的动机,让教材中所描述的情景真正地走到学生的心里,同时如果在设置情景时选好素材,还能够丰富学生的视野,使学生感受数学与生活的密切联系、体验数学价值、形成正确数学观。

二、学生亲自参与知识的生成过程,设置学生活动

布鲁纳提出:"教师提出课题和一定的材料,引导学生自己进行分析,综

合,抽象,概括等一系列活动,最后得到学习结果。"现代教育学也认为,学生是学习的主体,教师是组织者、引导者。教学中,课堂活动应该是双向的,教师在问题情境的设计、教学过程的展开、例题的讲解等过程中,尽可能要让所有学生主动参与,让他们成为学习的主人,形成一种宽松和谐的教育环境。在这种和谐的教学环境下,让学生亲身体验知识的生成过程,通过合作交流提升学生的合作意识,增加学生的凝聚力。在动手过程中,培养学生观察、辨析、归纳问题的能力。并且提升学生的自信心。例如,在圆锥曲线定义的研究中就应该让学生利用教具,亲自动手绘制椭圆,为后续的总结定义做好铺垫。

三、积极思考,师生研讨

高中学生是具有独立个性特征的人。中学数学课堂中的师生研讨是教师和学生在课堂教学中相互间的信息传递和思想交流及情感交流的过程。师生之间研讨要建立在地位平等的基础上,研讨过程中要相互理解、相互信任,教师要转变传统的师生关系的看法,要尊重学生、关心学生,注重与学生的情感交流。

课堂活动不应该是教师单独提问或者教师自说自话,更多的应是学生对教学内容的看法、疑问,学生提出问题。师生研讨时教师要注重全体同学的表现,不能只和学习好的同学交流,而忽视学习不好的同学。在设置研讨题目的时候,就应该考虑到不同层次学生的需要,为提升学生学习能力和创新思维发展打基础。在一部分同学讨论时,教师要及时引导或让其他同学补充,不过也要鼓励他们继续努力而不要呵斥或嘲笑。中学学生提出问题有些困难,这就需要老师的引导,对某一个问题让大家讨论,提出自己的观点,某些例题用不同的方法解答,尽量让学生发散思维、换位思考,对易错题进行分析,用反问的形式让学生思考,启发他们提出问题。课堂学习讨论能开阔思维,对学习内容或某一问题的看法大家都有自己的想法,教师组织好讨论互动,学生提出问题,就提出的问题和其他同学辩论提出质疑,教师提出一些引导性的问题。课堂教学中教师讲解后和学生互动,学生通过讨论、合作学习提出问题,教师再解答这些问题。互动提问或回答问题也是对本节课堂的学习反馈,通过学生的提问教师也会受到启发,再通过讲解指导使得学生理解课堂学习内容。

四、学生合作交流，教师积极引导

学生是学习活动的主体，作为主导者的教师不应该越俎代庖单纯地讲授知识，而是应该将课堂上学生的作用发挥到最大，而教师则适时地做好引导。所以在落实过程与方法目标时应该做到由"将解题过程教给学生"转变为"让学生主动寻找解题方法，明确过程"的教学活动。课上可以采用合作交流，展示提升等教学方式，合作交流能够使学生们的知识结构，思维方式等达到互补，培养学生的团结协作能力和更好地融入社会的能力，促进学生的全面发展，事实证明交流是有效的，学生们通过交流各自的课前总结实现知识的互补，从而使得课堂学习内容更加全面到位。展示提升能够起到锻炼学生的勇气，塑造人格，培养学生的语言表达能力的目的。通过教师的积极评价和鼓励引导还能够调动更多学生的积极性，使全体学生得到提高，所以课堂教学时一定要积极发挥教师的调控作用，让学生更多地积极主动地参与到教学中。

五、教学方法实施与信息技术

教学方法应用到教学中应该是无形的，各种教学方法是互助应用于课堂活动中的。现代社会信息技术飞速发展，信息技术已经遍布了人们生活的各个方面，多媒体也已经进驻了大多数教室，作为接触和传授前沿知识的教师来说，更加应该利用好信息技术的作用来提高教学效率以及提升学生的学习兴趣。作为一名高中数学教师，我不得不说《几何画板》真的是数学教学的一个很好的辅助软件，借助几何画板能够让学生更好地理解新授课中的一些概念性的知识；可以辅助解题，加深学生对知识的理解；还可以利用几何画板的动态演示以及其他的录屏软件制作微课，作为学生课前预习以及课后辅导的材料，提升学习效率。

现在是信息化时代，微信，QQ等软件已经与人们的生活如影随形，特别是青少年学生更是基本上每人都会有一部智能手机，针对这种情况，利用几何画板演示及 Camtasia studio 软件录制一个时长两分钟左右的对某一特定知识点进行讲解的微课，通过微信群组发布给学生或者通过多媒体平台发

布,可以用手机观看或者 ipad 以及电脑观看,这样用于学生的课前预习可以提高学生的预习效率,督促学生学习,提高上课听课的有效性,增加学生研讨知识的信心,通过这样的预习方式也有助于突破难点,学生上课听课更加具有针对性,老师讲课也会有更多时间去实现知识延伸,提高课堂效率。另外,视频是可以重复播放,随时暂停的东西,可以同时满足思维快慢不同的学生进行有效学习。

数学课堂教学中教师掌握有效的教学方法,能有效地组织课堂活动,激活学生们的数学思维,提高课堂教学的有效性。当然教学方法是多样的,只要我们在实践中不断总结探索、创新,就会找到更多、更好的教学方法。对高中数学课堂教学中教学方法的实践,将各种教学方法有机地结合可以提高课堂教学效率和达到最佳效果。有利于学生学习和教师教学的发展,增加学生学习的兴趣,减轻学生学习压力。

信息环境下，如何上好一堂词汇课

孙立勇

词汇教学过程中，语音的发音标准能帮助学生记忆单词，使英语教学达到事半功倍的效果。

一、基础是关键

（一）解决单词问题，打牢基础

根据汉语拼音中声母、韵母的拼读法则，教师在教授字母和单词前先给出相应的音标，并告诉音标的读音，引导学生进行类似于汉语拼音的拼读。让学生学会一些基本的语音知识，例如音标、拼读规则等，掌握良好的语音、语调对我们的词汇学习有很大的帮助，可以夯实学习英语的基石。

（二）利用科学的方法教授语音知识

将语音与听说教学相结合，能使语音教学变得生动活泼，克服只注意音素的准确性而忽略语音语调的问题，例如拼读 expensive 时，可以采用 ex - pensive 这样的拼读方式进行，掌握了这些规则就等于掌握了学习词汇、句子的金钥匙，对于学习能力的培养是大有好处的。

二、多媒体技术的运用

多媒体课件在初中英语词汇教学中自身的优势较为明显，同时对于学生词汇量的积累也会起到一定的积极作用。通过多媒体技术的运用，改变信息组合过程，从而更能够激发想象力和创造力，可以让学生对词汇内容的理解更加直观、形象。

（一）词义教学是一大难点，词义包括概念意义和关联意义

在词汇的"音、义、形"学习中，"义"是占有很大比重的，意义的掌握决定了学生是否能在不同的语境中正确地使用单词。通过多媒体课件将逼真的

图片,结合声、光、电的视听刺激,化抽象为具体,直观形象,生动有趣,让学生更深刻地理解词汇含义,更牢固地加以记忆,打破了僵硬的词汇教学模式,提高教学效果。

(二)在词汇学习过程中运用多媒体技术可以使学习者在听到单词读音的同时在电脑屏幕上看到单词的拼写

多媒体技术教学要遵循英语词汇教学的原则,认真地分析学生学习英语词汇中存在的问题,应根据不同的情况,采用不同的适合自己学生的词汇教学方法,这样有利于学生在后期的学习过程中对相关词汇的掌握,这是词汇教学过程中运用课件教学最大的优势所在。

三、引导学生在阅读中积累词汇

阅读是英语学习的一个有效途径,也是学生提高英语成绩的必然途径。因此,在阅读过程中,教师应指导学生借助语境推测掌握词的真正含义。

(一)加强词汇和语法知识的积累

词汇量的大小直接影响着阅读能力的高低,而阅读又是扩大词汇量最好的途径。采用灵活多样的方法,激发和培养学生学习词汇的兴趣,能够帮助学生掌握词汇学习策略,达到促进学生英语词汇能力发展的目的,有效地训练学生的基本技能,让学生真正享受学习中的乐趣,例如在读完 Okay,Spanner, You Win! 以后,引导学生做相应的总结,使学生的英语单词学习起来也更加事半功倍。

(二)在阅读语境中掌握词汇

在阅读教学过程中不能以单词为阅读单位,而要以词组,句子或多个词为阅读单位。要以语篇阅读为出发点,这样处理的好处是,做到读写全面提高的同时又使学生对课文内容有了深刻的理解。因此在阅读过程中学习单词是非常有利于记忆的,同时也能让学生在阅读过程中学习到新的词汇,扩大学生的词汇量。

词汇教学是英语教学的重要内容,是提高英语教学成绩的关键环节。教师要改变教学中存在的误区,不断地更新教学理念,认真设计教学过程,努力改进教学方法,提高学生学习和运用词汇的能力,使学生在掌握英语知识的同时不断提高运用英语的能力。

浅谈英语语法教学

孙艳玲

语法在我们的英语教学中占有十分重要的地位。对许多教师而言,外语教学就是语法教学,外语教学活动基本上就围绕着语法学习进行。但事实上,以语法为中心的外语教学并没有真正提高学生的交际能力,语法教学存在着"费时低效"的问题。我感到其主要原因如下:

首先,教师对语法教学目标定位的认识不正确。中学语法教学是着眼于学会在交际中正确使用语法规则,还是研究语法现象?我感到现在大部分教师把中学语法教学等同于语法现象研究,因此造成中学语法教学项目过多、规则讲解过多、过深,这是主要原因。在课堂教学中,教师总是希望在一节课里把某一语法项目所有的规则都讲完,比如定语从句,在第一节课就把定语从句的句法结构、关系代词的选择,包括关系代词中的使用区别全部讲了,实际上学生在一节课里不可能记住所有的语言规则,也不可能通过一些书面联系就把这些语言规则全部记住。我感到,如果中学语法教学能着眼于运用、着眼于交际,那么我们在教学中就应该选择在实际语言交际中使用最多的项目,而不应该去追求语法体系的完整和规则的详细。

其次,教学设计脱离语言情境。大多数教师在教学中主要是根据语法书教语法,因此使用的语料过于陈旧,教师还不大善于从各种鲜活的语言材料中选取适合教学的内容。教学过程中基本上是语法规则的讲解,并配以语法书中的例句,实际上有些例句已经非常陈旧了。

第三个原因是,在语法教学中语言输入量太少。教师在阅读中很注意语言的输入,但是很少考虑在语法教学中同样需要语言的输入,同样要引导学生大量的听和读,然后在听和读的基础上说和写,让学生能够正确地运用语法规则。

第四个原因，由于从应试的功利目的出发，不少教师把大部分时间都用于单项选择题的操练，以前还有大量的改错题，希望通过这些操练，让学生记住这些规则。这就影响了语法教学的有效性，造成现在的"费时低效"，花大量的时间，但实际上学生在最简单的口语或书面表达中语法错误很多。

我认为应该根据实际语言交际的需要，选用最基础、常见、实用的语法项目，每一节课学习的语法内容少一点、精一点，给学生简单讲解之后，主要的教学时间用于巩固操练，能够在运用中熟练地掌握规则，而不是机械地记忆规则。词汇学习强调词汇的复现率，语法学习同样要强调语法现象的复现率。如果要学生熟练运用某一语法规则，就要让学生在反复的操练和语法现象不断地复现中熟练掌握。教师还要注意有些语法规则是口头使用的，有些主要用于书面语，需要根据功能使用不同的文体进行教学。

在教学中教师应该注意积累教学资料，充分利用各种教学资源。教师应该大量地阅读，大量地听，从中汲取适合语法教学的、新的语言材料，这样可以使自己的课堂更生动、更有趣、更贴近学生语言交际的实际。

关于古诗词教学的几点心得体会

孙弋婷

摘要：我国是一个诗的国度，古典诗歌有着三千多年的优秀传统，是中国文学的主体，诗词在古典文学创作中占据核心地位，也是语文教学中的重点。

关键词：理论知识；鉴赏兴趣；鉴赏方法

古诗词是中国文学史上一颗闪亮的明珠，它以其精练的语言，深远的意境和传神的表述，给我们再现了一幅幅瑰丽的图景，成为中国文学史乃至世界文学史上独有的风景线，是我们炎黄子孙必须予以珍视和传承的经典。

那么如何可以有效地继承并弘扬这一内容，充分发挥诗教的陶冶功能？成为语文老师们肩上的责任。我们都知道古诗词的教学一直都是教学的重难点，诗歌教学与一般课文的教学应该有所不同。这是因为每一篇古诗词所覆盖的知识都是非常全面的，而内容的跨度又比较大，每个特定的历史时代又各有特点，所以教师不仅要讲解诗词中的字，词，句，还需要把握其中的意境，表现技法和作者的思想情感，而最最重要的是让学生在诗词中感悟美，学会欣赏美和鉴赏美。

语文教材中，无论是初中还是高中都挑选了很多经典的篇目作为教材，通过教学培养学生对美的感受理解能力，树立审美观，价值观。朱光潜说："诗的意境在刹那中见终古，在微尘中显大千，在无限中富无限。"诗词中蕴藏着无限的美，一切景语皆情语，借助想象，方可体会精髓。

一、以读为本 欣赏背诵

"凡读书须要读得字字响亮，不可误一字，不可少一字，不可倒一字，不

可牵强暗记,只要多诵遍数,自然上口,久远不忘。"可见读对于诗歌鉴赏的重要性,诗不读不通,既然不通又何谈理解?古典诗词的教学要注意诵读,这是无可置疑的,大多数教师也注意到了这个问题,但有些教师只一味地要求学生读,但是缺乏具体要求,在学生没有充分了解诗词的背景下,一味地缺乏层次的读,这是高耗低效的做法,没有情境的读,学生丝毫感受不到美感。我认为,读要体现出训练层次,要根据具体文段选择,一读,要读准字音;二读,要读准节奏;三读,要读出感情。教师要学会导演的思维,先导后演。把读变成剧本,以话剧的形式再现,调动学生的学习兴趣,让学生可以更深刻地体会人物形象特征,揣摩人物的心理活动,读非读,读不能只是表面,读出内涵才更真实。

二、关于借助意象

诗作一般是感于哀乐,缘于事发。很少有诗人无缘无故的抒怀,古诗词中的意象会促成诗词的画面感生成。在古诗词中,意象并不是孤立存在的,而是一个虚实结合的有机整体。诗词具有艺术之感,诗人往往通过或者借助一些他物也就是意向或者史实来抒发自己的情感。那么在品读诗词时,意象就成为打开诗歌大门的钥匙。日常的教学应该注重一些典型意象的积累,抓住意象的作用,有利于分析,意境的产生离不开意象,当众多的意象组合在一起,或借景抒情,或寓情于景,这些意象就会自然创造出与之特征相符的气氛、意境,读者也会产生置身其中、身临其境、人在画中游的感觉。

在古典诗歌创作中,诗人习惯于将内心情感融入意象之中而不直接表白,这就产生了含蓄蕴藉的艺术效果,读者品味咂摸,含英咀华,自然也受到了艺术上的熏陶感染,获得精神上的审美快感。此时,意象不仅仅是客观的景物,而且满含着诗人的快乐忧伤。诗歌虽不言情,却句句是情,字字含意,字里行间流淌着诗人汩汩情感之流。情景交融,讲究的是感情"不着一字",诗歌"尽得风流"。借景抒情,一般是先写景,后抒情。或乐景写乐情,或哀景写哀情;或乐景写哀情,或哀景写乐情。在表现手法上即是衬托,前两种为正衬,后两种为反衬。诗人极尽意象,为下面的诗歌抒情蓄势做铺垫,使情感的表达水到渠成。例如:鸡声茅店月,人迹板桥霜。又如:马致远《天净沙·秋思》:枯藤老树昏鸦,/小桥流水人家,/古道西风瘦马。/夕阳西下,/

断肠人在天涯。这首元曲表现的是漂泊天涯的游子思乡念家之情。

中国诗坛上有一诗画俱佳,且将两者结合妙绝的诗人王维,他在其代表作《山居秋暝》中写道:"明月松间照,清泉石上流。竹喧归浣女,莲动下渔舟。"这些简单的意象叠加,可以看出作者的功底之深,一幅幅鲜活灵动的画面跃然纸上,将作者的主观思想感情与客观事物相结合而形成一种艺术境界,便于读者去体味诗中之美。

三、抓住诗眼

文有文眼,诗有诗眼。诗眼,是诗歌的提纲挈领,也可以称为诗歌教学的提纲挈领,抓住了诗眼,也就抓住了关键,具有牵一发而动全身之用。在中国古代诗歌中,炼字是诗人提升诗歌品位的重要手段。这些最精炼传神的字句往往是一首诗的"诗眼",全诗主旨所在。注意炼字,可以说与诗歌创作历史一样久远。从用字准确角度把握诗眼,古人苦吟推敲的目的就是为了准确地传情达意。这些精炼传神的词语,或增强生动形象性,或充满情趣,或使诗意更准确,或使诗句翻出新意。词语准确可从实词和虚词两方面来把握。实词炼得精彩,一般是动词或形容词,因为它们往往是叙事、写景、状物、抒情的关键字。如李白《访戴天山道士不遇》"野竹分青霭,飞泉挂碧峰","分""挂"字用得精妙,"分"使得野竹和云气相接的静态动了起来,一线泉水,凌空飞泻,"挂"字又把这幅动景化为静景了。表现了山峰的陡峭和山泉直落的情景。"遥看瀑布挂前川"中"挂"也有异曲同工之妙。诗歌是最能直接表达情感的一种文学形式,正如著名诗人何其芳所言,"没有情感就没有诗歌"。诗人情感的表达有的比较直接,有的比较含蓄,但不管如何表达,诗歌中信息量最大、含金量最高的往往在那些带有情感的诗眼当中。所以,抓住情感分析作者的炼字,也是一种行之有效的方法。

四、表现手法

指导学生鉴赏诗歌的表现手法,首先得让学生了解常见的修辞手法、表现手法、表达方式等,了解这些常见手法的作用,然后才能体会他们在具体诗歌中的表达效果。如果学生连表现手法是什么,有哪些常见的表现手法

都不知道,又怎么能够说出它们的表达效果呢?鉴赏诗歌的表现手法,对学生来说是一个难点。因此,教师的系统指导必不可少。表现手法是诗人用以抒发感情的手段方法,要准确答题,必须熟悉常用的一些表现手法。首先要积累了解表现手法。因为表现手法是诗词近几年高考必出的一种类型,有时以选择题的形式,有时以问答题的形式。无论任何一种形式的考查,对学生来说难度都很大,很多时候他们基本看不出技法,特别是形式上比较接近的,这就需要加以区分,甚至归类教学。告诉学生这是什么技法,不如告诉学生如何分析这种技法的好处,一切的手段不过就是为了表现诗人的情感,为诗歌服务。

总之,鉴赏水平的高低,虽然与基础、语感、理解能力有关,但也需要掌握一些基本的方法。掌握了基本方法,多实践,勤积累,就能培养语感,提高能力水平。我们也应该利用现代教学手段,不要枯燥的讲析诗词,语文诗词的讲授必须美起来,激发学生学习语文的兴趣,形成良好的语文环境与氛围,诗歌教学应不再是难点,课堂教学的效果也自是不言而喻。

新课程下教师要学会"偷懒"

王桂花

俗话说"懒妈妈培养出勤快的孩子",我认为"懒老师培养出勤快的学生"。在教学工作方面,我真的学会了"偷懒"。教学上很多的事情,我放手让给了学生去"做"。这里说的在课堂上偷懒并不是让教师对教育教学工作不负责任,对学生听之任之,课堂局面全部听任学生摆布;这个"偷懒"意味着让学生多思、多说、多练、少一点教师的包办代替;这个"偷懒"意味着让教师在课堂上"隐身",把"显身"的机会多留给学生。课堂教学是由教师活动和学生活动构成的,教师的"懒"是为了促进学生的"勤",发展学生的能力。

一、在学生学习新知识时学会"偷懒",培养学生的自学能力

执教高中化学以来,往年的化学教学,我总是精心备课,做好课前的准备,特别在课前准备了大量的化学材料,如教具、练习题等,以便在课堂中精彩地"表演"一番。现在,我没有这样做,相反,把这些工作"抛"给了学生。例如,学习"金属及其化合物"的知识,先布置学生课前整理出化学知识点,自己练一次有关的题目,学生在课前做足了准备,该理解的概念先熟悉,该实验证明的理论先探究,该练习的题目先尝试练,大大减少了课前需要准备的功夫。学生先学先练,自学能力逐渐提高。

二、在学生提出问题时学会"偷懒",培养学生的思考能力

在课堂教学中,以前很多老师善说"对"或者"不对",总是急于肯定学生的回答,特别是学生的答案正是教师预想中的答案的时候,殊不知我们这样做熄灭了学生思想的火花。老师要学会稳住自己,控制自己的情绪,不要急于做任何正面的肯定,更不能做定性的评价。应该启发式地说"好,还有别的想法吗?"更不要在学生没有任何思考的情况下对学生提出的问题做答。例如,在讲纯碱的生产时,学生提出问题"碳酸氢钠能溶于水,为什么教材中写沉淀符号"。我没有立即回答他的问题,而是把问题整理到黑板上,并为学生提供问题,20℃时,由 NH_4HCO_3、NaCl 和 H_2O 配制成一混合溶液,当把溶液加热蒸发后冷却至20℃,首先析出的物质是什么?

20℃时一些物质在水中的溶解度/g

NaCl	NH_4Cl	Na_2CO_3	$NaHCO_3$	NH_4HCO_3
35.9	37.2	21.5	9.6	21.7

学生根据问题自然明白其中的缘由。

事实说明,在学生学习提出问题时,老师从头到尾为学生讲解,收到的效果并不好,相反,老师为学生提供相关的化学知识,学生经过头脑的理解"消化吸收"成自己的"化学营养",再遇到同种题型的化学题就能迎刃而解。

三、在讲解习题时学会偷懒,培养学生当"小老师"的能力

以前,学生做错的化学题、重点的化学知识都是由我进行详细的"包办"评讲。我一题一题地讲评,对自己认为的重点题目又重复、强调地讲,自认为达到了教学目的。这样反复几次我发现,有些好学生不耐烦地听我讲他们做对的题,无精打采。为了他们,我适当地加快讲评速度,但下课后,我随意问了几个中偏下的学生几个简单题。他们仍然一头雾水,满眼的问号告诉我没有听懂。现在,对于这些疑难化学问题,我先在小组中进行研讨,让成绩好的学生帮助成绩差的学生,实行"兵教兵",先在小组中解决了第一关。然后,再请小组中表现较好的同学上台做"小老师",让学生代替我当"小老师"进行评说。当"小老师"讲不明白一些化学知识时,就轮到我"出场"了。刚开始实施"小老师"制度时,很多时候是需要我"出场"的,后来,我"出场"的机会就越来越少了,这也证明,"小老师"的能力越来越强了。

实践证明,学生听惯了我的讲课,已经逐渐减少新意,现在"小鬼当家"换了新面孔,学生听课有了新鲜感受,而且,这样的上课形式,既调动了学生争当"小老师"的积极性,又发挥了学生参与学习的主动性,训练了"小老师"的能力,加深了他们对化学知识的理解,提高了自己,又帮助了别人。从提升到教育理念上理解,作为老师的我原来是课堂的主角、"大明星",因为学生的积极参与,我逐渐变成了课堂的配角、"跑龙套"的了。看来,这种"偷懒有理"的方法,确实可行。

同样的教学,表面上,我是做少了,学生做多了,成绩提高了;教育的本义是促进学生发展。实质上,我的"变懒"已经转化成学生"变勤";我已经变成了学生学习的引航者、导航者、护航者和促航者。德国教育家第斯多惠说"教学的艺术在于激励、唤醒和鼓舞",所以,在新课程改革下,我们做一名"偷懒"的教师,何乐而不为呢!

大语文教育
——谱写一曲高效课堂的赞歌

王伟艳

  "构建高效课堂"这一话题,几乎是每个教育者的终身追求,一般人定义"高效"的含义,都是在单位时间内学生学到了什么,学到了多少。而我理解的"高效"是学生对知识内化了多少,有多少能应用到生活中。因此,在我的语文教学过程中,我坚持"大语文观"的教育理念。

  叶圣陶老先生早在 50 年代就意识到语言教育与社会生活的不可分割性,那么作为新时代的语文教师,我们的语文教学是否做到了"语文的学习外延与生活的外延相等"呢?"语文教学与生活的联系"这一课题引起我深深的思考,于是在教授高二选修教材《新闻阅读与实践》的第一章《新闻是什么》时,我尝试着进行了改革。

  首先,在教学内容上,我将教材进行了整合。传统的语文教学以课堂为中心,以教材为中心,以教师为中心,这势必让本来应该生动活泼的语文变得枯燥死板,所以我变"教教材"为"用教材教",我放弃教材中的"旧新闻",改用学生搜集来的他们感兴趣的"现代新闻"来教学,这样学生就走出了课堂,走进了生活,他们开始用自己的眼光关注社会了。

  其次,在学习目标上,我设计了"学以致用"这一目标。任何知识的学习都是为我们的生活服务的,新闻是人们发布信息和获取信息的必然渠道之一,所以我把本节课的学习目标设计为:能运用所学知识阅读新闻、创作新闻,旨在培养学生"关注社会,关注生活"的责任感。

  再次,在教学过程上,我采用了以学生活动为主的体验式教学方法。课前,我给学习小组布置了任务:1. 自制导学案。2. 搜集新闻。3. 设计展示活动。课上,我把课堂交给学生,我设计了第一个活动——各小组展示本组预

习成果。通过学生的表现,我发现他们的潜力是惊人的,你给他一个机会,他会还你一个奇迹。学生制作的导学案非常细致,如表:

《新闻是什么》"超级小原子"组导学案

编号:02 使用时间:2012 年 3 月 20 日

组　　名	超级小原子	组长	李吉义	组员	艾吉祥　刘敏茹　赵　妍 尤伟先　徐世傲
课　　题	《新闻是什么》				
学习目标	通过对新闻学习,明确新闻的基本知识,能运用所学知识分析新闻、创作新闻。				
学习重、难点	学以致用,创作新闻				
学习方法	合作探究				

第一,学习流程
第二,本节课知识点及学习内容
　　1.新闻内容六要素　2.新闻的特点　3.新闻结构四要素　4.新闻传播的载体
第三,学习中质疑的问题
　　1.新闻内容六要素与结构四要素的区别　2.拟写新闻标题的技巧
第四,小组展示的内容
　　1.知识竞赛(制定规则、搜集问题)　2.展示方式:赵妍提问
第五,总结归纳,确立下一节自主学习的内容
　　1.新闻写作的技巧　2.预习动态消息与综合消息

检测与小组的自我评价:
　　小组长检查组员创作的新闻
　　基本达标,艾吉祥同学有待加强

　　从导学案的设计,我们可以看出学生的学习目标明确,学习思路清晰。围绕学习目标,各学习小组设计了多种多样的学习活动:知识竞赛,视频展示,展台展示、课件展示、报纸剪裁……在相互质疑,相互交流的过程中,同学们轻松地掌握了新闻的基础知识。而本节课的重点是学以致用,要求学生能运用所学知识拟写新闻,所以我又设计了本节课的第二个活动——现场写新闻。事有巧合,教育局长等领导莅临学校指导工作,并听评了本节

课。刚刚学习了新闻的同学们以其敏锐的新闻嗅觉抓住了这一机会，有同学充当起小记者，亲自对局长进行了采访，这是我始料不及的，我不得不佩服学生挖掘新闻素材的能力。本节课，我只是一个"导演"，而学生才是真正的"演员"，在体验活动中，学生跳出了教材，走出了课堂，融进了社会，贴近了生活，这样的学习是轻松有趣的，这样的课堂是活泼高效的。

受学生活动的启发，我萌生了为同学们编辑一本新闻习作集的想法。我的想法得到了学生们的一致响应，经过讨论，我们确定了基本栏目：学生自制导学案，一句话新闻集锦，校园通讯，时"闻"荟萃，人物专访。于是各小组纷纷成立了编辑部，他们分配任务，各司其职，有的采访，有的编辑，人人有任务，在全班的努力下，一本名为《课堂风采》的学生习作集问世了，这是学生们学以致用的结晶。

通过这节课的讲授，我对语文教学有了新的认识：在进行教学设计时，要充分"备学生"，处理好学习目标与学生、知识与运用、语文与生活的关系，注重"文"与"道"的结合，发挥"文以载道"的社会功能，让学生成为学习的主体，培养学生学以致用的能力。

我期待语文教学都能从学生的生活中发掘语文学习的各种因素，把学生在生活中的许多不自觉地运用语文工具的机会，变成自觉的有意识的语文能力训练；并千方百计为学生设置一个良好的语文学习环境，引导学生在生活中处处做有心人，主动寻找语文学习的各种时机，积极地把语文课堂教学中学到的东西在生活中进行有意识的实践，真正把语文教学与社会生活结合起来。

高中物理教学之我见

咸福加

高中物理一直被学生公认为最难的学科之一,学科涉及的内容多、范围广、深度大,让大部分学生无从下手,不知道怎样能学好物理。而对于物理教师来讲,怎样能让学生学好物理就成为我们研究的重点。最近几年课堂改革成了新的焦点,通过课改提高教学质量。那么,我们的课堂应该怎样改革才能达到新课改的目的呢?

在物理课堂上,教师主导和学生主体这是从师生关系的角度来看待的。因而学习活动都是老师设计好了,从而引导启发学生参与,而在实际教学中老师的主导地位要高于学生的主体地位,过多地介入学生的学习活动,把学生的参与变成被动听讲,并不能保证学生在学习过程中的主体地位。挫伤了学生学习积极性,压制了学生的创造性。常常导致课堂沉闷,学生厌学、昏昏欲睡。参观学习山东昌乐课堂教学,受益匪浅。切身感受到学生学习的热情和创新能力,也痛感还课堂于学生的必要性。倍加推崇自主课堂、提高课堂效率。

一、营造宽松、和谐的氛围,催生自主学习的原动力

良好的学习氛围是促进学生主动参与学习的前提。营造好的学习氛围很重要,能让学生快乐地、主动地、积极地参与到学习活动中来、能最大限度地提升思维品质。在教学过程中,老师要创设学生感兴趣的,能激发学生好奇心的内容,使学生处于高效的学习状态中,能让学生自发地参与到学习活动中来,教师的微笑、肯定的目光都会带给学生带来无穷的动力。发现学生身上的闪光点,能及时对学生进行正面评价和反馈,能帮助学生找到自己的价值,体会到成功的喜悦。

二、钻研教材要深入、独到

课本是教学载体。要充分利用好课本，就要以严谨治学的态度，求真务实的精神，深钻教材，把握教材，认真备课。从而使课堂教学散发出磁性和魅力，使学生始终保持持久的学习欲望。

三、问题设计要精准、有效

在教学过程中，一切教学活动都要围绕教学目标，以问题的形式引领学生的思考及活动。但是如果老师一节课设置的问题太多，太细，会分散学生的思维，让学生没有自我思考时间，课堂就变成了问题课堂了，学生抓不住精髓。所以教师应抓住核心问题、有效的问题，理清思路、重点难点讲透。设计的问题不要太难或太简单，要符合学生学情，做到灵活多样。设计的关于讨论的问题不能简单化，要有一定的深度，没有讨论价值的最好不讨论，教师不能为了讨论而讨论。还要善于设计具有探究性、开放性和矛盾性的问题。

四、加强小组合作学习的指导

（一）根据学生的知识掌握情况建立学习小组

教师要本着各个小组水平相近的原则进行分组，以保证各小组间能有思维碰撞，使学习效率最大化提升，并能展开公平竞争。小组建成后，要对组员进行培训，让学生了解"小组合作学习"的目标和责任分工。每一小组中都要设立组长、副组长、监督员等，每个职位可以在组内定期地轮换角色，以使每个学生都参与进来。

（二）注重学生合作意识和技能的培养

评价中以小组为单位进行捆绑式评价，这样可以激发学生团队意识。培训学生们应该如何高效地合作。在合作学习中，要学会尊重对方，理解对方，善于倾听别人的意见；遇到困难和分歧，要心平气和，智慧地解决问题。

（三）学校要特别注意提高教师指导、管理合作学习的能力

教师应具备调控、引导的能力，课堂上学生自学的时间较长，课堂上出现意外的概率增大，教师应充分地了解学生，课堂上的预设情景要充分，在

教学中不断提高自己指导的能力。要提高三个方面的能力：知识指导能力、学法指导能力、组间调控能力。这样才能从容、及时引导学生活动,根据学生的生理心理特点采取不同的引导措施。

五、引导学生总结学法

让学生学会总结学习方法,可以在有限的时间内让学习能力得到无限的延伸。在学生掌握了学科知识框架之后,让学生概括出本节课上所学到的学习方法,方法是怎么应用的,再引导学生把学习方法进行迁移或者延伸,课后再实践应用。

六、实施自主有效课堂,给予学生充分的自学时间

学生主动去学习是一件多么快乐的事情,要让学生学会自学,就要给出自学的时间。敢于放手,敢于把课堂还给学生,让学生自主去学习。只有在自学的过程中,学生才能有所领悟、有所发现、有所创新,才能把所学内容融会贯通。

七、课堂学习活动要多彩有益

学生注意力集中的时间是很短的,长时间的说教和单一的流程会引发学生疲倦、注意力分散,降低学习效率。而通过丰富多彩的活动如:组内讨论、组间交流、问题展示等等,能让学生对学习产生兴趣,激发潜能,提高学习效率。

八、把握好时间安排和学法指导、要点小结,使学生能提纲挈领掌握知识

时间就是效率。抓紧时间,用好时间才能保证课堂的高效率。一堂课一般学生自主学习、交流 15 分钟,学生展示、讲解、补充 15 分钟学习、教师点拨、讲解、小结 10 分钟。课堂上要教师少讲精讲。要精心安排学、讲、练的内容,以保证各个环节的时间。

播种耐心　收获感动

杨　彬

现在,我们高中英语所用的教材是外研版英语教科书。教材中的内容丰富多彩,听说读写虽各自为政但又紧紧相扣。本套教科书着重培养学生的创新能力、独立思维能力和实践能力,教材贯彻跨文化教育的思想,介绍西方文化,不但激发了学生的兴趣和求知欲外,还能使学生在理解和尊重外国文化的同时,更加热爱自己祖国的文化。但是,本套教材的词汇量很大,而且教学内容也较多。如何按时按质地完成教学,对于我们也是一个不大不小的挑战。我校是省级艺术基点校,学生较之省重点中学的学生还是有一定差距的,而且学生的差异性较大,为了让学生在短短的三年学习中,成绩有所突破,金榜题名,我们需要的是更多的耐心与爱心。

耐心策略一:单词大冲关

新高一的学生,入学时,基础相当薄弱,尤其是音美体特长生,单词不但不会读,更不用说写了,为了抓基础单词,我采用的是最原始的教学方法即天天小测试。每天课上,我都抽查若干名同学 10 ~ 15 个单词,考查方式不单单是默写,还有考词义、小组互考,组内自查。总之,每堂课的形式都不一样,开始,他们是措手不及,慢慢地,对于我的各种招式,他们也能应对自如了。

耐心策略二:每日五句,百炼成钢

进入高二以后,学生对单词的兴趣已经不大了,我又想到了新的"折磨"他们的办法,即每天考查 5 个造句(语言点是前一堂课讲的)。开始造句时,他们是一头雾水,经过一段时间的训练,他们也能找出正确的句型来搭配了,只是时态和人称还不够精确。每次,当我把错句写在黑板上,让他们改错时,他们先是哄堂大笑,觉得错的滑稽,但我说出这是他们的造句时,他们就耷拉下了脑袋,开始改错了,他们心里明白,若是造句做好了,写高考作文对于他们来说就是"A piece of cake"。

耐心策略三:短文背诵大 PK

高二下学期,我们特长班的英语课进入了一轮复习阶段,为了激发他们的学习兴趣,让英语课堂不那么单调,我选了一小部分小短文,让他们背诵。有了背诵,就得有考查。单纯的考查已经不再能激起他们的"斗志"了,为了让我的课堂充满"火药味",我决定用物质奖励作为"诱饵"。开始,他们以为我是在开玩笑,第一个月的月末,当一部分同学真的得到奖品时,他们才真正意识到"老师这次是动真格的了"。第二个月一开始,他们不但在课堂上的规定时间内抢着背课文,还在课下主动找我背课文呢,可见"重奖之下必有勇夫"……

英语学习是一个循序渐进的过程,成绩的提高也是日积月累的结果。在学习中,往往会有一部分学生从最初的兴奋到最后的放弃,但是,即使是这样,只要有人有小小的进步,都会让我感动,让我看到希望:

感动瞬间 1:徐××,是一个不善言语,性格内向的女孩子。还记得开学第一天,我随意提问,点到她回答问题时,她面露怯色,红着脸告诉我:"对不起,老师,我不会。"课后,我找到她,问:"什么都不会么?""老师,我基础不好,怎么学都学不会,我也着急啊。"她羞涩地说。"那这么办吧,你先从单词入手,背单词,如果哪里不会,不好意思问别人,问老师好吗?"我说。"行,老师,我试一试吧。但是,您别在课堂上提问我好么,我自己找你背,行吗?""行,我们一言为定。"开始的 2 周,她总是课后找我背单词,一个月后,她又找到我说:"老师,明天能在课堂上提问我么? 我都准备好了。""行。"第二天上课,按照惯例,我考单词,提问到她时,她果然能对答如流。她的表现不但让我欣慰,让同学们刮目相看,更为自己赢得了自信。

感动瞬间 2:蔡××,是体育特长生。体育成绩超棒,理科成绩在体育生中也是名列前茅,但是,他的英语成绩太薄弱。有几次晚辅导时,我找他聊过,给他提过一些英语学习方面的建议,并布置了一些他能完成的任务,例如,背单词每天背 10 个相对难度较低的,课文不要求背诵,能熟读就可以。在"短文背诵"的那个月,他都能按时按质地完成任务,月底还获得了"突出表现奖"呢,他的得奖也让许多成绩比他好的同学都自愧不如……

白驹过隙,时光荏苒。讲授外研版英语教材已经 12 载了,教学中有过困惑,有过茫然,但是更多的是收获和感动,我一直坚信,只要有耐心,有爱心,有恒心,不断地鼓励我的学生 ,我一定会看到他们的进步和成功。我一直用这样的话勉励自己:

给学生一些权利,让他们自己去选择;

给学生一些机会,让他们自己去体验;

给学生一些困难,让他们自己去解决;

给学生一些问题,让他们自己去思考;

给学生一些条件,让他们自己去创造;

给学生一些空间,让他们自己去探索;

给学生一些时间,让他们自己去享受。

我的课改探索之路

陈志红

回顾课改的几个月,课改给予我的太多了,在投身课改的同时,也享受着课改带给我的快乐,因为我用心,我快乐,所以我享受,我收获。

第一阶段:我的课改驱动力只因学生的一句话

在高二二班的生物课上,任××同学的一句话,说出了所有同学的愿望,她说:"老师,什么时候上生物课可以去课改大教室呢? 我们喜欢在那里上生物课!"是啊,一直在做导学案,一直随着课改找感觉,怎么就不能圆了同学们的梦呢? 那一刻,我答应了同学们。"没问题,但我们的任务很艰巨,第一脚一定要踢得响当当。"带着同学们的期待,我细心地准备,学生们从此忙个不停,我发现他们真的很有潜质,有查资料的,有练习讲题的,有练习板书书写速度的……学生们的"动作"给我很大的鼓励,那时,我坚信,生物课堂从此不再沉默,会创造奇迹。我每天利用下午自习时间,深入班级,和他们一起学习,同学们累了,我们就短暂休息,聊聊 NBA,大学生活,将来等等,学生真的很真实,我喜欢和他们在一起,我相信,多关注学生,他们会给你惊喜!

第二阶段:中国达人秀感染了学生,牵动我的课改神经

用学生的话说,"上生物课没有固定的模式,老师很变通,十分关注我们的感受"。今天和每次一样,学生在第五节课容易困,看到他们回应我的声音越来越小了,目中无神的样子,我又用上了我的"撒手锏",拿出了我的优盘,学生们的条件反射很快,"给我们带来了什么?"趴桌子的不情愿地起来了,"好东西,让你震撼!"学生们认真地品味"达人秀"中刘伟的经历,我听见

了羡慕的声音，看见了目光中的炯炯，感触到严肃的面部表情，坐直了的身体……（我真的感谢我的灵感，它来的时候势不可当），我思考为什么这样的节目能吸引到他们的眼球呢？我们的原始课堂就没有这种魅力？我要改变这种状况，都说兴趣是最好的老师，我要把生物课变成生动的课堂，我要努力，一直坚持，我享受着备课，备学生带给我的快乐。

第三阶段：践行课改，"黑马"给我新发现

今天的第二节课，我在学生们期待已久的视频大教室上了一节《伴性遗传》的预展课，课堂气氛像我想象的那么活跃，到了小组合作展示环节，第三组的周游同学展示，我暗自想，"怎么是他，今天只为露脸么？"他讲解的是一个遗传图解题型，没等我回过神来，学生们的掌声已经给了我答案，他赢了。"周游不再是'以前的白天梦游'了，你是我们班级杀出的一匹'黑马'，我希望你未来能'周游'世界……"当然，掌声鲜花只能代表过去，将来的学习生活是劳心劳神的苦差事，在我的生物课上，我没有再看见周游趴桌子睡觉，看到的是他给我写的日记，听到的是他主动站起来回答问题，还会质疑了，看到学生的变化，我真的很高兴，这是课改带给我最大的收获。

第四阶段，常态课又有新发现——"学生接龙"提问悄然进行着

接近学期末，和以往一样，学生们的疲劳期到了，当然课堂的学习效果不会那么好了。所以，我就想，该怎么提高他们的积极性呢？既能迎合学生的口味，又要让生物课堂有效果。今天的邱心宇同学给了我灵感，当我提问到他那里时，他很准确地回答问题后，享受着老师的赞扬和学生羡慕，激动不已地对我说，"老师，我想提问隋国义"，我说："为什么？"他说："我看他会不会？"……顿时，我就把自己的想法和学生们说了，他们兴奋地说，"老师总能给我们带来新鲜的学习办法"，从此，在我的课堂上，可以有前一个同学回答后，随机提问到下一名同学的做法，依次类推，如果不会的，可以求助"亲友团"，每当做完了一套题，都有同学总结类型题，考察的什么知识点，都是学生们来做的，这种接龙的提问方式，学生很喜欢，他们说，这样比被老师叫起来答题舒服多了。还有就是，学生之间彼此了解，这样速度还快。希望将来我的课堂能让学生受益，我的教学生涯快乐，使师生共赢。

第五阶段:快乐寒假,QQ 传递师生的心声——四中课改空中生物课堂

在下午的辅导课上,我和学生们商量了一件大事,一改以往的大量书本作业,生物作业又有新突破,空中课堂应该会吸引学生的眼球,学生们把自己的 QQ 都写好了交给我,要我承诺假期一定互拜年,我说:"一定,但是一定要去我的空间里踩踩,在游戏之余用'空中生物课堂'来放松一下,希望做完题目要写出你的心情日志并上传到微博上。"看到学生们这么有激情的和我互动,我真的很幸福,希望我的课改之行一路走好……

第六阶段,迎来新年,回顾课堂经典,再现课改精彩

度过了春节寒假后,学生们满载而归,怀揣着对经典的空中寒假生物作业的企盼,我又做了顺应学生期待的举动,在高二一班上了一节《假期作业经典回顾》的公开课,这节课让我有了重新的认识和全新的思考,清楚了老师可以大胆放手,明白了学生的潜质可以开发,能量很大。学生能捕捉到课改的内在是给我最大的震撼,学生生成问题的时候给我新的信息,师生互动让我体味课改的快乐,生生互动让我品读课改的精髓,评课的老师和领导对学生的认可是对我最大的鼓励。

回想"课变"的几个月,我的原动力在哪里? 就像我总问学生一样,他们总会摸不着头脑地回答我"你就是对我好啊,我不好好表现,能对得起你吗?"今天我在专场培训的时候,就思考这个问题,鞠校长的一句话,给了我答案,"己所不欲,勿施于人",他为什么身先士卒,为什么不辞辛苦地为老师们做各种培训,同我们一同体验课改的过程及老师的艰辛! 也就应了那句话,选择我所爱的,爱我所选择的!

第七阶段:课改——我心依旧

从最初的改课,到如今的课改,这其中我经历了好多,课改让我快乐,那反复琢磨的过程给了我财富,那个改来改去的课堂流程给我上了节必修课,那些导学案的制作历程传播着信息,那种培训学生的过程传达着教育的灵性;课改让我收获,一直收藏着课模的灵活性,一再收获着学生给予的乐学、爱学、习惯学,一起收到的是非同凡响。最重要的是能真切地体会到师生

共赢!

第八阶段:课改"公开课"回归"常态课"——原来如此

从之前的"按部就班"到现在的"操作纯熟",这其中经过了教材知识的梳理,大量教学资源的整合;经历了教师的思路整理,重新洗脑的过程;历经了师生之间的思想交流,心灵碰撞。做教师的要尽量全方位考虑问题。那节《细胞工程》单元复习课,学生们和我一起演绎了精彩的"原生态"课堂,课堂氛围和学生展示,我们师生都很满意,给我激情的来源关键是,学生们在这种原生态的课堂中,呈现出自己的真参与,爱参与,乐参与的状态。

课上,同学们那真实的互动和自发的互助,那自然的质疑都让我佩服学生的训练有素;那种"固执己见"的坚持,令我喜欢他们的青涩;那种展示环节中信心满满的模样,使我为他们的张扬而神往。我感受着心有灵犀不点通,享受着师生相处的和谐,也感动着学生们给予我的用心。轻轻松松的背后,夹杂着努力的汗水,真真正正的"原生态"源于对学生的精心呵护和真切关注,和谐的课堂来自师生共同经营加坚持,课后那沉甸甸的倦意全消,原来平平淡淡才是真,原来踏实是这么简单,原来如此!

浅谈钢琴教学中存在的问题

陈志明

学习钢琴是一个复杂综合的心理活动过程,是脑力、心力 运动力的有机统一,根据钢琴音乐的要求,以内心的感受来控制、协调其智力、体力,如手指、手腕、手臂的运动、踏板的运用、脚的动作,以及脚和手的配合,使自己身体的各个部位动作灵活,自然协调。将乐谱上的乐句、乐段组织成一个整体,把内心的音乐想象表达出来。

钢琴演奏还是一门技术性很强的表演艺术,需要每天根据课上的要求,针对技术上的难题,全神贯注的、有目的、有计划、有组织地认真看谱,反复练习,在练习中不断地聆听,感受音乐,从中分析自己的弹奏方法,如旋律节奏是否准确,音色是否优美,声部是否和谐,学的过程是一个学习者对情绪的自我集中、自我控制、自我调整的过程。

初学钢琴者存在的问题:

(一)手指僵硬的问题

五指放松,手贴在琴键上,在弹奏中开始多练习断音,注意手指的折手问题,学琴者对钢琴的不熟悉造成紧张急于求成的心态也易引起紧张情绪,情绪紧张,心态就不平稳,信息从大脑通过神经传导到肌肉组织,就引起肌肉的收缩和僵直,结果是手指过于僵硬,弹出的音色就很硬很难听,缺乏灵活性,既影响弹奏速度,又难以表达优美、舒展的音乐内容。相反过于整体放松,神经系统传导缓慢,肌肉收缩迟缓,弹奏的音色过软,手掌与琴键距离过近,活动范围缩小,也会影响弹奏速度和音乐内容的表达。

(二)手腕平衡问题

在训练中手腕自然放平,保持手下垂的形状抬起放在琴键上,手型要符

合手心空、圆、腕平、手指立住的要求,在琴键上的状态一定要自然。弹琴的过程中,无论多难的曲子,多复杂的谱例,多大的跨度,都要始终保持这种自然的状态,不能苛求五个手指都放在琴键上,手指要随着重心的方向移动、落键。断奏练习时,要在保持手型、手腕不变的状态下,弹奏过程中手腕不能抖动.将手从琴键上抬起,匀速落下,保持稳定状态。

(三)弹奏紧张的问题

钢琴弹奏中的放松包括身与心的放松,心的放松指弹奏时心里不紧张,不怯场,弹奏过程中的心脑始终只与音乐相联系,不受外界影响。"身"的放松是相对的,触键的手指指端的紧与手的其他部位乃至身体各部位在弹琴过程中的协调配合是身体放松的实质,是我们在长期的练习中要攻克的,要达到这样的目的,教师要认真、直观明了的讲解、示范让学生领会到:手型最放松的式样就是人手最还原、最自然的式样,松弛落下的自然重量结合手指的牢固站立会带来优美的音色、丰富的共鸣和演奏上的方便,从而不去笨拙地敲击、僵硬地死压键面,这也能加快学生学习的进度和提高弹奏质量。每名钢琴学生都有演奏的欲望、演奏的动机、感情的强烈表现与控制、记忆、想象、克服"杂念"、应变心理、临场状态等,可以说演奏者的心理活动是很复杂的现象。心理学告诉我们,紧张心理是一种特殊的心理体验。对钢琴演奏者来讲,用十分平静的心态演奏,缺乏激情和感染力,其效果自然是平淡的。如果心情过于激动而到达不可自控的地步,就会出现极度兴奋和紧张,在练习过程中,意志和注意力越强,效果也就越好。练习越是消极,被动,掌握作品的时间也就拖得越长,对作品的兴趣必然会下降。以钢琴为例,在日常练琴过程中,我们应日益重视用头脑练琴。应认识到:没有心理因素指导的纯机械的生理练习。是解决不了钢琴演奏技术问题的,弹一组音,学一次弹奏技术,应当头脑指挥手指等演奏器官去动作,是头脑先手指而动,而不是纯粹听凭手指等器官自己无意识地盲目去动。此外应充分认识慢练的意义,它是克服一切技术障碍之本。放慢练如"放大镜",使演奏者能谨慎地注意音乐的每一个细胞。所以放慢练是技巧训练中不可缺少的,是快速弹奏的基础。

总结

在演奏中我们克服手指、手腕、心理的问题,自信心和乐观开朗的情绪也是较重要的。胜不骄,败不馁,在树立信心的同时,对成功失败也要有一定的心理准备。对乐曲的选择也应适当,要科学地分析自身实际情况,最大限度挖掘内在潜能,扬长避短,找出最能发挥自己优势的地方,克服了困难我们在练习中还会有更大的进步。

浅谈美术教学中开展创作课的几点经验

贺　君

摘要： 本文是基于目前我校初中美术教学内容单一，而且学生年龄小基本在十一岁到十四岁之间，学习素描、色彩基础较枯燥的实际情况，结合本人近些年的教学经验而写。文章分别从积极带领学生接触生活，参加社会实践；转变教育观念，采取开放型的教学模式；培养想象力，突出学生主体地位；重视情感沟通，营造宽松的教学氛围这几个方面阐述了初中开展美术创作课取得的成效。文中内容是多年教学经验的积累，有很强的实用功能。

鸡西四中是一所以音、体、美特长教育为主的特色学校。初中美术特长课的教学内容是以素描、色彩基础学习为主，初中学生年龄小，针对这种教学枯燥乏味及学生年龄的特点，特在教学中增加了创作这一课。什么是美术创作呢？它是通过感受、体验和构思，运用一定的物质材料，采用一定的技法制作美术作品，以表达思想和情感。对于初中生来说有很大的兴趣，许多作品的创作手法都很新颖，作品内容强烈地表现学生的内心世界。在这几年的教学中我使用了马鹏飞校长开发的校本教材中的创作部分，做了一些关于中学美术教学中开展创作课的尝试。

一、积极带领学生接触生活，参加社会实践

（一）生活是最好的素材

创作首先必须要有素材，我主动在美术教学中安排了许多学生趣味课程。春忙、秋收的季节带领学生去接触生活，体会劳动的乐趣，参加社会实践活动，让学生记下劳动的场面，观察同学下课时嬉闹的欢乐；这就要求学生注意观察生活，积累生活中的点点滴滴，越贴近生活的作品，才能越打动别人、感动大家,这同时也需要发挥想象力、创造力,把发生在你周围的事,小到班级校园,大到祖国经济繁荣发展的大好形势,都一一记录下来。通过实地的观察、操作,使学生们深深体会到只有劳动才能体现美、创造美,艺术的灵感来源于生活,创造也来源于生活!

(二)创作实施的重要条件是材料与工具的选择

在创作教学过程中,学生除了具有一定的绘画造型能力、色彩知识、表现方法等诸多因素外,善于选择和利用各种不同质感的材料和工具也是学生作品获得成功的重要条件之一。

纸是绘画的基本材料,采用不同的纸就会有不同的效果。例如:邓秋颖同学在"全国第六届中小学生书画比赛"中获得二等奖的作品《脸谱》,采用的是一种近似水彩纸的吸水性很强的水粉纸,在铺完第四遍水粉颜色后,用金线笔勾出轮廓,画面色彩饱满,有浮雕的效果,画面感觉强烈、充实、丰富、用普通的素描纸就是另一回事了,用不同质感不同颜色的纸作画,能达到事半功倍的效果。

对于笔,低年级的学生可用油画棒或蜡笔大面积地铺颜色,用水彩笔,马克笔勾线,注意画面色彩搭配和颜色的冷暖、明度、纯度的变化,就很容易出现理想的效果。对于高年级的学生就可直接用花枝俏或小叶筋勾出轮廓,用水粉笔填充颜色;还可用喷笔填充颜色,可使画面形成特殊的颜色过渡、叠加的效果。

除此之外,生活中还有很多的材料可以利用,如:树叶、花瓣、碎布、蛋壳、锯末等,利用它们特有的纹理,可产生意想不到的肌理效果。

二、转变教育观念,采取开放型的教学模式

美术教育不同于一般的知识学科教学,在美术教学的课堂上,我常常让学生轻松地互相讨论,比较作品,提出各式各样的意见来。创作课上可播放一些悠扬的音乐,我允许学生几个人一起协作,共同完成,因此座位也让他们自由安排,这样一来,学生不但上课积极性很高,而且完成的作品内容丰富,色彩斑斓。如:王松同学在《全市第八届中小学生书画比赛》中获得一等奖的作品《豆贴》,这幅作品充分发挥想象力,注意观察生活细节,利用各种谷物颜色,用绿豆贴出松树,大米贴出白色的房盖,香米贴出房子的边缘等

等。不仅色彩艳丽,而且形象逼真。在平时课堂上,我还运用网络、挂图、录像等多媒体进行教学,让学生了解信息,掌握知识,更重要的是让学生明白,美术作品不是模仿、重复的操练,而是大胆想象,勇于创造的结晶。

三、培养想象力,突出学生主体地位

树立素质教育观,使学生真正成为学习的主体,成为学习的主人。学生在接触创作时,必须具备一定的绘画造型能力,这是一个连续的过程,然后教师引导学生,设置情境,激发学生的创新精神、创作欲望,体会生活中各种场面的特点。充分发挥每个人的主体性和创造性,重视培养想象力,采取多种方法,使学生思维的流畅性灵活性和独特性得到发展,最大限度地开发学生的创造潜力。在创作选题时要明确具体,培养学生用形象思维,发散思维等特点处理画面,使画面能体现作者对题目的认识和理解,并能创造性地运用美术语言。在创作实践中因为是中学生不能把想象的东西一一表现出来,在这种情况下,教师启发学生利用各种工具材料和技法把作者的意图更生动地表现出来。例如:陈忱同学在"全国第六届中小学生书画作品比赛"中获得一等奖的作品《春姑娘》,作品被采纳刊登在画册上,在她的这幅作品中水粉是主要工具,此外利用了立体构成、撒盐还用了蜡笔。创作过程突出学生的主体地位,也是学生想象力创造力得以发挥得很好例子。同时教师鼓励学生对生活的感悟和认识,提高学生观察生活能力,提高审美能力,从而达到德育目的。此外培养学生具有良好的思维品质,学生始终是学习的主体,在创作中给学生自由空间,自由地去发挥想象,把自己体验生活感受生活的经验充分地表现在画面上。

四、重视情感沟通,营造宽松的教学氛围

任何教育都必须有良好的教学环境,美术教育也不例外。教师必须关心、信任、尊重自己的学生。"罗森塔尔效应"启示我们要给学生更多的信心,要重视学生成功的培养。成功感是一种巨大的情绪力量,可以调动学生学习兴趣,如何培养学生成功感呢? 在课堂上,注意多进行鼓励性的评价,不定期举办小型画展、比赛、适当竞争,不断地肯定学生的优点与成绩,用欣赏的眼光对待学生不失为一条捷径。同时激发学生的学习兴趣,激发求知

欲,树立学生的成就感。从一定意义上说,培养学生学习兴趣比教给他知识还重要,对于初中的学生更是如此。而培养学习兴趣需要一定技巧,通过这个活动充分调动了学生学习积极性,适当的竞争在班级形成良好的学习氛围,同时也带动其他学生,其他学科的学习。经常与学生一起参加这样的活动,既锻炼了学生们的动手动脑能力,又增进了师生间的友谊,感受到大自然的魅力。并且在教学中学生学会以愉快的心情主动配合教师的教学活动,在教师教,学生学的过程中更促进师生间的情感交流和平等关系,达到师生双边活动的高度统一。

创作课的开展大大激发了学生学习兴趣,课堂上学生能踊跃配合教师圆满完成课堂教学;同时也带动其他学科的学习,能结合语文课程内容进行美术创作,表现自己的创作意图,学生动脑动手能力得到锻炼,并且学到了很多课外知识,同学间的良性竞争使班级形成大的学习趋势,这种美术创作课堂深受初中学生的喜爱。

参考文献:

黑龙江教育杂志《创新教学》

成功从一点一滴做起

李晓靓

我不喜欢说"时光飞逝",因为本来过去的时间已经一点点地远离了我们,我不希望它走得像飞一样快。课程改革的转变是必然趋势,因为只有我们带动学生去改变,才能从之前的一成不变,到现在的丰富的课堂展示。回顾课程改革之初,感觉如昨。"高效课堂"的出现,带给我们的不仅仅是表面的不同,首先从画室的椅子摆放上看,从两大组的扇形教学,到现在的小组形式的围绕形教学。学生之间距离更加的近了,互相之间讨论问题进行合作学习的机会也就更多了。教学模式的改变带给学生终身受益的东西越来越多,同样对教师的要求也就会越来越高。那么,教师在课堂教学过程中应在哪些方面提高自己呢?

一、关于学生学会学习的培训

在我刚上班的那些年,也就是从前的课堂教学,老师在课堂上永远都是一言堂,从头说到尾,而学生只需要认真听讲,认真对待教师的教学设计,认真记录笔记就可以了。学生在课堂上学习的内容就是一遍成型,对于没有学会预习和复习的学生而言,就只有在课堂上的时间。而现在的课堂,所呈现的就都是学生了,学生的一点一滴的变化,都是一堂课精髓所在。所以这个时候就需要教师在课前充分地培养好学生,例如:在课堂上的主讲人,说是主讲人,其实是在课堂上起到了一个带动课堂气氛的关键性作用,这一角色代替了教师的一部分任务,是个从始至终贯穿课堂的人物,需要在不同的角度去培训一些这样的学生。也就是说这样的学生需要在课前做大量的工作,不仅是要在学生的预习课程方面,还有就是要熟悉课堂上的每一个环节,并且还要学会在课堂上的随机应变,是培养学生能力的一个最好的环节。

首先,要在课前与主讲人充分地沟通好整节课的流程,把握好每一个环节,要求学生在课堂有一种最基本的礼仪方式,声音一定要洪亮,让所有的学生都能够听到你发给他们的指令信号。然后布置每个小组任务的时候,要求必须要与主讲人相衔接,告诉他要想主持好本节课,必须与老师和同学们充分地沟通好。每个人都不是单独存在的个体,大家齐心协力才能上好每一节课。

在我曾经上过的一节课上,主讲人在其他同学演绎过后发表了这样的感言:"同学们在我们每次听过了这么生动的故事后,带给大家最大的感受应该是越来越热爱我们这个专业,对老师每次教授给我们的新知识也越来越有兴趣,所以请同学们朝着我们的目标前进吧,下面请看一下我们这节课的学习目标。"虽然语言可能还是有些过于生硬,但是这样承上启下的串联词已经是学生在接受培训之后所进行的改变。因为学生已经清楚地知道他所起到的作用是什么?经过一段时间的训练,学生在这个问题上越来越熟练,措辞也已经越来越成熟。这就是步入高效课堂的其中很重要的一点。

除了主持本节课的同学,所有在课堂上需要展示的人员,都需要进行一定程度的训练,不仅是语言方面的,还有动作、行为方面的形式,因为学生作为一节课的主体,一定要充分发挥他们的创新能力、组织能力和执行能力。例如:一节课的过程包括预习、主课和复习三部分,课前的预习从前都是学生在家里的自觉行为,有的学生会自觉地进行一部分内容,但是并不得要领,所以我在上课之前,会下发导学案,上面有课堂的重点、难点问题,这样学生在预习的过程中,知道自己的方向,从而易于下手。然后通过课堂上的流程再进行一遍精学,在预习时候出现的问题,及时和老师进行沟通,这是第二遍学习。最后是下课后,进行复习,因为这时候就更加全面地学习了第三遍,我相信通过层层的加紧学习,最终的学习成果,一定会达到理想的目标的。

二、关于课堂上的调控

教师在课堂调控上,虽然课改后的课堂需要我们做得很少,目标只有一个,就是在有限时间内,能够让学生充分地展示自己,把学生的潜力一点一

滴地都挖掘出来。但是教师在整体课堂的调控上,必须要发挥到极致才能体现出整节课的课程设置。

新知呈现就充分体现了这一方面,画室分成三个小组,每一组都有各自需要解决的问题,但是用怎样的方式方法去解决问题,这都需要教师的调控措施到位。这一节课不仅要让听课的教师感受到课堂设置的不呆板,松弛有度,而最重要的是学生在课堂上的感受,他们是否感觉到了课程改革带给他们的改变,而且能够在课堂上感受到快乐的学习气氛。在合作学习和示范展示步骤中,学生的带领作用,教师的示范作用,和最后的总结同样取决于我的调控是否成功。我在每一个学习阶段都安排了学习代表,让学生带着学生学习,而且让学生把自己的潜能充分发挥出来,课程的整个设置都由学生自己来安排,因为美术特长课的形式是多种多样的,所以我在对各种课程的制定上,都会让学生把握机会展示自己。

三、关于课堂上的评价

曾经的积极评价,已经给我带来太多的震撼,不管学生带给这节课的答案是什么,我都将给予他一定意义上的积极向上的评价。积极的评价是学生前进的动力。而现在课堂上的评价已到了一个更高的层次,不仅是一般意义上的评价,对每个人的评价,而是细化到个人与小组的共同发展,通过我们教师的口头程度上的一些评价,一点一滴的积累,把课堂上所有发生的过程,都通过评价表的形式体现出来。没有什么比这种方式更加适合集体的评价。并且要求评价要一评到底。一评到底就是评价需要贯穿整个课堂,而且要求分为教师评价和学生评价两种形式,学生评价还要细分为互评和自评。教师的评价是总结性质的评价,是对学生肯定的态度。学生之间的互评是互相寻找问题的捷径,是提高对方能力的途径。而学生自评则是考验自身能力的评价方式,在通过各种评价之后,才能完美地展现美术作品。

在画室我分了三个小组,每个小组6人左右,我是按照学生在绘画写生的组别设置的,因为这样有利于我在特长课上的教学。每一组都设置一名小组长,每次上课之前我都会把导学案发放给组长,让组长布置组员的任务。在表格当中我不仅设置关于课堂上面的一些评价制度,我按照同样的道理把画室的规章制度都定好,加分扣分的制度在一点一滴中完善,每一学期末都有总结,并有奖励措施。学生在这些激励面前,变得更加的积极,我的工作也更加的好开展,当然最后受益的永远都会是学生。

在我第一次展示课后听课的领导和教师为课程做了适当的评价,我自己也说出了一些问题。由于课堂上的紧张气氛,落下了一个评价环节,没有了评分标准这一项。所以在课前教师需要准备得相当充分,才能在课堂环节上游刃有余地进行。还有在学生作画时我也可以同时画出更好的效果,与学生之间有一些良性竞争。说到教师示范的作用,应从教师的教研工作说起,每一名教师在平时没有课的时间,都在钻研自己的专业,因为我们都深信要想给学生一滴水的能量,我们自身就要储备一瓢水的程度。所以在教研工作方面,我不仅要在学生进行课程之前完成,还要多一些渠道去吸取更多更优秀更先进的知识储备,然后一点一滴地去喂饱学生。

所有的这些问题的呈现也就成就了我今天的课堂,通过每次讲课给我最深的感受是,学生对问题理解得更加透彻了,因为学生在下课之前,通过了很多道程序才完成的一节课内容,如他们在上课之前,已经拿到了导学案的内容,并且在这个时候就通过自己的努力消化了一定的知识点,同样进入到课堂以后,所出现的问题我也及时做出了答案并演示。所以经过这么多的关卡后,学生对于知识的理解当然更加的透彻了。在没有了那些生硬的措辞,没有了那些表演的成分,我越发觉得我对这种新课型的喜爱,虽然课前的准备工作纷繁复杂,但是课堂上的效果一天比一天的好,让我享受着课改带给我的乐趣所在。

成功就是这样一点一滴被收集。我相信,我的课堂会让更多的人感觉像是一首诗或者一首歌,让每一个学生都能感受到课堂参与的快乐。

奏响爱的乐章

——音乐课教学心得

柳枝一

在全新的教育理念下,音乐教育正处于改革和发展互相依存的时代,如何改进教学内容和教学方法,培养学生的音乐表现能力、感受能力和鉴赏能力,大面积提高音乐教学的质量,是我们音乐教师应该努力探讨的课题。

一、爱师

亲其师信其道,良好的师生关系能使学生拥有良好的情绪去面对学习。特别是作为小号专业教师,独立授课的方式更需要良好的师生关系。

（一）教师要"爱"学生

音乐教学过程也是师生感情交流的过程。学生听课时的心理状态和情绪如何,很大程度上是受到教师的心理和情绪制约的。因此,教师要善于调节自己的情绪,以严为表、以爱为里、严慈互济、宽严有度的老师是最受学生欢迎的老师。

（二）教师的观念要转变

让学生和老师在平等对话的过程中学习,把以生为本的教学理念融入课堂。作为课堂的主导,教师要精心备好课,上好课,将一堂堂精彩的课呈现给学生。

（三）教师要有自己独特的教师风格和人格魅力

教师必须要博学多才,用自己的知识赢得学生的尊重,要有过硬的专业本领,这样才能让学生心服口服。

二、爱音乐

孔子也曾说"知之者不如好之者,好之者不如乐之者"。如果想让学生喜欢你,这是比较简单的事,如果想让学生喜欢上你教的音乐,这就是一种挑战了。学生一旦对所学科目产生兴趣,就会充分发挥学习的主动性和积极性。强烈的兴趣往往成为学生乐于刻苦钻研,勇于攻克难关的动力。要做到这一点,我们可以巧妙设计导入,紧紧抓住学生的心。必须从乐曲主旨出发,才能够深深地吸引学生。例如在排练《桑塔露琪亚》时,我先向学生介绍意大利风光、欧洲各民族的艺术风格、威尼斯船歌音乐体裁。让学生有视觉上的体验,然后让学生在歌唱的进程中体验船歌的特点:三拍子,给人以摇晃的感觉,其情绪色彩的开朗、豪放、热情洋溢。音乐是情感的艺术,对于音乐课程来说,其教育效应不只在于知识和技能的学习,还要体现在熏陶、感染、净化、震惊、顿悟等情感层面上,让学生在情感上接受音乐,爱上音乐。

三、爱生活

凡音之起,由人心生也。人心之动,物使之然也,感于物而动,故形于声。音乐是人们情感的语言,是人们对生活的反映。因此音乐课最核心的目标应该是丰富学生的情感体验,培养学生的情趣。热爱生活的人也必然热爱音乐,因此我将这一点列为音乐教学的元素之一。生活即教育,这更与"新课程"的理念不谋而合,富于现实的指导意义。我们在音乐课堂教学中,可以创设与乐曲相关的生活场景,模拟感受创作当时的场景,以引导学生体验创作的过程,提高欣赏的广度和深度。在教学中我坚持开展多种多样的课外活动,让学生走出教室,走进自然,走向生活,到大自然大社会里去感受去创造。把教学的内容与实际生活有机结合起来,使音乐不仅成为学生听得到,也是看得着的现实。海伦·凯勒说过"世界上最美丽的东西、看不见也摸不着,要靠心灵去感受"。我一直都在为我是一名音乐教师而感到幸运,可以教学生如此美妙的东西,但我也感受到了肩上的担子是沉重的、神圣的,如何让学生在我的教学中获得成功将是我不断追求的目标,我将努力让每个孩子都能在心中奏响爱的乐章。

浅谈当下美术专业
高考的变化与报考策略

石春华

从事美术高考考前辅导工作十几年,历经了艺考的不断变化,也积累了一些经验,通过以下三个方面进行分析。

一、我省美术类高考现状分析

我省美术高考在考生人数上不断减少,省统考考题也在与时俱进,录取原则也在悄然发生着变化。

(一)历届考题变化

从 2014 年开始,我省美术类统考的形式有所改变,以往是默写形式,现在连续四年都是素描照片的形式。考题内容是速写人物、素描头像、色彩静物三科。试卷要求:必须按照所提供的对象和具体角度作画,不得增加或减少考试内容,否则按不切题扣分或标记卷处理,考生不得在试卷上书写任何文字和标记。

1.速写题目:人物全身像(黑白照片,满分 100 分,时间 30 分钟,八开纸张)。要求:写实画法,构图完整,准确表现出人物的基本比例、结构和透视关系,动态生动,特征鲜明,关键细节应有确切表现。

2.素描题目:人物头像(黑白照片,满分 100 分,时间 2 小时 30 分钟,八开纸张)。要求:把握对象的详细特征及年龄特征,构图完整、结构、造型严谨,画面结构和明暗关系正确,刻画深入,表现生动,整体感强。能正确表现头像的结构和体面转折关系。

3.色彩题目:静物组合(黑白照片,满分 100 分,时间 3 小时,六开纸张)。要求:构图合理,比例准确,画面完整,写实手法,能表现物体的光感,质感和空间感,色调和谐,符合色彩规律,有一定的艺术表现力。

三科满分为300分,合格线是两科各高于60分含60分,总分不低于180分含180分。达到这个线以上才可以报考省内外美术类(不含摄影)的高等院校,省统考是走进艺术类院校的第一道门槛。

(二)高等院校招考的变化

黑龙江省普通高校艺术类招生考试分为全省统一专业考试(即省级统考)和高校自行组织的专业考试(即校考)。以2017年为例,黑龙江省针对省内招生的学校由原来的19所,减少到17所。减少的学校是哈尔滨工业大学(省内唯一的985学校),和哈尔滨工程大学(211学校)。

省内新增的校考学校是哈尔滨师范大学国际美术学院(中俄美术学院),招收绘画和雕塑专业。报考条件:考生必须为黑龙江省美术类考生。参加当年黑龙江省普通高校美术类专业统一考试成绩合格。

省内参照文化课过线按照统考成绩录取的学校有14所,3所学校统考过线按照文化课成绩从高到低录取,比如(东北林业大学,东北农业大学,黑龙江大学)。省外参照统考录取的学校有91所,省外设置校考的学校有158所。

(三)省统考报考人数的变化

根据中国美术高考网的数据统计显示,2017年黑龙江省美术统考报考人数9 300余人;2016年10 541人;2015年11 203人;2014年12 663人;2013年11 526人。总体来看美术考生人数呈现不断下降的趋势,且并没有趋缓的迹象。据省招考部门相关人员介绍,艺考人数减少的主要原因是应届毕业生人数减少,整体报考人数都存在下降的趋势。同时,不可否认的文化课分数线提高、校考院校数量减少、艺术类毕业生就业难等因素也是导致艺考生人数减少的非常重要的因素。

二、2017年黑龙江省美术类高考大数据分析

美术类录取批次有:艺术类本科提前批次,艺术类本科第一批次,艺术类本科第二批次。高考录取的时候艺术类是提前批次,如果不参加省统考就没资格报美术类的提前批,填完了提前批还可以填一批二批三批专科,顺序往下录,分数够了就会提档。一批次有两个志愿学校,四个专业选项,但

一般学校不太看第二志愿,所以填报第一志愿尤为重要。

录取原则:文化课和专业课均过线的前提下,录取方式一:按照省统考成绩录取;录取方式二:按照高校自行组织的专业考试(即校考)录取;录取方式三:按照文化课从高到低录取;录取方式四:按照文化课、专业课综合分从高到低录取。偶尔会有些学校限制英语、数学及语文小分。

提前批大多数为全国计划,部分院校使用省计划,提前批次共计 36 所学校,招生计划约为 600 人到 800 人之间,面向全国招生,其中 35 所按照校考综合分录取,1 所使用联考综合分录取。

一批次约有 200 所左右的学校招收美术生,联考和校考录取约各占一半,录取人数约为 3 500 人左右。校考的学校多为省会城市,统考一批次录取多为省内院校。

二批次约有 70 所学校招收美术生,录取人数约为 2 800 人,多为使用统考分录取。

黑龙江省统考成绩录取的省内学校及 2017 年分数线:

哈尔滨师范大学美术学类录取分数线为 239 分~228 分。哈尔滨商业大学美术录取分数线是 202 分。黑龙江工程学院美术录取分数线为 219 分。哈尔滨理工大学美术录取分数线为 230 分。黑龙江工业学院美术录取分数线为 201 分。哈尔滨理工大学(荣成校区)美术录取分数线为 225 分。佳木斯大学美术录取分数线为 219 分~214 分。齐齐哈尔大学美术录取分数线为 218 分~224 分。黑河学院美术录取分数线为 205 分,二批次黑河学院美术录取分数线为 211 分。哈尔滨学院美术录取分数线为 223 分~213 分。牡丹江师范学院美术录取分数线为 216 分。大庆师范学院美术录取分数线为 214 分。绥化学院美术录取分数线为 209 分。

按照文化课录取的省内学校是:

东北林业大学文化课录取分数线:文艺 321 分,理艺 379 分。东北农业大学文化课录取分数线:文艺 381 分~437 分,理艺 328 分~442 分。黑龙江大学文化课录取分数线为 373 分~389 分。

2017 年艺术类文化课最低控制分数线:本科艺术院校(含艺术本科提前批、艺术本科一批、二批院校)。文化课:理科为 212 分,文科为 239 分。高职(专科)艺术类批次:文理科均为 150 分。

三、黑龙江省美术类高考选考、报考注意事项

（一）切实分析自己的专业课和文化课能力

根据自己的实际情况选考，基础好一点的同学，除了稳抓联考之外，还可以考虑省外的校考。文化课稍好点的，外语成绩不错的，可以选择报考九大美院。基础弱的同学，把统考拿下，如果文化课很弱，多留时间冲刺文化课。

（二）知晓省统考分之后需要想到的

1. 统考分数240分以上时，可以少考校考的院校，多注意985、211院校和提前批次院校的考试，因为联考240分以上，这个分数可以报考省内外百分之九十的高校。

2. 低于240分尽量多地参加校考，每参加一次校考就是给自己多一次选择的机会。

省内一批本科学校基本分数在200分以上。低于200分的统考成绩，在省内一批次录取中，基本没有希望，这种情况下，应参加省内外单独的校考，特别是提前批或者一批次。如果没下证，这个成绩如果想上一批次本科艺术类高校，只有用省统考成绩报考省外的学校，并且绝对不是省会学校或者985、211学校，比如2017年的平顶山学院采用省统考录取的形式分数线是195分。如果在这个分数附近，可以选择生僻的院校报考，最好是首次向黑龙江省招生，往年没有参照的分数线，容易报考成功。很多报考的行家都会参照往年的录取分数线，以为压一点去年的分数线就能上，殊不知这样更容易聚堆，导致弹性循环，报考这一关更应慎重，也有幸运之说，如果一批次失之交臂那只有到二批次中选择好点的学校。二批次中省内只有黑河学院与一批次的学校可以相提并论，这就是一直出现的一种现象，黑河学院一批次的录取分数线低于黑河学院二批次录取分数线。就比如2017年一批次是205分，二批次是211分。原因是报考的同学一批次报高了，二批次时，把黑河学院作为第一志愿填报，所以分数线就这样长高了。

3. 统考分数低于180分的考生

统考成绩低于180分，或者双科60分以下，均属于不合格的考生。提前批次是不能报考了，一批次也寥寥无几，省内的哈尔滨师范大学及哈尔滨学

院的摄影专业,不参考美术联考成绩,报名时间在省统考之前,考试是在联考结束半个月后,但两所学校考试内容不同,分值也不同。所以,感觉联考不把握的考生,会选择提前报考哈尔滨师范大学或哈尔滨学院的摄影专业,做个准备。哈尔滨师范大学摄影专业考试内容:每年计划招收60人,文学艺术常识百分之四十,创意素描百分之三十,图片作品分析百分之三十。哈尔滨学院摄影专业招生每年30人,考试科目:创意素描100分、摄影基础理论100分、作品赏析100分。录取原则:高考文化课成绩达到黑龙江省最低录取控制分数线,根据考生志愿,按专业课成绩从高到低择优录取。

(三)多关注龙招港的招生信息,补录信息,偶尔会遇到降分数段的补录信息,公布在网上的有效时间为24小时

有针对性地查高校的招生简章及录取原则及往年录取分数线,锁定目标城市和学校,及时关注招生政策,规划好自己的理想学校,按照目标推进。发挥自身最大优势,选学校选专业。扎扎实实做好文化课的冲刺准备。

美术类高考的升学,一直是我校教育的重中之重,首先要让能升学的学生最大限度的升学,比如美术生怎么样能最好最多地考入自己能力范围内的大学是应该好好思考的问题。认真研究学生的文化课与外语程度,客观真实地估计学生的专业课水平,根据学生的文化课条件报考单考的艺术院校,给每个学生量身定作一套报考方案,让学生拿回的术科证是文化课能达到的有效证,是每位考前辅导教师应该思考的问题。